HEYNE <

Christian Koch / Axel Krohn

Das kleinste Klo steht in Bordeaux

Erkundungen über den vielleicht
verrücktesten Kontinent der Welt

Europa von seiner lustigsten Seite

Wilhelm Heyne Verlag
München

Die Verlagsgruppe Random House weist ausdrücklich darauf hin, dass im Text enthaltene externe Links vom Verlag nur bis zum Zeitpunkt der Buchveröffentlichung eingesehen werden konnten. Auf spätere Veränderungen hat der Verlag keinerlei Einfluss. Eine Haftung des Verlags für externe Links ist daher ausgeschlossen.

Verlagsgruppe Random House FSC® N001967

2. Auflage

Originalausgabe 07/2017

Copyright © 2017 by Wilhelm Heyne Verlag, München,
in der Verlagsgruppe Random House GmbH,
Neumarkter Straße 28, 81673 München
Umschlaggestaltung: Hauptmann & Kompanie Werbeagentur, Zürich
nach einem Entwurf von Christian Koch und unter Verwendung
von Fotos von © dpa/picture-alliance, Getty Images
Satz: Christian Koch
Druck: DZS Grafik, Ljubljana
Printed in Slovenia

ISBN 978-3-453-60406-3

www.heyne.de

ZUM GELEIT

Als wir Europa zum ersten Mal durchquerten, rechnete man sich Fremdwährungen noch mithilfe selbst ausgedachter Formeln schön. An unserem Reiseziel im Sommer des Jahres 1996 zahlte man mit französischen Franc (immer durch drei, aber eigentlich noch ein bisschen weniger). Von Hamburg aus erreichte man die französische Atlantikküste in rund 15 Stunden – selbstverständlich „fuhren wir durch". Während der eine schlief, konzentrierte sich der andere aufs Autofahren, auf Motorengeräusche und die Umrechnung französischer Mautgebühren.

Wie ganz Frankreich war natürlich auch das kleine Surfernest südlich von Bordeaux ganz nach unserem Geschmack. Zwar fragten wir uns, ob man wirklich 1.500 Kilometer anreisen musste, um festzustellen, dass man nicht wirklich gut surfen konnte. Doch das Land entschädigte für alles: Die Melonen schmeckten irgendwie meloniger, die Crêpes um Lichtjahre besser als in Deutschland und das Baguette erst recht, schon deshalb, weil man es der zauberhaften Bäckerin auf Landessprache (Öhn Bagätte, sillwu plähh!) abgeluchst hatte.

Außerdem trafen wir Leute wie den italienischen Surfer Babo, der uns zu diesem Buchtitel inspirierte. Wer Babo bei sich zu Gast hatte, musste immer damit rechnen, dass er leichte Verwüstungen, außerordentlich leere Flaschen und manchmal auch sich selbst hinterließ. Dafür konnte Babo unentwegt Geschichten von skurrilen Orten erzählen, an denen er einmal gewesen war. Sein damaliger Lieblingsspot war eine sehr, sehr kleine Toilette an einer Tankstelle in Bordeaux. Diese hatte man zwischen zwei Betonwände gequetscht, weshalb Kloschüssel und -deckel links und rechts abgeflext werden mussten, damit das Örtchen in die Nische passte. Babo war sich sicher, dass dieses Klo so klein war, dass es nur von stehpinkelnden Hobbits benutzbar war.

Für Babo war es das kleinste Klo, das er jemals gesehen hatte. Für uns war es der Aufruf, Orte in Europa zu finden, von denen einem Typen wie Babo, aber nicht jeder Reiseführer erzählen konnte. Danke Babo!

Christian & Axel

„Als deutscher Tourist im Ausland steht man vor der Frage, ob man sich benehmen muss oder ob schon deutsche Touristen da gewesen sind."

PETER PANTER

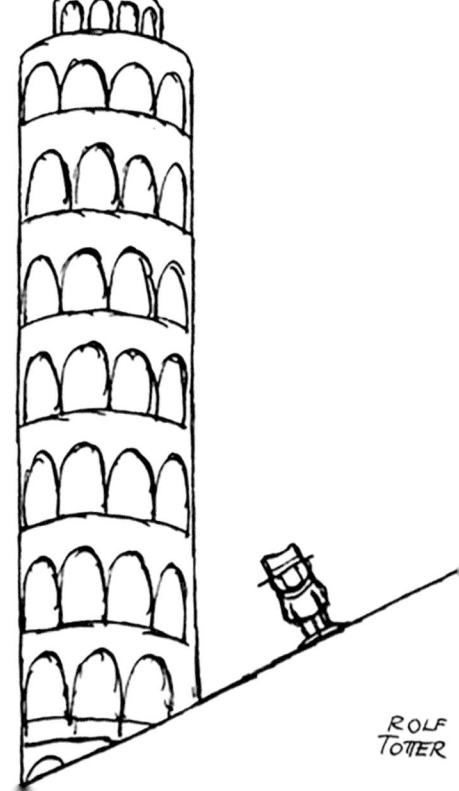

INHALT

Zum Geleit 07

Ganz groß: Das britische Empire 08
Schottland, England, Wales, Irland, Nordirland

In der Sauna: Skandinavien und der Rest vom Norden 42
Norwegen, Schweden, Finnland, Island, Dänemark

Im Osten: alles von drüben 118
Estland, Litauen, Lettland, Polen, Tschechien, Ungarn

Im Südosten: der Balkan und der Rest vom Osten 178
Slowenien, Slowakei, Serbien, Montenegro, Albanien,
Kroatien, Bosnien-Herzegowina, Mazedonien, Moldawien

Ganz klein: die Zwergstaaten 206
Monaco, Malta und andere Bohrinseln

Gans lecker: Frankreich und die Beneluxländer 216
Frankreich, Belgien, Holland, Luxemburg

Im Süden: von Italien bis Ithaka 244
Italien, Spanien, Portugal, Griechenland

Ganz hoch: die Bergstaaten 298
Österreich, Schweiz

Zum Schluss 316
Frieden durch Sellerie, Mr. Kissinger!

I.
DAS EMPIRE

„Eine Fahrt vom Continente nach London muss nun einmal über See gemacht werden, so lange England nicht aufhört eine Insel zu sein. Allerdings ein Übel hat der Reisende zu fürchten, und selten auch bleibt es aus: das ist die Seekrankheit. Bei wiederholten Anfällen von Erbrechen nehme man lauwarmes Wasser, wodurch die Anstrengungen des Würgens sehr erleichtert werden. Den sich einstellenden Durst löscht am dienstlichsten ein Getränk von Wasser, leicht mit Cognac oder Citronensäure versetzt.

In London trinkt man selbst in den ersten Hotels beim Essen nur Bier. Die Bier- und Branntweinläden *Gin Palaces* haben leider in der Proletarier-Statistik Londons eine traurige Berühmtheit erlangt. Es sind glänzende Paläste, in welchen das verkümmerte und verkommene Proletariat seine mühsam erarbeiteten und erbettelten, wenn nicht gar durch Verbrechen erworbenen Pfennige gegen die verführerische Betäubung des Alkoholrausches austauscht, um in moralischer wie physischer Versumpfung das Elend seiner Lage für einige Stunden zu vergessen. Der Fremde kann hier interessante, wenn auch nicht erfreuliche sociale Studien machen.

Dem Fremden, der es mit dem meist feuchten und nebeligen Clima aufnehmen will, kann man nur anrathen, sich wie der Engländer gegen die Einflüsse der Atmosphäre durch Grogg oder Brand mit Wasser und Zucker oder eine dergleiche Mischung von scotch oder irish whisky zu stärken."

aus: Ludwig Lenz: Reisehandbuch, Leipzig 1855

Schottland

„Whisky ist schlecht für die Menschen,
vor allem schlechter Whisky."

SCHOTTISCHES SPRICHWORT

ALLGEMEINE REISEINFORMATIONEN

Land mit Loch

Die Geschichte Schottlands ist eine Geschichte voller Löcher. Neben der Folklore um das Loch Ness gibt es eine Reihe wahrer Lochgeschichten:

Loch im Rasen. Es gilt als sicher, dass man in Schottland das Golfspielen erfunden hat. Seit Jahrhunderten versenkt man dort Bälle in kleinen Löchern – mit kurzen Unterbrechungen: 1457 ließ König **James II.** den **Golfsport** verbieten, weil er sich um die Wehrtüchtigkeit seiner Freiheitskämpfer sorgte. Man möge sich doch bitte mehr dem Bogenschießen widmen, statt Bälle über das Hochland zu dreschen. Auch König **James III.** beließ es bei der gesellschaftlichen Ächtung. Genau wie König **James IV.** – auch er verbannte den Sport mit seiner ganzen königlichen Autorität, die allerdings ein wenig zu leiden begann, als man im Etat des Hofstaates eine **Rechnung für Golfschläger** aufspürte, die speziell für den König gefertigt wurden.

Loch in der Kasse. Man erinnert sich in Schottland nur ungern, wer Schuld am Verlust der schottischen Unabhängigkeit hatte: **Panama**. Den schwülwarmen Karibikstaat hatten sich die Schotten im Jahr 1698 als Kolonie ausgeguckt. Der Plan: **der Bau einer Straße vom Atlantik bis zum Pazifik**. Man könnte ja so den Warenverkehr in Richtung Asien um mehr als 10.000 Kilometer verkürzen. (Auf die Idee mit dem Kanal waren die Schotten damals noch nicht gekommen.) Man ging dummerweise in einem Landstrich an Land, der selbst den eingeborenen Kuna-Indianern zu moskito- und malariaverseucht war. Und auch die Sache mit der Straße stellte sich als schwierig heraus. Kurzum: Es war ein komplettes Desaster, in dessen Finanzierung die Hälfte des schottischen Staatsvermögens steckte. England übernahm die Schulden und den Staat gleich mit.

Loch in der Wand. Im Finanzbereich erfolgreicher war **John Shepherd-Barron**. Er erfand den **Geldautomaten** und erlebte, wie dieser 1967 in Enfield für die Barclays Bank in Betrieb ging. Man konnte Schecks in den Automaten stecken und bekam bis zu zehn Pfund zurück. Die eingesetzte vierstellige PIN-Nummer hat bis heute überlebt und die Welt verändert! Weitere Erfindungen des Mannes blieben jedoch erfolglos. Sein **Seehundabschreckungsgerät für Lachsfarmen** lockte blöderweise nur immer mehr Seehunde an. Im Ruhestand widmete er sich der Schneckenzucht – besser, als Löcher in die Decke zu starren!

Laaaaaangweilig! Der Graf von Glasgow mit grauem Haar und grauem Schloss im Jahr 1996.

Schon besser! Noch immer graue Haare, aber mit buntem Schloss. Und man geht wieder baggy!

DENKMALSCHUTZ VS. GRAFFITI

Schloss mit lustig!

Es gibt Menschen, die alte Schlösser so spannend finden wie ein russisches Roulette mit Platzpatronen. Nicht ganz zu Unrecht, liest sich deren Geschichte doch zumeist so (oder so ähnlich): „Erbaut im Jahr 1408, erobert im Jahr 1509, teilweise abgebrannt im Jahr 1630. Wieder aufgebaut im Jahr 1650, komplett abgebrannt im Jahr 1790, im Jahr 1830 nach Originalbauplänen restauriert und seitdem nicht mehr abgebrannt und deshalb zu besichtigen. Eintrittspreis fünf Euro – vier Euro gehen direkt in die neue Rauchmeldeanlage." Auch drinnen meist immer das Gleiche: Mit etwas Glück erhalten Besucher auf Leihbasis ein Paar dieser parkettschonenden Museumspuschen, mit denen man gefährlich nahe an irgendeiner Hellebardensammlung entlangschlittern kann, bevor man vor einem handgeschnitzten Nachttopf zum Stehen kommt, der sich nicht als irgendein Nachttopf entpuppt, sondern als der einzige Gegenstand, der beim nächtlichen Brand im Dezember des Jahres 1630 vom blasenschwachen Grafen höchstpersönlich gerettet werden konnte.

In einem Land mit unzähligen Schlössern muss man sich deshalb schon etwas Besonderes einfallen lassen, um das Publikum nicht zu sehr zu langweilen. Patrick Boyle Graf von Glasgow ließ sein gräuliches Durchschnittsschloss deshalb im Jahr 2007 von einer Gruppe brasilianischer Graffitikünstler besprühen – zum Entsetzen der Denkmalschutzbehörde. Seit Jahren fordert diese bereits vergeblich, das kunterbunte Schloss wieder in ein langweiliges Mausgrau umzutünchen. Der Grund: Laut Denkmalschutzvorschriften dürfen Gebäude nur mit solchen Farben angestrichen werden, die sie auch im Lauf ihrer Geschichte hatten (und das ist in diesem Fall nun einmal Mausgrau). Doch für den störrischen Grafen ist das alles graue Theorie – er sieht es eher praktisch. „Das Wandgemälde mag etwas fremdartig und futuristisch anmuten, aber es zaubert den Leuten ein Lächeln aufs Gesicht – warum sollte es nicht bleiben?", fragt der Graf in einem Bericht der BBC. Nicht ganz ohne Hintergedanken. Schließlich werden die Eintrittspreise von neun Pfund (Erwachsene, Hochsaison) dem Grafen auch immer wieder ein Lächeln ins Gesicht zaubern!

Schlossverkauf!

Bei der ehrwürdigen Scottish Castles Association wollte man es genau wissen. Man zählte durch und kam in Schottland auf die Zahl von 1.400 „befestigten Gebäuden". Wobei hierbei auch solche Burgen und Schlösser erfasst sind, von denen nur noch recht spärliche Überreste vorhanden sind.

▶ *Tipp: Das große Schlossangebot drückt seit Jahren auf die Preise. Ein Blick auf englischsprachige Immobilienportale verrät: Noch immer bekommt man in Schottland ein Schloss für dieselbe Summe, die man in der Londoner Innenstadt für eine geräumige Wohnung aufbringen müsste. Vielleicht ist ja auch etwas Günstiges für Sie dabei? Und falls Ihnen das Schloss im Unterhalt zu teuer werden sollte – verlangen Sie doch einfach Eintritt!*

Wo bitte geht's denn hier zum Flughafen? Der Barra Airport: Noch ist nichts zu sehen, doch bald ist er da!

VERKEHR
Der unsichtbare Flugplatz

Für diesen Flugplatz braucht man schon eine waschechte „Twin Otter". Das robuste Propellerflugzeug wurde speziell für kurze Landebahnen entwickelt – was im Falle des Barra Airport eigentlich egal ist, denn genau genommen hat dieser gar keine Landebahnen. Der Grund ist einfach: Als weltweit einziger Flughafen verschwindet er bei Flut im Wasser und taucht nur bei Ebbe wieder auf. Erst dann kann die Twin Otter ihren täglichen Linienflug von den Äußeren Hebriden nach Glasgow hinter sich bringen. Das Gate ist ein kleiner Durchbruch in der Düne, der Gepäckwagen voll strandtauglich und ausreichend groß für die maximal 18 Passagiere. Weitaus mehr Menschen stehen an manchen Tagen rund um die periodische Landebahn, schließlich gilt der Barra Airport unter Plainspottern so ziemlich als das Verrückteste, was man in Europa bestaunen kann!

Ebbe am Gate: Bis zu 18 Personen passen in den Linienflieger.

GARDEN OF COSMIC SPECULATION
Schwarze Löcher im Grünen

Zugegeben – der Name irritiert zunächst: Der Garten der kosmischen Spekulation („Garden of Cosmic Speculation") ist aber eigentlich ein (fast) normaler 120 Hektar großer Park. Für den Namen findet Mitgründer Charles Jencks eine ganz einfache Erklärung: Da der Garten einen Mikrokosmos des Universums darstelle, solle man doch bitte über die fundamentalen Aspekte der Natur nachdenken. Statt Rosenrabatten und Heilkräuterbeeten werden deshalb mathematische Formeln und wissenschaftliche Phänomena in Skulpturen und Landschaften dargestellt. Ein Besuch lohnt also auf jeden Fall – auch ganz ohne quantenphysikalisches Grundwissen. Denn wo kann man schon zwischen schwarzen Löchern, Fraktalen, dem Urknall oder dem „egoistischen Gen" lustwandeln?

▶ *Der Garden of Cosmic Speculation ist ein Privatgarten. Er ist jedoch einmal im Jahr für die Öffentlichkeit zugänglich, um Gelder für eine schottische Wohltätigkeitsorganisation zu sammeln.*

Schade für alle Schneckenfreunde: Der Schneckenhügel („Snail Mound") beherbergt kaum Schnecken, sieht aber immerhin ein bisschen wie eine Schnecke aus. Seine Form soll aber eigentlich von der molekularen Struktur des menschlichen Erbguts inspiriert sein. Sieht man ja.

Hunde, wollt ihr ewig leben? Falls ja, dann solltet ihr nicht über diese Brücke gehen. Und falls doch, dann auf jeden Fall die Nase zuhalten!

HUNDEGRAB
Das mörderische Geheimnis der Overtoun-Brücke

Hundebesitzer aufgepasst! Wer seinen Schottland-Urlaub mit Hundebegleitung verbringt, der sollte die Overtoun-Brücke in der Nähe der Kleinstadt Dumbarton auf jeden Fall meiden. Der Grund: Es ist die Brücke mit der weltweit höchsten Selbstmordrate bei Hunden! Rund 600 von ihnen haben sich bereits von der gotischen Brücke in den Tod gestürzt. Mittlerweile warnt sogar ein Schild nichts ahnende Hundebesitzer vor der mysteriösen Brücke, die in jüngster Zeit Gegenstand wissenschaftlicher Untersuchung geworden ist. Die Frage, der man nachspürt: Ruft die Brücke bei Hunden wirklich suizidale Gedanken hervor, oder gibt es womöglich eine ganz natürliche Erklärung? Zumindest eine wäre recht pausibel: Angeblich sollen sich viele Nerze unter der Brücke tummeln und durch ihren unwiderstehlichen Geruch den Jagdinstinkt der Hunde wecken. Zumindest fiel den Experten auf, dass alle vermeintlichen Selbstmordopfer Jagdhunde waren oder zumindest recht lange Nasen hatten – eine fast schon zwingende Logik. Die örtliche Jägerschaft glaubt allerdings nicht an die Nasentheorie. Schließlich lebten in ganz Schottland fast 30.000 Nerze, und nirgendwo anders würden sich Hunde völlig besinnungslos in die Tiefe stürzen.

Sieht aus, als ginge es runter. Es geht aber hoch!

Sieht aus, als ginge es hoch. Es geht aber runter!

Let's roll!

Der Berg Electric Brae wurde bekannt durch Autos, die mit gelöster Handbremse hier abgestellt wurden, dann aber (dem Anschein nach) bergauf rollten, in Wirklichkeit aber bergab kullerten. Weil beides für die Besitzer gleichermaßen ärgerlich und für die Zuschauer gleichermaßen kurios war, erlangte der Berg einen touristischen Bekanntheitsgrad. Es handelt sich hierbei um eine optische Täuschung, auch wenn in diversen grenzwissenschaftlichen Postillen immer mal wieder über Gravitationsanomalien spekuliert wird.

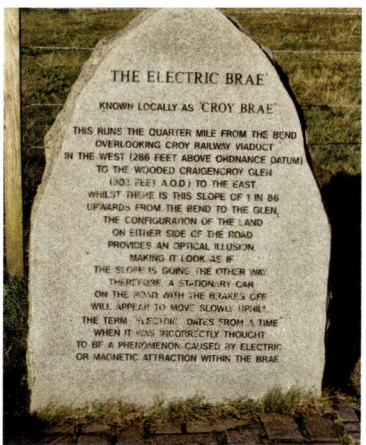

Verwirrten Touristen wird das Phänomen auf diesem Informationsstein erklärt, der aussieht, als stünde er schief. Tut er auch!

Nationalsport Golf

Bekanntermaßen wurde in Schottland nicht nur das Golfen erfunden. Das Land beherbergt auch einige der schönsten Greens, die es auf der Welt gibt. Höchst erstaunlich ist es deshalb, dass der beste Golfer aller Zeiten noch nie einen Fuß auf einen schottischen Golfplatz gesetzt hat. Der einzige Mensch, der auf seiner ersten Golfrunde gleich elf „Hole In One" schlug, ist laut dem nordkoreanischen Informationsministerium dessen Führer Kim Jong-il.

UNST BUS SHELTER
Europas zauberhafteste Bushaltestelle

Gerade auf den windzerzausten Inseln wie Isle of Sky, den Hebriden oder den Shetlandinseln weiß man einen gut gepflegten Unterstand zu schätzen. Die wohl sympathischste Bushaltestelle Europas ist der Unst Bus Shelter, die für jeden Urlauber einen Fotostopp lohnt. Nachdem das Vorgängermodell 1996 von einem Unwetter zerstört wurde, blieb die Haltestelle zunächst ohne wetterfesten Unterstand. Einer der drei (!) damals regelmäßig wartenden Fahrgäste wandte sich in seiner Verzweiflung mit einem Leserbrief an die *Shetland Times*. Das Anliegen des damals siebenjährigen Bobby Macauley nötigte den Gemeinderat der Shetlandinseln zum Handeln: Man stellte ein neues knallrotes Bushäuschen am alten Standort auf. Zunächst wurde es nur mit Sofa und Tisch ausgestattet, mit der Zeit begannen die Anwohner ihre geliebte Haltestelle immer mehr auszuschmücken, ohne dass von staatlicher Seite irgendwelche Einwände zu vernehmen waren. Wegen seiner liebevollen und komfortablen Ausstattung gehört die Haltestelle mittlerweile zu den bekanntesten Sehenswürdigkeiten der Shetlandinseln. Der „echte" Bus kommt übrigens nur wenige Male am Tag vorbei. Wegen der zahlreichen Reisebusse, die die Sehenswürdigkeit anfahren, hat man daneben eine neue Verkehrsinsel anlegen müssen.

Jedes Jahr ein neues Motto: mal ein Mandela Tribute, mal die Farbe Orange.

Blau-maritime Optik wechselt sich ab mit einem Farbzauber aus Türkis.

„Hello Kitty" lässt grüßen, bis das Thema Schafe dran ist.

Ein heidnischer Brauch verwandelt dieses Waldstück in eine bizarre Kultstätte mit alten Bart-Simpson-T-Shirts und ausgestoßenen Teddybären.

CLOOTIE WELL
Im Lumpenwald

Etwas hat überlebt. In den Wäldern um Munlochy wird immer noch ein uralter keltischer Brauch zelebriert, der trotz Christianisierung Britanniens nicht auszurotten war: Manche Schotten hängen alte Kleidungsstücke um eine kleine, im Wald verborgene Quelle – genau wie es die alten Kelten taten, nur dass diese noch keine Teddybären für ihren Glauben opferten und höchstwahrscheinlich auch gar keine hatten. Die Hoffnung der Lumpenverteiler: Wer den Stoff rund um die Quelle aufhängt, kann von allerlei Krankheiten geheilt werden. Zunehmend nutzen allerdings auch Verliebte und Hochzeitspaare die Quelle, um ihre Bindung rituell zu festigen (oder einfach um ein paar alte T-Shirts loszuwerden, bevor man in die gemeinsame Wohnung zieht). Die schottischen Behörden sehen den um sich greifenden Kult immer kritischer und lassen regelmäßig die Quelle vom Unrat befreien. Möglicherweise befürchtet man einen ähnlichen Kult wie um das „Vorhängeschloss-an-die-Brücke-Hängen".

▶ *Wer das Ritual korrekt ausführen will, macht bitte Folgendes: Stoff in die Hand nehmen, dreimal im Uhrzeigersinn um die Quelle laufen, etwas Quellwasser auf den Boden spritzen und dabei ein Gebet seiner Wahl vor sich hin murmeln und schließlich den Stoff aufhängen.*

ESSEN UND TRINKEN
Herzinfarkt auf dem Teller

Schottland-Touristen sollten sich zu Herzen nehmen, was auch für andere Länder gilt, denen man kulinarisch nicht unbeschränkt über den Weg trauen kann: Es gibt einen Unterschied zwischen Spezialitäten und Delikatessen! Der berühmte Haggis ist dabei besser als sein Ruf und durchaus als Delikatesse einzustufen – wenn man von der Optik einmal absieht. Mit einer leistungsfähigen Augenbinde kann man den mit Innereien gefüllten Schafsmagen ganz entspannt genießen. Bedenklicher sind da schon die folgenden Delikatessen (oder sind es doch eher Spezialitäten?):

Deep-fried Mars bar: Ihre Existenz galt eine Zeit lang als urbane Legende. Doch es gibt sie wirklich! In Bierteig gewendete und frittierte Mars-Riegel gehören in einigen Landesteilen zur Imbiss-Kultur. Einer Umfrage aus dem Jahr 2004 zufolge konnte man an den 303 befragten Fish-and-Chips-Imbissbuden in 66 Fällen die frittierten Riegel bestellen. Herausforderung für die Zubereitung: Durch die Erhitzung beim Frittiervorgang besteht die Gefahr, dass die sensiblen Riegel schmelzen und das Frittierfett „verunreinigen". Was deshalb problematisch ist, weil in dem gleichen Fett auch der Fisch, Würste oder Pommes frites zubereitet werden. Eine Vermischung der Geschmäcker wäre für die feine Zunge eines jeden Imbissfreundes eine Zumutung. Trick: Die verwendeten Riegel werden vorher tiefgekühlt. Dieses beschwört jedoch eine andere Gefahr der Zubereitung herauf. Durch den Temperaturschock drohen die Riegel zu zerspringen.

Nur Mut: Die Deep-fried Mars bar ist es wert, probiert zu werden.

Wem das alles zu riskant ist, der greift am besten zur **Braveheart Butter Bomb.** Das Rezept des auch als „Herzinfarkt auf dem Teller" bekannten Gerichts ist eigentlich recht einfach und kann von jedermann nachgekocht bzw. frittiert werden. Man nehme ein ausreichend großes Stück Butter, das man zu einem Bällchen formt und ausführlich frittiert. Wichtig: Serviert wird das Bombardement an Fett und Kalorien am Spieß mit Eis und einer möglichst cremigen Soße.

England

„Für Großbritannien ist der Ärmelkanal immer noch breiter als der Atlantik."

JACQUES BAUMEL

RECHT ALLGEMEINE REISEINFORMATIONEN
Land mit Schuss

Englands Geschichte lässt sich grob in zwei Abschnitte aufteilen. Die Zeit vor dem Gewinn der Fußballweltmeisterschaft im Jahr 1966 und die Zeit danach. Bis zum zweifelhaften Sieg im Wembley-Stadion beglückte England die Welt mit zahlreichen Erfindungen, wie der Konservendose, der U-Bahn, dem Rasenmäher oder den Beatles. Mit dem WM-Gewinn war die Luft aber irgendwie raus. Die ehemalige Kolonialmacht merkte, dass sie eigentlich nur eine Nordseeinsel ist, die man sich bei mäßiger Verpflegung und ständigem Nieselregen auch noch mit den Schotten teilen muss.

Ansonsten sind die Engländer aber rundum glücklich, weltoffen und außerordentlich an fremden Menschen und Kulturen interessiert, weshalb man alleine in London rund eine Million privater und staatlicher Überwachungskameras aufgebaut hat. Als Tourist werden Sie statistisch gesehen rund 300-mal pro Tag von einer Kamera erwischt. Winken Sie doch mal!

Weil **Fußball** auch in England das gesellschaftliche Topthema ist, werden Sie sich als Deutscher gleich wohlfühlen. Deshalb nur zwei wichtige Hinweise:

1. Beim englischen **„Public Viewing"** herrscht grundsätzlich eine Stimmung wie auf einer Trauerfeier. Was daran liegt, dass es eine Trauerfeier ist. Der **Pseudoanglizismus** bedeutet in England nämlich das öffentliche Aufbahren eines Verstorbenen und nicht etwa die öffentliche Liveübertragung eines Nationalmannschaftsspiels – auch wenn beides für das englische Publikum meist gleichermaßen traurig ist.

2. Mit einem Engländer können Sie herrlich über Fußball streiten. Wenden Sie am besten folgende Strategie an: Glänzen Sie zunächst mit dem Wissen, dass der **Platzverweis (1877)**, der **Einwurf (1882)**, die **Linienrichter (1883)**, die **Verlängerung (1897)** allesamt englische Erfindungen sind. Dann erwähnen Sie beiläufig, dass der deutsche Schiedsrichter **Karl Wald** das **Elfmeterschießen** erfand und dass England von sieben Elfmeterschießen bei Welt- und Europameisterschaften ganze sechs verloren hat. Und dass es nur ein **einziges Elfmeterschießen** gewinnen konnte: das gegen Spanien bei der EM 1996 im eigenen Land! Dann allerdings gegen Deutschland ausschied – **im Elfmeterschießen.**

GESETZE

Sterben verboten!

Es gibt sie in vielen Ländern: kuriose Gesetze oder absurde Vorschriften. Die meisten existieren aus zwei Gründen. Erstens: Man hat schlichtweg vergessen, sie zu streichen, und akzeptiert sie als juristische Folklore eines ansonsten ganz ernsthaften Rechtsstaates. Oder man hält die Regelungen offiziell zwar für totalen Blödsinn, findet sie aber eigentlich doch nicht ganz unberechtigt. Letzteres gilt auch für manche englische Gesetze, deren Inhalte tief in die monarchistische Seele des Landes blicken lassen.

1. London sehen und sterben! Wenn das Ihr Reisemotto sein sollte, dann tun Sie das bitte nicht im Westminster Palace, dem heutigen Sitz des Parlaments. Da der Palast früher mal eine Königsresidenz war, steht jedem darin Verstorbenen eigentlich ein Staatsbegräbnis zu. Dieser lästige Umstand führte wiederum dazu, dass es verboten wurde, im Westminster Palace zu sterben. Zuwiderhandlungen können zwar nicht mehr am Verursacher sanktioniert werden, Sterbeurkunden werden dem Vernehmen nach aber erst dann ausgestellt, wenn der Zuwiderhandelnde aus dem Gebäude geschafft worden ist.

2. „Es ist illegal, das House of Parliament in einer Rüstung zu betreten." Dieses Gesetz aus dem Jahr 1313 steht momentan auf dem Prüfstand einer juristischen Entrümpelungsaktion der Law Commission. Zwar erscheint es heutzutage eher unwahrscheinlich, dass Parlamentarier mit Kettenhemd und Hellebarde zur Haushaltsdebatte auftauchen. Doch weil dem englischen Durchschnittsexzentriker ja alles zuzutrauen ist, hat das Gesetz vielleicht doch noch eine gewisse Berechtigung.

3. „Teppiche vor dem Haus auszuklopfen ist verboten, nur die Fußmatte darf ausgeschüttelt werden – allerdings nur vor 8 Uhr morgens." Diese Vorschrift aus dem Jahr 1839 hat nach wie vor Gültigkeit.

4. „Sämtliche Schwäne gehören der Queen." Als hätte die Dame nicht schon genug Scherereien – aber Gott sei Dank gibt es einen königlichen Schwanwächter, der immer im Juli des Jahres eine offizielle Schwanenzählung auf der Themse durchführt. Der Königin gehören übrigens auch alle Wale und Delfine – gezählt werden diese aber nicht.

The Bramble Bank Annual Cricket Match

Die Brambles Sandbank taucht nur einmal im Jahr während einer Springtide aus den Fluten der Nordsee auf – und dann auch nur für rund 30 Minuten. Das „Bramble Bank Annual Cricket Match" wird deshalb (nachvollziehbarerweise) nur einmal im Jahr ausgetragen. Dutzende von Booten schippern Spieler und Zuschauer dann auf die Sandbank zwischen Southhampton und der Isle of Wright. Das Beste: Der Eintritt ist frei. Das Allerbeste: Im Gegensatz zu anderen Cricket-Matches, die schon einmal bis zu vier Tage dauern, ist dieses von erfrischender Kürze.

ENGLAND

DIE TUBE
Ganz schön unten

Die Londoner lieben ihre „Tube". Nur nicht unbedingt, wenn sie mit ihr fahren müssen. Seit 150 Jahren wird tief unter der Weltstadt an einem Labyrinth aus Gleisen, Weichen, Gängen, Treppen, Aufzügen und Fahrstühlen gebaut und gebuddelt. Die ganze Sache begann bereits unübersichtlich, da zunächst mehrere private Gesellschaften an ihrem eigenen U-Bahn-Netz werkelten. Alle hatten das Potenzial des Untergrunds entdeckt, da die Zustände überirdisch mittlerweile unterirdisch waren: Um von einem zum anderen Bahnhof zu kommen, mussten sich Passagiere mit Pferdekutschen durchschlagen. Bald verkehrten so viele von ihnen, dass die Straßen hoffnungslos verstopft waren. Bereits am ersten Verkehrstag fuhren deshalb rund 40.000 Menschen mit der U-Bahn. Einziges Problem: Man hatte im Jahr 1863 zwar die U-Bahn erfunden, nicht aber die Stromerzeugung. Notgedrungen schaffte man Dampfloks in die engen Röhren, deren Haltezeit in den Bahnhöfen allerdings auf das absolut nötige Minimum begrenzt werden musste – es drohte die totale Verqualmung. Obwohl es damals noch eine erste, zweite und dritte Klasse gab, atmeten alle Fahrgäste die gleiche Luft:

Einer liest, einer surft, einer pennt. Eine ganz alltägliche U-Bahn-Szene in London. Nur der Typ in der Mitte muss mal wieder den Exzentriker geben und seine Hose anlassen – und das am No Trousers Day. Geht echt gar nicht!

„Sie war eine Mischung aus Schwefel, Kohlenstaub und dem schmutzigen Rauch der Öllaternen. Als wir Moorgate Street erreichten, war ich vor Erstickung und Hitze fast tot", wird ein Fahrgast in einem alten Zeitungsbeitrag zitiert. Umso erstaunlicher: Auf massiven öffentlichen Druck hin wurden im Jahr 1874 die ersten Raucherabteile eingeführt. Mittlerweile herrscht wieder Rauchverbot, und trotzdem kann die Tube ganz vergnüglich sein:

No Trousers Day
Findet jährlich statt. Lassen Sie einfach mal die Hose zu Hause – dann fallen Sie nicht weiter auf.

Culex pipiens molestus
Genanalysen haben es bestätigt: In der jahrzehntelangen Isolation hat sich im Untergrund eine Mückenart gebildet, die nur in der Londoner U-Bahn lebt.

Undergroundmusik
Die 200 Straßenmusiker, die in der Tube musizieren dürfen, werden von einer Jury aus Profimusikern ausgewählt. Auf den speziell gekennzeichneten „Bühnen" haben Stars wie Pete Doherty oder die Libertines ihre Karriere begonnen.

Guerilla-Sticker
Seit einigen Jahren macht sich eine immer größer werdende Szene einen Spaß daraus, täuschend echte Hinweisaufkleber in die Tube zu kleben, wie zum Beispiel: „Entschuldigen Sie die Inkontinenz während der Bauarbeiten." Gerne wird auch mit den ungeschriebenen Gesetzen der Tube gespielt, nach denen man bloß keinen Augenkontakt herstellen oder womöglich ein Gespräch beginnen sollte: „Kein Augenkontakt – 200 Pfund Strafe". Oder: „Bitte respektieren Sie urbane Einsamkeit".

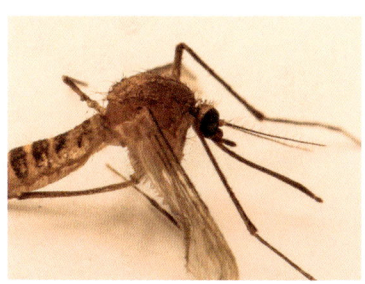

Etwas hat überlebt: Culex pipiens molestus. Eine Mückenart, die nur im Londoner Untergrund vorkommt.

Elektrischer Stuhl. Reserviert für „Mörder, Pädophile und übel riechende Pendler".

ACHTUNG GIFT!

The Poison Garden

Das tödliche Geheimnis des „Alnwick Garden" verbirgt sich hinter einer schweren Eisenpforte. Auf ihr prangen ein Totenkopf und ein Warnhinweis: „Diese Pflanzen können töten." Besucher können hier den giftigsten Garten der Welt betreten, Einlass wird allerdings nur unter Begleitung eines fachkundigen Führers gewährt. Seine einfachen Anweisungen: „Nicht anfassen, nicht dran riechen!". Einige Pflanzen können schon durch Berührung zu Übelkeit führen, einige sind so giftig, dass sie aus Sicherheitsgründen unter Eisenkäfigen eingepfercht sind. Zu jedem Gewächs hat der Gruppenguide eine passende Geschichte (oder manchmal auch Legende) – über leicht giftige Kräuter bis zu den echten Killerpflanzen. Gegründet wurde der Giftgarten von Jane Percy, der Herzogin der Grafschaft Northumberland im Nordosten Englands. Ihre etwas eigenwillige Begründung: „Ich habe mich schon immer gewundert, warum sich so viele Gärten dieser Welt auf die heilende Wirkung von Pflanzen konzentrieren. Dabei interessiert es doch die meisten Kinder eher, wie eine Pflanze tötet, wie lange es dauert, bis man tot ist, nachdem man sie gegessen hat. Und wie grauenhaft und schmerzvoll das Sterben ist." Fragen, die der Giftguide Ihnen und Ihren Kindern gerne beantwortet, zum Beispiel, wenn es am prächtigen, gelb blühenden Goldregen vorbeigeht. Schon vier oder fünf der kleinen Samenhülsen können bei einem Kind zu einer tödlichen Aternlähmung führen. Übelkeit, Speichelfluss, Magenschmerzen, Schweißausbrüche sind die typischen Symptome einer Goldregenvergiftung. Manchmal ist es aber auch nur das englische Essen – fragen Sie besser Ihren Giftguide oder eben Kellner!

▶ www.alnwickgarden.com
Der Giftgarten ist Teil des Alnwick Garden. Ganzjährig geöffnet, ganzjährig giftig.

VERKEHR
Der magische Kreisel

Auch wenn sich der Deutsche gerne über seine Ampeln aufregt – in Wahrheit liebt er sie doch. Die Ampel! Ein geschmiedetes Symbol deutscher Ordnung, das dem deutschen Autofahrer mit ferngelenkter Intelligenz dreifarbige Erleuchtung ins Cockpit kommandiert. Rot (Stop!), Gelb (Mach hinne/mach langsam), Grün (Mal schau'n, wie tief wir fliegen können). Die Ampel (oder auch „Lichtsignalanlage", wie Verkehrsplaner sie nennen) entlastet das Entscheidungszentrum des menschlichen Gehirns und sorgt für Ordnung, wo sonst Chaos wäre. Zu Kreisverkehren hat der Deutsche hingegen eine Beziehung wie zu Teflonpfannen – sie sind wohl ganz praktisch, aber eigentlich doch ein bisschen fremd. Deshalb wird es immer dann spannend, wenn der deutsche Ottonormaltourist über ausländische Kreisverkehre karriolt. Diese zeichnen sich vor allem durch eine schillernde Vielfalt an Verkehrslenkungsideen aus, die nicht immer gleich einleuchtend sein müssen. Die Mutter aller Kreisverkehre findet sich im nordenglischen Swindon. Dieser besteht – sehr vereinfacht gesagt – aus einem großen Kreisverkehr in der Mitte, um den herum fünf kleinere Kreisverkehre ihr Unwesen treiben. Unter Beachtung von Beschleunigung, Zentrifugalkräften und Eigenrotation der Erde gelangt man problemlos von hier nach da, wo man eigentlich gar nicht hin wollte, und wieder zurück – zumindest als ungeübter Erstbefahrer. Die Einwohner von Swindon lieben ihren „Magic Roundabout", der den Staus der verkehrsreichsten Kreuzung ihrer Stadt ein Ende gemacht hat. Kurios: Sie können den Kreisverkehr auf zwei Wegen durchkreuzen. Entgegen dem Uhrzeigersinn auf dem Innenkreisel oder im Uhrzeigersinn auf dem Außenkreisel. Oder sie fragen sich einfach durch.

WICHTIGE FAQS
Gut gefragt ist halb gewusst!

Was tun, wenn man die Queen trifft? Ruhig bleiben. Tun Sie einfach das, was Sie sonst auch tun, wenn Sie auf das Mitglied eines europäischen Königshauses treffen. Nur ein paar spezielle Hinweise: Die Hofetikette verlangt einen leichten Hofknicks, bei dem der rechte Fuß leicht hinter dem linken steht. Als Mann reicht eine Verbeugung. Die Anrede ist nicht etwa „Madame Queen" oder „Elizabeth", sondern „Your Majesty". Im weiteren Gesprächsverlauf reicht ein schlichtes „Ma'am". Einen Handkuss gibt es nur dann, wenn die Queen ihre Hand von selbst ausstreckt. Sollte die Queen Sie zu einem Abendessen überredet haben, dann beachten Sie: Traditionelle Abendgarderobe ist Pflicht. Ansonsten ist die Queen Taktgeber Ihres Treffens. Setzen Sie sich, wenn die Queen sich setzt. Fangen Sie an zu essen, wenn die Queen anfängt. Sprechen Sie über die besten Swingerclubs Londons, erst wenn die Queen davon anfängt. Die Verabschiedung ist seit dem Jahr 2009 protokollarisch übrigens vereinfacht worden. Dass man der Königin dabei nicht mehr den Rücken zuwendet, ist aus Gründen der Unfallverhütung abgeschafft worden. Es reicht also eine Verbeugung und eine irgendwie passende Abschiedsfloskel. Aber bitte nicht „Au repertoire Euer Durchlocht!" oder ähnliche Scherze.

Kommt in England eine Pizza wirklich schneller ins Haus als ein Krankenwagen? Natürlich nicht – nur in 22 Prozent aller Fälle. Und dann hängt es möglicherweise auch von der Schwere der Verletzung und der Schwierigkeit des Belags ab.

Warum sind Engländer eigentlich immer schon um zehn besoffen? Nicht selten machen deutsche Touristen in südlichen Urlaubsländern eine bemerkenswerte Beobachtung: Viele Engländer sind noch VOR IHNEN breit wie zehn Türsteher. Das mag ein Vorurteil sein. Es mag aber auch daran liegen, dass die meisten Pubs in England um 23 Uhr schließen und man sich zumeist schon um 22 Uhr entsprechend eingepegelt hat. Und was man zu Hause liebt, lässt man im Urlaub nun mal ungerne sein. Erstaunlich: Die Sperrstunde ist seit mehr als einem Jahrzehnt aufgehoben, aber trotzdem hat kaum ein Pub länger geöffnet – da bleibt der Engländer seiner Tradition treu. Einer Erhebung zufolge hat sich die durchschnittliche Öffnungszeit der rund 61.000 Pubs seit Aufhebung der Sperrstunde um lediglich 23 Minuten verlängert.

Stimmt es, dass Stonehenge doppelt so alt ist wie das Kolosseum?
Ja, aber dafür ist es auch doppelt so kaputt. Und im Gegensatz zum Kolosseum weiß bis heute kein Mensch wirklich genau, was der Zweck des Baus war. Auch warum man tonnenschwere Steine über 300 Kilometer aus Wales herangekarrt hat (obwohl ähnlich große Klopper gleich um die Ecke rumlagen), lässt sich wohl nur mit englischem Humor erklären.

König des Fettnäpfchens

Deutsche Touristen erweisen sich im Ausland gerne einmal als hochleistungsfähige Fettnäpfchensuchgeräte. Allein in England gibt es hier wenig Anlass zur Sorge: Das rustikale Gemüt der Engländer bietet kaum Gelegenheiten, sich wirklich danebenzubenehmen. Auch *political correctness* wird nicht unbedingt erwartet. Sofern Sie nicht gerade in einer Wehrmachtsuniform am Zoll erscheinen, ist alles gut – obwohl Prinz Harry auf Kostümpartys gerne mal in einer solchen auftaucht. Auch Prinz Harrys Großvater Prinz Philip gibt sich häufiger verhaltensauffällig. Er ist nicht nur der Gemahl der Queen, sondern unangefochtener König des Fettnäpfchens. Wenn Sie also glauben, etwas Unpassendes gegenüber einem Engländer gesagt zu haben, dann bedenken Sie, was Prinz Philip schon alles so rausgehauen hat:

„Hallo Herr Reichskanzler!" Prinz Philip zu Helmut Kohl.

„Wenn ihr noch länger hierbleibt, bekommt ihr bestimmt Schlitzaugen." Prinz Philip zu englischen Studenten, die in Peking studierten.

„Wie schaffen Sie es, die Einheimischen so lange vom Schnaps fernzuhalten, bis sie die Fahrprüfung bestehen?" Prinz Philip zu einem schottischen Fahrlehrer.

„Man sagt, dass nach einem Brand der Wasserschaden am schlimmsten ist. Wir versuchen immer noch, Windsor Castle trocken zu bekommen!" Prinz Philip über den verheerenden Flugzeugabsturz in der schottischen Stadt Lockerbie.

„Wo hast du den Hut her?" Prinz Philip zu seiner Frau wenige Momente nach ihrer Krönung.

"Bitte behandeln Sie die Kirche und Häuser mit Sorgfalt; unsere Häuser, in denen viele von uns seit Generationen leben, haben wir verlassen, um zu helfen, den Krieg zu gewinnen, damit die Menschen frei sind. Eines Tages werden wir zurückkehren und Ihnen für die freundliche Behandlung des Dorfes danken."

TYNEHAM
Seit 70 Jahren nur mal kurz weg

Die traurige Botschaft kam per Post: Im November 1943 teilte Generalmajor C. H. Miller den 250 Einwohnern des südenglischen Tynehams mit, dass man im Gelände rund um ihr Dorf „den Umgang mit modernen Kriegswaffen perfektionieren" wolle. Sicher habe man Verständnis, so der Major aus dem fernen Kriegsministerium, dass man das Gebiet deshalb von allen Zivilisten räumen müsse – vorübergehend natürlich. Im Wissen um ihre patriotische Pflicht verließen die Bewohner das kleine Dorf: Pfarrer, Lehrer, Postbote vorneweg und auch die Bauern machten sich auf. Bis zur ersten Heuernte sei man ja sicher wieder zurück, dachten sie. Eilig heftete Helen Tyler, die Näherin des Dorfes, noch einen Zettel an die Tür des Gotteshauses mit einer freundlichen Bitte an die militärischen Zwischenmieter.

Fatalerweise stellte sich die liebreizende Hügellandschaft rund um Tyneham als ideales Übungsgelände für britische und amerikanische Panzertruppen heraus. Statt Häuserkampf zu trainieren, feuerte man Panzergranaten über das Dorf hinweg, verlegte Panzersperren, sperrte Wege und durchzog das Gelände mit Stacheldrahtzäunen. Nach kurzer Zeit lag Tyneham inmitten eines riesigen Truppenübungsplatzes, auf dem man die Landung an den Stränden der Normandie trainierte. Doch mit Ende des Krieges forderten die Einwohner das Versprechen von Winston Churchill ein. Dieser hatte den Bewohnern „am Ende der gegenwärtigen Notlage" die Rückkehr in ihre Heimat versprochen. Doch London zeigte sich unnachgiebig. Das Versprechen gelte weiterhin, die „Notlage" sei aber noch nicht vorüber. Die erstaunliche Begründung: Man müsse aufrüsten und sich auf einen neuen Krieg vorbereiten – gegen die Sowjetunion. Tyneham blieb Geisterstadt und wurde zum landesweiten Symbol für den Umgang der Regierung mit dem eigenen Volk. 1952 einigte man sich schließlich auf eine Entschädigung. Die modernen Wohnungen in der Nähe ihrer alten Heimat gefielen so

Kein Anschluss unter dieser Nummer: Als die Bewohner Tyneham verlassen mussten, blieb die gerade erst aufgestellte Telefonzelle zurück. Sie ist heute noch intakt, und noch immer hängt dort ein Hinweisschild im Kommandoton: Wer in Kriegszeiten unbedingt telefonieren müsse, solle sich bitte kurz fassen!

manchem – kein Vergleich zu den ewig klammen Steinhäusern. 1968 flammte der Protest jedoch wieder auf, bis 1970 ein eigens gegründeter Ausschuss einen Kompromiss vorschlug: Verlegung der Panzertruppen von Tyneham auf den walisischen Übungsplatz Castlemartin. Doch die Regierung lehnte erneut ab. Die Begründung: Castlemartin hatte man mittlerweile der deutschen Bundeswehr überlassen. Eine gemeinsame Nutzung mit dem früheren Feind und neuen Verbündeten sei aber – bei aller Liebe – nun doch nicht möglich. Tyneham wurde zum zweiten Mal zum Opfer der Deutschen, die Bewohner blieben Kriegsflüchtlinge bis an das Ende ihrer Tage. Ihr Dorf, in dem im November 1943 die Zeit stehen blieb, war mittlerweile kaum noch bewohnbar. Viele der ehemaligen Bewohner waren zwischenzeitlich verstorben, die meisten ermüdet vom Kampf gegen die größte Armee Europas. Am Ende zeigten die Militärs zumindest etwas Einsicht. An Feiertagen und an Wochenenden dürfen Einheimische und Touristen mittlerweile die in Kriegstagen eingefrorene Kulisse des Dorfes besuchen (oder bestaunen). Auch die Frau, die den traurigen Zettel an die Tür der Dorfkirche nagelte, kehrte zurück: Helen Taylor wurde über 50 Jahre später in Tyneham beigesetzt – das Militär hatte Bestattungen auf dem Dorffriedhof endlich wieder zugelassen.

Die Woolpack Wanderers im Angesicht der Niederlage beim Charity Shield (Supercup) – man liegt bereits in der Halbzeitpause zurück. Und das ausgerechnet gegen den Erzfeind: die Garrison Gunners!

FUSSBALL
Die kleinste Liga der Welt

Es gibt tausend gute Gründe, einmal die Scilly-Inseln vor der Küste Cornwalls zu besuchen: Die Strände der „englischen Südsee" sind leer und schneeweiß. Das Wasser ist türkisblau, Palmen und exotische Blumen gedeihen – karibische Zustände für Segler, Taucher, Künstler und auch Promis: Brad Pitt oder Jude Law relaxen auf den völlig paparazzifreien Inseln. Der wahre Schatz des Eilandes ist jedoch eine 45 mal 90 Meter große Rasenfläche. Hier spielt die offiziell kleinste Fußballliga der Welt. Immer sonntags, immer auf dem gleichen Platz, immer die gleichen zwei Mannschaften: die Woolpack Wanderers gegen die Garrison Gunners. Oder die Garrison Gunners gegen die Woolpack Wanderes – je nachdem, ob Heim- oder Auswärtsspiel. Und weil man sich sonst ja nicht sieht, gibt es gleich drei weitere Wettbewerbe – ganz offiziell, so wie es die englische Football Association auch macht. Ausgepielt wird der Scilly-Foredeck-Cup (so etwas wie der DFB-Pokal), der Wholesalers-Cup (auch so etwas wie der DFB-Pokal – nur etwas anders) und der Charity-Shield (so eine Art Supercup), bei dem der Pokalsieger gegen den Meister spielt. Hat eine Mannschaft beides gewonnen (was leicht passieren kann), spielt sie im Charity-Shield gegen den Vizemeister beziehungsweise Vizepokalsieger – auf jeden Fall aber immer die Woolpack Wanderes gegen die Garrison Gunners. Oder umgekehrt. Ein Stadionbesuch lohnt auf alle Fälle, es gibt fast frisch gezapftes Bier, viel Leidenschaft, wenig Übersteiger und immer ein Derby!
▶ *www.worldssmallestleague.co.uk*

Jem Finer: Vom Punkmusiker zum Klangschalentheoretiker.

MUSIK
Das längste Lied der Welt

Dieses Musikstück passt nur schlecht zwischen zwei Werbeblöcke. Im Radio wird man es deshalb kaum hören, dafür aber in einem alten Leuchtturm namens „Trinity Buoy Wharf" in London. Das Marathonmusikstück aus tibetanischer Klangschalenmusik dauert noch ein bisschen. Nach Berechnungen des Komponisten Jem Finer (Ex-Gitarrist der Punk Band The Pogues) endet das meditative Gebimmel exakt am 31. Dezember des Jahres 2999. Sie haben also noch ausreichend Zeit, mal vorbeizuschauen. Vorher können Sie aber online schon mal reinhören!

▶ *www.longplayer.org*

SHOPPING
Der größte Unsinn der Welt

Was dieser Laden verkauft, braucht nun wirklich kein Mensch. Macht aber nichts, schließlich handelt es sich ja auch um ein Geschäft für Monsterbedarf. „Since 1812" sei man bei „Monstersupplies" nun schon im Geschäft mit der Monsterversorgung – und das recht erfolgreich. Das liebevoll eingerichtete Geschäft in der Londoner Hoxton Street ist Anlaufpunkt für alle London-Touristen, die verzweifelt nach originellen Mitbringseln suchen. Spezialität des Ladens: Salz, das aus menschlichen Tränen gewonnen wird. Unter anderem gibt es die Sorten: Tränen der Wut, Freudentränen, Tränen, die beim Zwiebelschneiden entstanden sind oder Tränen der Trauer.

▶ *www.monstersupplies.org*

Irland, Wales, Nordirland

„Für eine Hochzeit und für ein Begräbnis ist das Wetter nie zu schlecht."

IRISCHES SPRICHWORT

IRLAND

Stein des Anstoßes

Der Streit um Rockall erinnert ein bisschen an einen Streit von Kindern um einen einzelnen Bauklotz. Eines der beteiligten Kinder: die Republik Irland, die seit Jahrzehnten Rockall für sich beansprucht. Rockall, das ist ein rund 25 mal 25 Meter großer Klotz aus Granitstein, 400 Kilometer vor der Küste Irlands. Fatalerweise liegt er auch rund 400 Kilometer vor den Küsten Islands, den Färöer-Inseln und dem Vereinigten Königreich. Leider ist der Klotz nur der sichtbare Teil eines größeren unter Wasser liegenden Felssockels. Dem Land, das den Klotz glaubhaft in seinen Besitz bringen kann, winkt auch der Sockel und damit eine 200-Seemeilen-Zone rundherum mit allerlei Rechten auf Fischfang und Rohstoffausbeutung (man vermutet Erdöl in der Gegend). Im Jahr 1955 sah sich Großbritannien genötigt, das Militär zu schicken. Drei Marinesoldaten – für mehr war kaum Platz – hissten den Union Jack und waren zugleich Zeuge eines historischen Moments: der letzten Landnahme des Empires. Ein britischer Elitesoldat schaffte es gar einmal, 40 Tage auszuharren und damit den Gebietsanspruch auf den Klotz zu unterstreichen. Doch es nützte alles nichts. Irland behauptet nach wie vor: Das ist unser Klotz!

> ▶ Tipp: Wenn Sie als einfacher Tourist zu Berühmtheit kommen möchten, müssen Sie es nur länger als 45 Tage auf Rockall aushalten, um den Aufenthaltsrekord eines schottischen Abenteurers zu brechen.

Das irische Marineschiff Róisín führt bei Rockall (der Klotz rechts) eine routinemäßige Sicherheitspatrouille durch.

WALES
Land der Gegensätze

Wales. Hobbithafte grüne Hügel, sehr viele Schafe und Ortsnamen mit sehr wenigen Vokalen. Und dann natürlich die Spezialität der walisischen Sprache: Der *stimmlose laterale alveolare Frikativ*. Dieser wird als Reibe- und Krächzlaut immer mal wieder eingestreut und ist sonst vor allem aus dem klingonischen Sprachraum bekannt! Ausschließlich in Wales gibt es diese merkwürdigen Auseinandersetzungen und Wettbewerbe:

Bahnhof gegen Bahnhof
Gorsafawddacha'idraigodanheddogleddollônpenrhynareurdraethceredigion ist der Name eines Bahnhofs, der künstlich erschaffen wurde, um sich einen Eintrag im Guinnessbuch der Rekorde zu erschleichen. Doch der Plan ging schief: Man machte beim Wortbau einige dumme Fehler in Grammatik, Wortschatz und Verschiebungsregeln, die man beim Guinnessbuch partout nicht durchgehen lassen wollte. Somit wird seit 2007 wieder der ursprüngliche Name „Golf-Halt" verwendet. (Die Bahnstation liegt nahe eines Golfplatzes.) Damit ist „Llanfairpwllgwyngyllgogerychwyrndrobwllllantysiliogogogoch" wieder der Bahnhof mit dem weltweit längsten Namen. Der liegt zwar auch in Wales, hat aber keinen Golfplatz.

Wäre fast der Bahnhof mit dem längsten Namen geworden. Gorsafawdda ...

Hat sich im Bahnhofsstreit durchgesetzt: Llanfairpwllgwyng ...

Mensch gegen Pferd

Pferde kommen auf Höchstgeschwindigkeiten von rund 70 Stundenkilometern, Geparde schaffen sogar 110. Für den Menschen hingegen ist bereits bei 45 Stundenkilometern Schluss. Trotzdem gibt es folgende Behauptung: Lässt man ein Pferd bei einem Marathon gegen einen Menschen antreten, dann kann der Mensch durchaus gewinnen. Denn er – da sind sich die Biologen einig – ist einer der besten Ausdauerläufer unter allen Säugetieren. Was liegt also näher, als einen Marathon zu organisieren, um diese These zu verifizieren? Mangels frei lebender Geparden entschied man sich im Llanwrtyd Wells offensichtlich für Pferde und rief den „Man versus Horse Marathon" ins Leben.

Seit 1980 rennt nun in Wales Mensch gegen Pferd, immer im Juni, und die ersten 24 Jahre gewann immer der Gaul. Bis zum Jahr 2004, in dem ein gewisser Huw Lobb Geschichte schrieb. Der schlaksige Engländer bewältigte die 35 Kilometer in zwei Stunden, fünf Minuten und 19 Sekunden. Lobbs Leistung bescherte dem Dorf mit dem unaussprechlichen Namen ein internationales Medienecho, Tausende neuer Besucher und auch professionelle Läufer, die sich von den 36.000 Euro Preisgeld, das Lobb kassierte, angelockt fühlten. Als in den Morgenstunden des 21. Juni 2007 das Geklapper frisch beschlagener Hufe durch die Gassen von Llanwrtyd Wells hallte, ahnte noch niemand, dass der nächste Rückschlag für die angereisten Pferdefans drohte. Der deutsche Florian Holzinger lief sensationelle elf Minuten auf das Pferd Lucy heraus – der bis zum heutigen Datum letzte menschliche Sieger der Tortur, die quer durch die walisische Wildnis geht. Dabei sind es vor allem die zähen Anstiege über schmale, steinige Pfade, Matschwege, Tümpel und Bäche, die den Pferden das Leben schwer machen. Gäbe es in Wales saubere Asphaltstrecken, wie man sie von den großen internationalen Marathons gewohnt ist,

▶ *Können Sie rennen wie ein Pferd? Gut. Können Sie schneller rennen als ein Pferd? Noch besser! Denn dann winken Ihnen beim „Mann-gegen-Pferd-Marathon" ein paar Tausend Euro Preisgeld – je nachdem wie hoch der Jackpot gerade ist. Der letzte Gewinner kassierte 25.000 englische Pfund. Anmeldung hier: www.green-events.co.uk*

das Pferd würde wohl immer als Erstes die Ziellinie überqueren, hinter der Touristen und Dorfbewohner an zahlreichen Bierständen über den Rennverlauf fachsimpeln oder den etwas schrägen Tönen einer Blaskapelle lauschen. Tipp: Llanwrtyd Wells bietet weit mehr. Mittlerweile ist auch der Schlammschnorchelwettbewerb international besetzt. Allein das „Real Ale Wobble" lockt bisweilen noch ein recht spezielles Publikum. Hier geht es mit dem Mountainbike von einer Bierausschankstation zur nächsten.

Die zahlreichen Tümpel und Bäche sind ein Vorteil für die menschlichen Teilnehmer. Auch wenn es hier gerade nicht so aussieht.

NORDIRLAND
Dasselbe in Grün?

Nordirland muss immer wieder den Vergleich mit seinem großen Nachbarn Irland ertragen. Wer als Tourist die grüne Grenze überquert, der fragt sich: Was gibt es Einmaliges in Nordirland, das ich nicht schon in Irland gesehen habe? Sieht man einmal von der grandiosen 200 Kilometer langen Panorama-Küstenstraße, den 40.000 sechskantigen Basaltsäulen am meerumtosten „Damm der Riesen", dem zauberhaften viktorianischen Charme Belfasts, der fantastischen Unterwelt der Marble Arch Caves und den mysteriösen Drehorten der Fantasy-Saga „Games of Thrones" ab, dann kommt man zum Ergebnis: nichts – außer vielleicht dem „Loughareema".

Das Loch, das ein Loch hat

Das Loughareema ist ein See („Lough") im Nordosten Nordirlands, der sich scheinbar den Naturgesetzen verweigert: Manchmal verschwindet er einfach – eine im Lochbereich europaweit einmalige Fähigkeit! Seit wie vielen Jahrhunderten der See das tut, ist nicht überliefert. Sicher ist nur: Er tut es immer wieder, und das zu völlig unvorhersehbaren Zeitpunkten. Das eigenwillige Gewässer liegt direkt an der Küstenstraße, die je nach Laune des Sees mal überspült und mal passierbar ist. (Anwohner munkeln, die Straßenbauingenieure hätten die Straße wohl während einer Abwesenheitsphase des Sees geplant.) Das launische Phänomen erklärt man damit, dass der Seegrund aus undichtem Kreidegestein besteht. Dieses Gestein hat diverse Abflusslöcher, die aber immer wieder mit Torf und zahlreichem Unrat verstopfen. Bei starken Regengüssen, die in dieser Gegend ebenso launisch auftreten, kann der See voll- oder gar überlaufen. Wird der Torfpropfen hierbei durch das Wasser ausgespült, läuft der See wieder leer.

Vorher ...   *... und nachher.*

II.
SKANDINAVIEN

„Weder bei der Ankunft noch bei der Abfahrt des Reisenden wird irgend Wesens um ihn gemacht: es ist schon viel, wenn der Stallknecht in der Hausthüre erscheint. Höflichkeitsformen nach unsern Begriffen kennen diese Leute nicht. Niemand fragt: woher, wohin.

Dem Norweger liegt die Demokratie so sehr im Blute, dass er jeden Fremden als seines Gleichen behandelt. Der Bauer, der Führer, der Kutscher setzt sich zu dem Reisenden an den Tisch. Gibt man den Leuten ein Trinkgeld, so reichen sie zum Dank die Hand. Wer sich dergleichen nicht gefallen lassen will, sollte nicht nach Norwegen gehen.

Andrerseits ist die wahre, sorgsame Theilnahme dieser Menschen eine unbegrenzte, ja rührende. Der eigentliche Grundzug im Charakter der Norweger ist Aufrichtigkeit. Einem älterem Reisenden sagt ein Führer ganz einfach: Sie sind schon zu alt zu der Tour. Die Folge hiervon ist ein hoher Grad von Ehrlichkeit. Wenn man von einzelnen vielbesuchten Gegenden absieht, so kann man sagen, dass man in Norwegen fast niemals betrogen oder übervortheilt wird. Wo es in abgelegenen Gegenden vorkommt, dass die Leute für ein einfaches Mahl Hotelpreise fordern, genügt es die hohe Zahlung einfach zu verweigern."

aus: Karl Baedeker: Schweden und Norwegen, Leipzig 1882

Norwegen

„Du weißt nie, was in einem Manne steckt, ehe du ihm nicht auf die Nase gehauen hast."

NORWEGISCHES SPRICHWORT

ALLGEMEINE REISEINFORMATIONEN
Tellerwäscherromantik

Drei wichtige Tipps für die Anreise: Erstens: **Norwegen liegt weiter östlich, als man denkt.** Vardø – eine der ältesten Städte des Landes – ist rund 300 Kilometer weiter im Osten als Istanbul. Zweitens: **Zigaretten sind teurer, als man denkt**. Rund zwölf Euro werden pro Packung fällig. Bei Bedarf vorher eindecken! Drittens: **Die Bibliotheken sind besser, als man denkt.** Norwegen hat das wohl beste Bibliothekenangebot der Welt. Bücher können also zu Hause bleiben. Mehr noch: Sie können schon von zu Hause aus anfangen zu stöbern. Die Norwegische Nationalbibliothek (www.nb.no) digitalisiert **so ziemlich alles**, was ihnen in die Finger gerät. Versuchen Sie zum Beispiel einmal das Buch „**Das Tierarzneiwesen Deutschlands und seiner Einzelstaaten: Ein Handbuch für Thierärzte, Staats- und Gemeindebehörden, Schlachthofverwaltungen, Medizinalbeamte, Richter und Rechtsanwälte (Leipzig 1893)"** in irgendeiner deutschen Leihbibliothek zu finden. Es sind aber auch die **Harry-Potter-„Romane"** online – für den Fall, dass es im Urlaub etwas Leichteres sein darf.

Die Geschichte Norwegens ist die klassische „**Vom-Tellerwäscher zum-Millionär-Geschichte",** in der ein armer Tellerwäscher durch harte Arbeit versucht, Millionär zu werden (dann aber große Mengen an Öl findet und durch weniger harte Arbeit auch ganz gut über die Runden kommt). Dabei hatte Norwegen nicht immer den höchsten Lebensstandard der Welt. Im Gerangel mit Schweden und Dänemark um die Herrschaft Skandinaviens konnte sich Norwegen eigentlich nie so richtig einen Namen machen. Bereits kurz nachdem **König Olav Krähenbein** und **König Olav der Dicke** in Norwegen gewaltsam das Christentum eingeführt hatten, wurden sie von Dänen und nicht christlichen Aufständischen im Kampf getötet. Praktischerweise waren die Dänen damals aber auch schon Christen, sodass man Olav den Dicken einfach heiligsprach. Er heißt jetzt – Gott sei Dank – **Olaf der Heilige**. Die Christianisierung war damit abgeschlossen, wurde aber noch einmal Thema, als die norwegische Zensurbehörde 1979 die **Monty-Python-Komödie „Life of Brian"** in Norwegen zunächst verbot. Begründung: Die Massenkreuzigung am Ende des Filmes würde religiöse Gefühle verletzen. Woraufhin schwedische Kinos warben: „Der Film ist so witzig, dass er in Norwegen verboten wurde." Am Ende lief der Film dann doch – ohne Untertitel bei der Massenkreuzigung. Sehr witzig.

NORWEGEN

SURFEN AUF DEN LOFOTEN
Cooler gehts nicht

Das Thema Surfen assoziieren die meisten mit Sonne, hübschen Stränden, Bikinis und VW-Bullis. Dazu noch ein bisschen Gitarrenmusik, eine von der Sonne ausgeblichene Surfer-Mähne und fertig ist das Klischee vom coolen Lifestyle. Das alles hat mit dem echten Surferdasein nur wenig gemein, und wer mal richtig coole Surfer erleben möchte, der ist in Norwegen genau richtig. Im Leben eines Wellenreiters gibt es nichts Schlimmeres als einen überfüllten Lineup – eine zu große Anzahl anderer Surfer, mit denen man sich um die Wellen streiten muss. Was noch schlimmer ist als Haie, Feuerquallen und Nudisten zusammen. An vielen Stränden Südeuropas kommt es infolge von Überfüllung im Wasser zu Streitereien. Die Locals pochen auf „ihre" Wellen („Touris go home"), und nicht selten gibt es handfeste Auseinandersetzungen. Es ist ein bisschen vergleichbar mit den Lemmingen, bei denen es auch immer dann stressig wird, wenn es zu voll wird. Der kluge Surfer nimmt sich daher die kleinen Nager zum Vorbild und macht sich im Fall von überfüllten Stränden auf zu neuen Ufern, wo es noch ruhig und gelassen zugeht. Und wo könnte es ruhiger und gelassener zugehen als im Land der Lemminge selbst, an den schönen Küsten Norwegens? Gut, für Badeshorts ist es hier vielleicht einen Hauch zu frisch, aber wozu gibt es Neoprenanzüge?

Was die wenigsten wissen: Norwegen ist ein wahres Eldorado für Surfer. Wunderbare Wellen, malerische Kulisse, keine Nudisten, keine Haie und vor allem: jede Menge Platz im Wasser. Und anders als in Südeuropa, wo jeder gute Spot geheim gehalten wird, geht man in Norwegen ganz offen mit den Infos um die besten Strände um. Man freut sich, wenn man nicht allein im Wasser ist und zur Not jemanden in der Nähe weiß, der einen nach einem Kälteschock wiederbeleben kann. Von daher kann hier an dieser Stelle ganz offen weitergegeben werden, dass die besten Wellen Norwegens auf den Lofoten an Land rollen, wo es neben den bekannten Spots Unstad, Kvalnes, Eggum und Utakleiv noch viele weitere Plätze zum Surfen zu entdecken gibt. Klar, man könnte jetzt denken, dass es da oben im Norden vielleicht einen Ticki kalt ist, gerade im Winter. Doch ein Blick in den Stormriders Guide klärt auf: Dank des warmen Golfstromes ist es gerade auf den Lofoten doch deutlich milder als in anderen Gegenden mit gleichem Breitengrad wie beispielsweise Alaska oder Grönland. Wenn das nichts ist!

Hinzu kommt, dass Meerwasser aufgrund des Salzgehalts eh erst bei einer Temperatur von minus zwei Grad Celsius gefriert und dass die permanente Wellenbewegung das Gefrieren zusätzlich erschwert. Von daher ist Norwegen quasi das ganze Jahr über surfbar! Wer das Abenteuer wagen möchte, sollte am besten einen dicken Neoprenanzug (mindestens 7 mm; okay, man kann sich damit kaum noch bewegen, aber Erfrieren ist halt auch irgendwie unpraktisch), Booties, Handschuhe und ein Cap mitbringen. Wichtig: Cold Water Wax zum Einwachsen der Boards nicht vergessen (das Wachs für Warmwasser funktioniert nicht). Und Obacht: Wer auf den Lofoten ins Wasser geht, braucht sich zwar vor Haien nicht zu fürchten. Dafür gibt es aber Schwertwale, die aufgrund ihrer berüchtigten Jagdmethoden auch „Killerwale" genannt werden und die ggf. Schwierigkeiten haben, einen korpulenten Longboarder von einer Kegelrobbe zu unterscheiden.

Grünblaues Wasser, die perfekte Welle und ein Strand so weiß wie Schnee. Nee, halt mal, das ist ja Schnee. Die nördlichste Surfschule der Welt hält auch Angebote für Anfänger bereit; inkl. Sauna zum Wiederaufwärmen.

▶ *www.unstadarcticsurf.com:*

SKIORT RJUKAN
Schluss mit dem Schattendasein

Im bergigen Gelände neigen Menschen dazu, ihre Städte an zwei Orten zu errichten. Entweder ganz oben – auf dem Gipfel der Berge – oder ganz unten – im Tal. Die ersten Bewohner von Rjukan entschieden sich für ganz unten. 200 Tage des Jahres saß man nun im Dunkeln, besser gesagt im ewigen Schatten – die Sonne kam nicht über diese verdammt steilen Berge, zwischen die man Rjukan gequetscht hatte. Schließlich erinnerte man sich in Rjukan an eine über 100 Jahre alte Idee. Man könne doch einfach – so der fantastische Plan – mit riesigen Spiegeln das Sonnenlicht vom Berg ins ewige Dunkel reflektieren. 1913 hatte Rjukan fast dreimal so viel verschattete Einwohner (rund 10.000). Der größte Arbeitgeber – ein Wasserkraftwerkbetreiber – spendierte damals sogar eine Seilbahn (die erste Nordeuropas), damit die Angestellten wenigstens ab und zu einmal an die Sonne kamen. Für die Spiegel fehlte damals jedoch das Geld. Auch die modernen Spiegel sind nicht gerade billig: Pro erleuchtetem Quadratmeter sind rund 1.000 Euro fällig. Insgesamt 610.000 Euro für eine 600 Quadratmeter große Fläche auf dem Marktplatz des heutigen Skiortes.

Drei computergesteuerte Heliostaten folgen der Sonne und reflektieren Licht ins Tal.

NORWEGEN

„Obwohl der Alkoholverbrauch des Norwegers einer der niedrigsten in Europa ist, kann es manchmal so aussehen, als sei das nicht der Fall. Weil ein Däne, Engländer oder Franzose während einer statistischen Periode jeden Tag ein bisschen trinkt, während der Norweger oft die gesamte Statistik mit einem Mal austrinkt."

ODD BÖRRETZEN – NORWEGISCHER AUTOR

ALKOHOL

Das hat ein Nachspiel!

Zum Alkohol hatte man in Skandinavien schon immer eine spezielle Beziehung. In Norwegen ist sie noch ein bisschen spezieller. Während sich die Alkoholpreise im Rest Skandinaviens halbwegs vernünftig eingepegelt haben, hält Norwegen weiterhin die Fahne hoch. Ein flottes Dosenbier kostet im Supermarkt immer noch viermal so viel wie in Deutschland. Selbst für den billigsten aller Rotweine, den man bei einer der 261 staatlichen Alkoholausgabestellen erwirbt, zahlt man noch acht Euro – eine Flasche Wodka gibt's ab 50 Euro. Nicht verwunderlich ist es da, dass diese Preisgestaltung Auswirkungen auf einige der norwegischen Trinksitten hat.

Helgefyll: „Halb besoffen ist rausgeschmissenes Geld." Von Montag bis Freitag liegt Norwegen mehr oder weniger trocken. Vor allem Jugendliche stürzen sich dann aber am Freitagabend eruptiv in das alkoholgestützte Wochenendvergnügen. Die Norweger bezeichnen diesen Agregatzustand als „helgefyll" – wochenendbesoffen.

Vorspiel und Nachspiel: Aufgrund der Preisgestaltung von Kneipen und Bars ist der private Alkoholkonsum in Norwegen wesentlich ritualisierter als in Deutschland. Kurioserweise werden die Rituale vor und nach dem öffentlichen Besäufnis mit deutschen Begriffen umschrieben. Jeder Norweger kennt das deutsche Wort „Vorspiel" als häusliches „Vorglühen" auf angemessene Betriebstemperatur. Das „Nachspiel" ist der entsprechende Schlussakkord eines Abends, bei dem man erneut in privater Runde den Abend bei einem oder sehr vielen Getränken ausklingen lässt. Tatsächlich glauben fast alle Norweger, dass man in Deutschland unter Vor- und Nachspiel genau das Gleiche versteht – was zu interessanten Verwechslungen führen kann.

LOST IN TRANSLATION

Außer Haus: das Utepils

Im Deutschen kennen wir nicht nur die verschiedensten Sorten von Bieren (Pils, Weizen, Altbier, Kölsch, Bock usw.). Wir wissen auch nach Lichtdurchdringungsgrad (Helles, Dunkles, naturtrüb) und Behältnis zu differenzieren (Dosenbier, Flaschenbier, vom Fass!). Wir kennen Frischbier, Stehbier, Wegbier, Fahrbier, Taschenbier, Gutenachtbier, Feierabendbier, große Biere, kleine Biere („Ein kleines nehm ich noch"), ja sogar ganz kleine Biere (Bierchen), Halbe und Mass. Bei einer Sache ist uns das Norwegische allerdings voraus, denn hier gibt es eine Bezeichnung, die zum einen den Ort des Trinkens nennt und gleichzeitig das damit verbundene Trinkgefühl transportiert: das Utepils. Hierunter versteht man in Norwegen ein Bier, welches man im Freundeskreis bei gutem Wetter draußen trinkt. Gut zu wissen: Auch für das Biertrinken selbst haben die Norweger ein eigenes Wort kreiert: „pilse". Es ist eine Verbalisierung des Substantives „Pils" und würde auf Deutsch so viel wie „bieren" oder „pilsen" heißen. „Hey Purzelchen, ich geh heute Abend mit den Jungs noch 'ne Runde pilsen" – klingt gar nicht schlecht.

Der Norweger und sein Brotbelag

Die Norweger essen gerne Brot und kommen auf einen Jahresverzehr von rund 44 kg pro Kopf. Und wo Rauch ist, da ist auch Feuer („Ingen røyk uten ild") oder anders ausgedrückt: Wer viel Brot isst, braucht auch viel zum Aufs-Brot-Drauflegen. Die findigen Norweger haben sich hierfür ein eigenes Wort einfallen lassen: „pålegg". Unter diesen Sammelbegriff fällt alles, was sich zum Belegen eines Brotes eignet, von der Salami über Käse bis hin zu Marmelade.

MYTHOS
Die Wahrheit über den Lemming

„Der Lemming ist unbedingt das rätselhafteste Tier ganz Skandinaviens. Noch heute glauben die Bauern der Gebirgsgegenden, dass er von dem Himmel herabgeregnet komme und deshalb in so ungeheurer Menge auftrete, sich später aber wegen seiner Fressgier den Magen verderbe und zu Grunde gehen müsse." Mit diesen Worten beschrieb einst der deutsche Zoologe Alfred Brehm in seinem berühmten Nachschlagewerk „Thierleben" den Lemming. Den arktischen Nagern haftet seit jeher der Ruf des Mysteriösen an, und spätestens seit Walt Disneys Naturfilm „Weiße Wildnis" aus dem Jahre 1957 ist die Mär vom Massenselbstmord der Lemminge nicht mehr aus den Köpfen zu bekommen. Zu der Szene, in der die kleinen Nager vor laufender Kamera die Klippen hinabstürzten, ließ Disney folgenden Text in dramatischer Stimmlage einsprechen: „Die Lemminge erreichen den tödlichen Abgrund. Dies ist ihre letzte Chance zur Umkehr. Aber sie laufen weiter, stürzen sich in die Tiefe." Was „Reportagen" wie diese gern übersehen: Die Lemminge stürzen sich nicht herab, um zu sterben. Im Gegenteil: Sie suchen neuen Lebensraum, und das durchaus im Diesseits. Die kleinen Nager sind auf der Suche nach einem Land, in welchem Milch und Honig fließen; das Konzept des Suizids ist Tieren grundsätzlich fremd. Man muss allerdings zugeben, dass sich die Lemminge bei ihrem Vorhaben mitunter nicht allzu clever anstellen. Was aber auch nicht einfach ist, schließlich können sie ja keine Boote bauen, so wie es einst die Wikinger taten, als sie sich nach Nordamerika aufmachten. Um das Phänomen des Massensterbens besser verstehen zu können, versetzt man sich am besten in die Lage eines Lemmings: Das Leben ist schön, es gibt ordentlich viel zu essen, alle sind gut drauf, und auch der Austausch mit dem anderen Geschlecht läuft wunderbar harmonisch. Nach einer Weile kommen süße Lemmingbabys zur Welt und erfreuen die Familie. Allein: Die süßen Kleinen werden schnell groß,

▶ Volterrasche Gesetze: Wer wissen möchte, warum es alle paar Jahre zum explosionsartigen Anwachsen der Lemmingpopulation kommt, dem seien die volterraschen Regeln ans Herz gelegt.

bekommen ihrerseits viele süße Lemmingbabys, und allmählich wird es eng in der Bude. Die Kleinen fangen an, den Alten die Haare vom Kopf zu fressen (im übertragenen Sinne), und früher oder später stehen sich alle gegenseitig auf den Füßen rum. Der schlaue Lemming erkennt: Es ist Zeit zu gehen. Und zwar nicht etwa in den Tod, sondern irgendwohin, wo weniger los ist und man sich nicht mit den anderen um den letzten Grashalm streiten muss. Der Lemming packt seine Siebensachen und macht sich auf den Weg. Dabei merkt er, dass es vielen anderen seiner Nachbarn auch so geht, und so stellt sich innerhalb kürzester Zeit ein regelrechter Auswanderer-Treck zusammen. Und während alle in bester Laune in eine bessere Zukunft marschieren (von Todessehnsucht kann keine Rede sein), kommen diejenigen, die vorangehen, an eine Klippe. Nun haben die Tiere keine Ferngläser dabei und können schwer abschätzen, wie weit es nach unten geht und ob es eine gute Idee ist, geradeaus weiterzugehen. Es bleibt ihnen jedoch keine Zeit, sich ausführlich zu beraten oder erst mal vorsichtig einen Fuß auszustrecken, da von hinten Tausende von Artgenossen nachrücken, die ihrerseits von der Klippe noch gar nichts ahnen. Und egal wie laut die Vorhut „Momentchen, wartet mal kurz" ruft, die Nachrückenden halten einfach nicht an, und so kommt es alle paar Jahre zum tragischen Massensterben, bei dem es sich wie gesagt um KEINEN MASSENSELBSTMORD, sondern um einen GANZ BLÖDEN UNFALL mit sehr vielen Beteiligten handelt.

Achtung! An der Fjellkante des Preikestolen geht es 600 Meter senkrecht in die Tiefe

SKURRILES GESETZ
Mehr Milch mit Matratze

Würde es unter Kühen einen Zufriedenheitsindex geben, läge Norwegen mit Sicherheit auf Platz eins. Zum Vergleich: Der World Happiness Report listet regelmäßig im Auftrag der UNO die Länder mit den glücklichsten Menschen der Welt auf. Norwegen liegt hier regelmäßig unter den Top Ten (Deutschland dümpelt in der Gegend um Platz 30 herum), was belegt, wie gut es sich im schönen Norwegen aushalten lässt. Doch zurück zu den glücklichen Kühen: In Norwegens Kuhställen genießen die Rindviecher einen ganz besonderen Komfort, denn seit 2006 steht ihnen per Gesetz eine Matratze für die Nachtruhe zu. Die skurrile Vorschrift haben sich die Skandinavier von einer EU-Direktive abgeguckt.

Die Idee hinter der Matratzenpflicht ist einleuchtend und lässt so manchen Personalleiter schmunzeln. Denn ähnlich, wie Unternehmen ihre Mitarbeiter mit Incentives, wie zum Beispiel Sportangeboten oder frischem Obst am Arbeitsplatz, zu Topleistungen zu motivieren versuchen, geht es in Norwegens Kuhställen zu. Das Motto lautet: „Ist die Kuh gut drauf, gibt sie mehr Milch." Das Tolle daran: Die Sache funktioniert! Die Kühe wissen den Luxus einer gemütlichen Ruhestätte zu schätzen und genießen es, ihre bis zu 700 kg schweren Körper weich zu betten. Beobachtungen zeigen, dass Rinder, die auf Matratzen ruhen, täglich rund zwei Stunden länger im Liegen verbringen als Artgenossen, die mit konventionellen Betonböden vorliebnehmen müssen. Weiterhin hat sich herausgestellt, dass die „dumme Kuh" in Wirklichkeit sehr schlau und lernfähig ist: Innerhalb kürzester Zeit begriffen die norwegischen Kühe, dass es sich auf einer sauberen Matratze besser abliegen lässt als auf einer schmutzigen. Die Tiere achteten darauf, dass sie beim Verrichten der Notdurft gut zielen und die Ruhestätte sauber halten. Als Dank für die komfortable Liegemöglichkeit geben die Tiere bis zu zehn Prozent mehr Milch, was wiederum die Landwirte glücklich macht, da sich die Investitionen in die Matratzen so bereits nach einem Jahr amortisieren.

Mal richtig abhängen? Norwegens Kühe haben dafür jetzt Matratzen.

Nur für Kletterer

4.444 Stufen und 1,6 Kilometer Länge: Die längste Holztreppe der Welt befindet sich im kleinen Ort Florli. Sie verläuft entlang den Fallrohren eines stillgelegten Wasserkraftwerkes. Achtung: Die Treppe knarzt bereits bedrohlich, hat kein Geländer und überwindet einen Höhenunterschied von 740 Metern (!). Wer schlau ist, versucht sich an der Besteigung nur mit guten Turnschuhen. Wer ganz schlau ist, nimmt die Drahtseilbahn daneben.

NORWEGENS KURIOSITÄTENKABINETT
Ick gloob, mir knutscht 'n Elch!

Fast jede Nation ist stolz darauf, in irgendetwas am größten zu sein. Ägypten rühmt sich zum Beispiel mit der größten Pyramide der Welt. (Okay, die Cholula-Pyramide in Mexiko hat mit 425 Metern eine größere Seitenlänge und folglich auch mit ihren 4,45 Millionen Kubikmetern ein größeres Volumen, die Cheops-Pyramide ist mit ihren 174 Metern jedoch höher.) Das höchste Bauwerk ist der Burj Khalifa (830 Meter) in den Vereinigten Arabischen Emiraten, und der größte Döner aller Zeiten wurde mit einer Höhe von 2,50 Metern und einem Gewicht von 1.198 Kilogramm in Ankara in der Türkei gegrillt. Und in Norwegen? Im Frognerpark von Oslo liegt der größte Skulpturenpark, der aus den Werken eines einzelnen Künstlers besteht! Die Anlage des norwegischen Bildhauers Gustav Vigeland umfasst 212 Stein-, Bronze- und gusseiserne, zumeist lebensgroße Statuen. Und passend zu dem merkwürdigen Weltmeister-Status führt eine Besichtigung des Parks bei vielen Besuchern zu Irritationen, da die Skulpturen allesamt nackt sind und bizarr posieren.

Kinder sind doch was Herrliches. Man wird sie halt bloß so schwer wieder los ...

... und was auch immer der Künstler hiermit meinte – manche Gedanken wird man auch nur schwer wieder los.

> ▶ *Der Park ist ganzjährig geöffnet, der Eintritt ist frei.*

Abgekupfert

Wer schon immer mal die Freiheitsstatue sehen wollte, rein budgetmäßig aber gerade nicht so weit kommt, dem sei die Insel Karmøy in Südwestnorwegen ans Herz gelegt. Hier steht im 600-Seelen-Dorf Visnes die kleine Schwester der Statue of Liberty und reckt tapfer ihr Fackelchen gen Himmel. Vor rund 130 Jahren lag an diesem Ort das größte Kupferbergwerk Nordeuropas und lieferte den Rohstoff für die berühmte Schwester vor Manhattan. Ansonsten ist in Visnes im Vergleich zu New York recht wenig los, gerade was die Shoppingangebote angeht. Dafür kann man hier sehr gut eisangeln.

Ein Selfie mit der New Yorker Freiheitsstatue zu machen ist zwar nicht offiziell verboten, aber doch recht umständlich. Hier auf Karmøy gehts!

Ås gibt Fisch!

Und noch ein Superlativ, der sich sehen lassen kann: Der Ort mit dem kürzesten Namen der Welt heißt „Å" und liegt auf der Lofoteninsel Moskenes. Die Menschen, die in diesem Fischerdorf leben, reden nicht lang rum, wenn es um ihre Heimat geht; ganz anders als die Bewohner der bereits erwähnten Kleinstadt in Wales, die auf den etwas aufwendiger konstruierten, aber nicht weniger schönen Namen Llanfairpwllgwyngyllgogerychwyrndrobwllllantysiliogogogoch hören. Å bedeutet so viel wie Bach, und davon gibt es viele in dieser Gegend.

Hauptattraktion in Å: Das nationale Stockfischmuseum. Die trockene Leckerei wird bis heute in dem kleinen Ort hergestellt. Falls Sie ihn also nicht gleich finden sollten: Einfach immer der Nase nach!

TRAENA FESTIVAL
Die Landschaft ist der Star

Der grandiose Irrwitz, ein Musikfestival in Traena stattfinden zu lassen, wird einem klar, wenn man sich die Mühsal der Anreise vor Augen führt. Ganz Verwegene schippern im eigenen Boot in die norwegische Kommune. Nach fünf bis achtstündiger Fahrt braucht es dann gehörige Ortskenntnisse, um treffsicher die richtige der rund 1.000 kleinen und größeren Insel von Traena anzusteuern, denn nur vier von ihnen sind bewohnt. Normalreisende fliegen oder fahren besser zunächst nach Bodø, das sich tausend Kilometer nördlich von Oslo in einem Fjord am Polarkreis versteckt, von dort aus dann mit der Fähre durch das eisblaue Wasser des arktischen Meers bis zur Insel Husøy. Fast egal, von wo man losfährt, ein bis zwei Tage braucht es immer, um zum abgelegensten Festival Europas zu gelangen. Dafür landet man dann auch nicht auf einem verschlammten Großparkplatz mit Dixiklo-Parade und angeschlossenem Viehtrieb durch Einlasskontrollen zu einem musikalischen Schlachtfeld, auf dem eine strauchelnde Musikindustrie über drei Tage ein Kommerz-Feuerwerk abfackelt, an dessen Ende man immer vor miefenden Dosenbiermüllbergen und Silbermond steht.

Stand schon auf Platz 46 der deutschen Single-Charts, beim Traenafestival auf felsigem Grund: Der australische Singer-Songwriter Ry Cuming.

Grottiger Sound! Eine der „Bühnen" beim Traena-Festival ist nichts weiter als eine riesige Felsenkathedrale.

Das „Traenafestivalen" ist der stille Gegenentwurf zu den Mega-Festivals und verzückt seine Besucher mit ewig strahlender Mitternachtssonne, majestätischen Felsen und zerzausten Klippen. Von azurblauem Wasser umspült, eröffnet sich eine poetische Kulisse, bei der es fast egal ist, wer denn nun als Musiker auftritt. Die 2.000 Tickets sind trotzdem jedes Jahr rasend schnell ausverkauft und bei Musikliebhabern aus Europa, den USA und sogar Japan höchst begehrt. Hotelzimmer sind das ganze Jahr knapp – was daran liegt, dass es kein Hotel auf dem Eiland gibt. Eine handvoll privater Unterkünfte werden von Einheimischen sehr gerne vermietet, die „Besuchermasse" nächtigt aber auf einer felsigen Wiese mit Panoramablick aufs Meer. Auch die Künstler schlafen hier in Zelten – VIP-Service ist in der kargen Gage nicht enthalten.

Gründer und Chef des Festivals Erland Modarg-Larsen hatte bereits im Alter von zwölf Jahren die Idee, Bands und Musiker auf den Zivilisationsaußenposten im arktischen Meer zu locken. Gerne erzählt er, wie er einmal nachts um drei am Rande der riesigen Felsgrotte „Kirkeheleren" nach Möweneiern suchte und ihm die Vision überkam, dass man in eben dieser Grotte doch ganz hervorragend musizieren könne. Gedacht, getan. Jahre später ließen sich sogar bekanntere Bands wie „Kings of Convenience" auf das kleine Abenteuer ein. Schließlich

Camping unter der Mitternachtssonne: Ganz normal beim Traena-Festival!

ist Kirkeheleren nicht nur die größte und schönste Bühne des Festivals. Zu erreichen ist sie nur für denjenigen, der durch einen langen, mit Fackeln spärlich erleuchteten Felstunnel hinaufsteigt und dahinter einen abenteuerlich steilen Felshang wieder hinunterstolpert. Immerhin hat irgendjemand ein Seil gespannt, an denen die erstaunlich nüchternen Musiker und Festivalbesucher halt finden. Unnötig zu erwähnen, dass rund um die Grottenbühne keinerlei Getränkeausschank stattfindet. Verpflegung gibt es nur im Hauptort Husøy. Hier erhält man der geographischen Lage entsprechend teures Bier und entsprechend günstige Wal-Burger. Letztere sind zwar politisch etwas unkorrekt, schmecken aber trotzdem. Zudem können Besucher jeden Tag vieles andere genießen: Frisch gefangene Meeresfrüchte der örtlichen Fischer, glasklare Luft, viel norwegische, etwas weniger ausländische Bands und garantiert kein Silbermond.

> ▶ *Rock am Ring oder womöglich Wackäääään? Wer schon zu oft im kalten Matsch für zu warmes Bier angestanden hat, muss nach Traena. Für mehr als 2.000 Leute ist hier allerdings nicht Platz – zumindest hat man sich auf diese Größe beschränkt, um ausreichend klein zu bleiben. Tickets bitte RECHTZEITIG (!) buchen unter www.trena.net*

Freie Platzwahl, keine Bestuhlung. Ein eigenes Sitzkissen ist zu empfehlen!

Schweden

„Es gibt kein deutsches Normalgehirn, das bei dem Gedanken ›Schweden‹ andere als angenehme, freundliche, gute Gedanken hätte."

KURT TUCHOLSKY

ALLGEMEINE REISEINFORMATIONEN
Ganz schön bescheiden

Kurz vorweg: Das schwedische Wort für „Batman" ist **Läderlappen.** Aber das ist für den Schweden nichts Ungewöhnliches. Genau wie die **Elche**, zu denen man ein eher nüchternes Verhältnis hat. Man isst sie, ignoriert sie oder kratzt sie (teilweise) von der Stoßstange. Grundsätzlich sieht man in den 300.000 Elchen eher eine überhandnehmende Landplage und keine landestypische Berühmtheit. Der bekannteste Schwede (Bandmitglieder von ABBA ausgenommen) ist übrigens **Gustaf Adolf von Schweden**, der im Dreißigjährigen Krieg einen Sieg nach dem anderen einfuhr, daraus aber nie eine große Sache machte. Aus lauter Bescheidenheit starb er bereits 16 Jahre vor Kriegsende.

Noch heute ist die **Bescheidenheit** der Schweden legendär. Der eigene Erfolg ist ihnen eher unangenehm, obwohl sie in der Geschichte bereits Erstaunliches geleistet haben. Nobelpreise und technische Innovationen produzierten die Schweden am Fließband: Sie erfanden das Dynamit, das Kugellager, den Drehstrom, das Maschinengewehr und allerhand Nützliches (außer dem Fließband). Das **Konzept der Bescheidenheit** wird in Schweden als *„Jantelagen"* bezeichnet und heißt in Kurzform in etwa: **„Fresse halten, pass dich an!"** Bitte beachten Sie in diesem Sinn deshalb ein paar einfache Dinge:

1. Erwähnen Sie niemals das **finnische Eishockeyteam.**

2. Sprechen Sie nicht überall jeden auf **Englisch** an, auch wenn überall Englisch gesprochen wird. Schweden freuen sich immer über eine schwedische Begrüßungsformel.

3. Vergleichen Sie niemals etwas mit Norwegen, Finnland oder Dänemark. Vergleichen Sie am besten Schweden mit gar nichts, und loben Sie den guten **Kaffee**, den Sie sich übrigens überall kostenlos nachschenken können.

4. Machen Sie keine Witze über die **Wasa.** Das größte Kriegsschiff der schwedischen Geschichte sank im Jahr 1625 nur 20 Minuten (!) nach dem Stapellauf wegen ein paar verrutschter Kanonen – direkt vor den Augen des Königs. Trotzdem hat man sie ein paar Jahrhunderte später geborgen, geputzt und in einem extra gebauten Museum ausgestellt. Für die Schweden ist die Wasa ein **Nationalheiligtum** – für den Rest der Welt ein interessantes Anschauungsobjekt zum Thema **Ladungssicherung.**

DIE SCHWEDENAUSKUNFT
Ruf! Einen! Schweden! An!

Starke Nummer: 0046 771 793 336. Wer diese Ziffern wählt, erreicht einen per Zufallsgenerator ausgewählten Schweden und kann sich mit diesem mal so richtig ausquatschen. Über Schweden, den Weltfrieden, was ABBA heute so macht und was einen sonst noch so bewegt. Initiator dieser Nummer ist der schwedische Touristenverband, der anlässlich des 250. Jahrestages des schwedischen Gesetzes zur Pressefreiheit diese Aktion ins Leben gerufen hat. Wer anruft, wird mit einem von rund 20.000 registrierten Schweden verbunden, die sich für diese Aktion haben freischalten lassen. Eigentlich war die Aktion, die am 6. April 2016 begann, nur für ein paar Monate angedacht. Doch ob der großen Nachfrage (bereits nach einem Monat hatten rund 100.000 Menschen aus mehr als 175 Ländern angerufen!) wird darüber nachgedacht, die Nummer dauerhaft weiterlaufen zu lassen.

Vill du fika?

Wer diese Einladung erhält, sollte nicht ablehnen. Schließlich geht es um eine der Lieblingsbeschäftigungen der Schweden, und nahezu jede Arbeitsstelle hält einen eigenen Fika-Raum für die Angestellten bereit. Denn gerade wenn es um den zwischenmenschlichen Austausch geht, ist Fika doch unersetzlich. Fika lässt sich am besten mit Kaffeepause übersetzen und ist in der Kaffeetrinker-Nation Schweden kulturell fest verankert.

IKEA
Tourenplaner

Böse Zungen behaupten, IKEA sei kein Möbelhaus, sondern nur ein Labyrinth mit einem Hotdog-Stand am Ausgang. Immerhin: Innerhalb des Labyrinths gibt es eine strenge Ordnung. Die meisten Namen sind schwedisch, aber nicht alle! Manche Dänen nehmen es IKEA immer noch krumm, dass ihre Orte ausgerechnet für Teppiche herhalten müssen. Laut einer Pressemitteilung von IKEA gilt weltweit folgende Nomenklatur.

Polstermöbel, Couchtische, Rattanmöbel	Schwedische Ortsnamen
Betten, Kleiderschränke, Dielenmöbel	Norwegische Ortsnamen
Esstische und -stühle	Finnische Ortsnamen
Teppiche	Dänische Ortsnamen
Stühle, Schreibtische	Männernamen
Stoffe, Gardinen	Frauennamen
Gartenmöbel	Schwedische Inseln
Badezimmerartikel	Skandinavische Seen, Flüsse und Buchten
Bettwäsche, Decken, Kissen	Blumen, Pflanzen, Edelsteine

LAND UND LEUTE
Alte Lappen

Lappland ist eine Region im nördlichsten Europa, die sich von Norwegen über Schweden und Finnland bis nach Russland erstreckt. Die Ureinwohner nennen sich selbst Samen oder Sami, was daran liegt, dass das Wort „Lappen" bei den Sami so viel wie „Ausgestoßene" bedeutet und immer wieder zu Missverständnissen führt (so erzählt zum Beispiel ein alter Witz von der Empfehlung der finnischen Regierung, alte Lappen nicht über den Hausmüll zu entsorgen). „Sami" bedeutet übersetzt so viel wie „Sumpfleute" und klingt damit natürlich deutlich freundlicher als das Wort „Ausgestoßene". Die Samen sind ein sympathisches und friedliebendes Volk, was sich an ihrem Wappen auch gleich auf den zweiten Blick erkennen lässt:

ABGEFAHREN

Ein Autofriedhof im Moor

Wer Lust auf eine skurrile Sehenswürdigkeit hat, der sollte sich den Autofriedhof im Moor Kyrkö Mosse nahe der Ortschaft Ryd nicht entgehen lassen. Hier liegen alte Rostlauben im Moor und gammeln umgeben von altehrwürdigen Nadelbäumen sanft und friedlich vor sich hin. Der Eintritt ist kostenlos. Die Geschichte des Platzes geht auf Åke Danielsson (1914–1999) zurück, der hier anfänglich Torf abbaute. Später widmete er sich der Verwertung von Autos und ließ als praktisch denkender Mann die ausgeschlachteten Wracks einfach im Wald stehen. Er betrieb dieses Geschäft bis in die 1980er-Jahre, und erst die nachfolgenden Besitzer erhielten im Zuge der sich verschärfenden Umweltgesetzgebung Aufforderungen der Behörden, die Autos zu entfernen und den Boden zu sanieren. Interessanterweise entwickelte sich eine Art Schrott-Fangemeinde, die in den Medien viel Aufmerksamkeit erhielt und das Thema bis vor die Behörden brachte. Am Ende der Verhandlungen erkannte die schwedische Verwaltung den kulturhistorischen Wert der „Moorleichen" an und stellte den Ort bis in das Jahr 2050 unter Schutz. Bis dahin, so die Kalkulation, werden die Autos auf natürlichem Wege zerfallen sein.

Hier sind die Autos noch kaputter als die Straße. Da diese frei zugänglich ist, machen hier auch Ersatzteiljäger ihre Runden.

Schöner Schrott

Die buckligen Rostlauben werden langsam von der schwedischen Natur verschluckt. Die ältesten stammen aus den 1930er-Jahren.

ESSEN UND TRINKEN
Zwei an der Waffel

Am 25. März feiert man in Schweden traditionell den „Våffeldagen", den Tag der Waffel. Wie sich erahnen lässt, geht es an diesem Tag hauptsächlich darum, der Waffel zu huldigen und diese in den unterschiedlichsten Varianten und in möglichst großer Stückzahl zu essen. An sich also ein rundum freundliches, sympathisches Fest, an welchem sich die schwedische Lebensfreude wunderbar nachvollziehen lässt.

Wenn da nicht diese eine Sache wäre, die an dieser Stelle nicht unerwähnt bleiben darf. Denn nicht nur die freundlichen Schweden haben einen Ehrentag für die Waffel im Angebot. Am 24. August feiert man in den Vereinigten Staaten einen eigenen Waffeltag, den sogenannten National Waffle Day. An diesem amerikanischen Tag der Waffel gedenkt man der Patentierung des Waffeleisens durch den US-Amerikaner Cornelius Swarthout im Jahr 1869. Um die Wogen zu schlichten, soll hier an dieser Stelle ein Vorschlag zur Beilegung der Waffeltag-Kontroverse gemacht werden: Mit einer Umbenennung des National Waffle Day in National Waffle Iron Day würde eine klare Differenzierung zum schwedischen Våffeldagen erfolgen, da sich der amerikanische Feiertag dann rein auf das Küchengerät zur Herstellung von Waffeln beziehen würde, während die Schweden an ihrem Festtag die Waffel an sich feiern können.

Wer sich nun den 25. März im Kalender als Waffeltag vermerken möchte, kommt um die Feststellung nicht herum, dass laut christlicher Liturgie an diesem Tag zeitgleich Mariä Verkündigung gefeiert wird. Wer sich jetzt fragt „Maria und die Waffeln – geht das?", dem sei mit einem fröhlichen „Jåhåå, und ob!" geantwortet.

Die Tradition des Våffeldagen reicht bis ins 17. Jahrhundert zurück und ist sogar eng mit Mariä Verkündigung verknüpft. Hintergrund ist eine phonetische Verwechslung: So heißt der Feiertag Mariä Verkündigung im Schwedischen Vårfrudagen. Spricht man diesen etwas undeutlich, zum Beispiel mit einem Stückchen Waffel im Mund, aus, so klingt es schnell wie Våffeldagen.

70.000 Pferdeäpfel! Das Gemälde aus Äpfeln ist irgendwie völlig sinnlos, aber gerade deswegen einen Besuch wert.

Echt lecker: Kaka

Neben der Waffel haben es mit der Zimtschnecke (Kanelbullar) und dem Obstkuchen (Kaka) zwei weitere Spezialitäten aus der süßen Ecke zu internationaler Berühmtheit gebracht. Letztere gibt es in den unterschiedlichsten Variationen, wobei insbesondere der Pie aus frischen Herbstäpfeln (knäckig Äppelkaka) zu begeistern weiß. Äppel-Fans pilgern jedes Jahr Ende September in die Hafenstadt Kivik zum größten Apfelfest Europas, dem „Äppelmarknad". Hier wird im größten Apfelanbaugebiet Schwedens dem Apfel gehuldigt. Highlight ist neben den zahlreichen Leckereien das jährlich neu gestaltete „Gemälde" aus Äpfeln. Dieses aus ca. 70.000 Früchten gestaltete Kunstwerk schaffte es bis ins Guinnessbuch der Rekorde als das weltweit größte nur aus Äpfeln bestehende Bild.

Sind lediglich phonetisch verwandt: knackiger Äppelkaka ...

... und kackige Kakaäppel

KUNST
Das Museum im Nichts

Normalerweise sind die Werke der amerikanischen Konzeptkünstlerin Jenny Holzer in der London Tate Modern oder dem Guggenheim Museum zu finden. Dass eine der Installationen auch in einer Scheune im tiefsten Mittelschweden steht, verdankt sie einer etwas kuriosen Begebenheit: Vor einigen Jahren erwarb die Stadt Karlstadt ein paar Textfragmente, die auf buntem Klopapier gedruckt waren – ein Werk von Jenny Holzer. Was man damals zahlte, ist nicht mehr bekannt. Sicher ist nur, dass die Bürger den Preis für dieses Kunstwerk als viel zu hoch empfanden. In einem Land, in dem Bescheidenheit großgeschrieben und Protz verachtet wird, trauten sich die Stadtväter nicht mehr, das teure Werk öffentlich auszustellen. Doch wohin mit dem Kunstobjekt? Das nahgelegene Alma Löv Museum war die Lösung. In einer kleinen Scheune, die nur nachts mit einem handelsüblichen Vorhängeschloss verriegelt wird, hängt nun das Werk einer Künstlerin, die sonst in der Belle Etage der Kunstwelt zu Hause ist. Die Sandpiste, die zu einem der ungewöhnlichsten Museen Schwedens führt, findet auch deshalb immer mehr Benutzer (ohne dass es allerdings zu Verkehrsstaus kommt). In kleinen Hütten, Pavillons und Verschlägen stellen Maler, Videokünstler, Bildhauer oder Designer ihre Werke am Rande des kleinen Birkenwäldchens aus. Ganz bescheiden, versteht sich. ▶ www.almalov.com

Kleines Museum, große Kunst. Das Alma Löv Museum: Von Weitem sieht es aus wie eine Scheune, aus der Nähe auch.

LOST IN TRANSLATION
Hoch lebe die Durchschnittlichkeit!

„Wir saufen den Met, bis keiner mehr steht, unser Häuptling heißt Rote Locke" heißt es in einer Textzeile des bekannten Liedes „Rollo, der Wikinger". Was auf den ersten Blick wie ein gefälliger Reim aus der Feder der Band „Torfrock" anmutet, ist jedoch ein Paradebeispiel für die schwedische Lebensart „Lagom". Lagom ist ein unübersetzbares Wort, welches die schwedische Mentalität und Lebenseinstellung perfekt beschreibt. Es steht für die Gerechtigkeit, bedeutet so viel wie „genau richtig" und drückt die „Bevorzugung des gesunden Mittelmaßes" aus.

Die Schweden mögen es nicht, wenn jemand zu dick aufträgt, und achten gleichzeitig darauf, dass niemand zu kurz kommt. Dies zeigt sich auch im System des schwedischen Sozialstaats, der für seine Umverteilungsmaßnahmen weltbekannt ist. Ironischerweise waren es seinerzeit die Wikinger, sonst nicht unbedingt für ihr einfühlsames Verhalten bekannt, die das Lebensgefühl des Lagom begründet haben: Wenn sie abends vom vielen Kämpfen und Rauben durstig um das Lagerfeuer herum beisammensaßen und das Trinkhorn kreisen ließen, dann trank ein jeder gerade nur so viel Met, dass das Horn erst dann leer war, wenn es einmal reihum gegangen war. Hierdurch wurde, wie von Torfrock korrekt besungen, sichergestellt, dass nicht etwa die Hälfte der Wikinger vorzeitig abgefüllt im Gras lag und die andere Hälfte nichts mehr abbekam.

Die Kunst ist es also, alles richtig mittelmäßig im Sinne des Kalle Svensson (so wird im Schwedischen der Otto Normalverbraucher genannt) zu machen. Dabei kann jede Art von Zustand lagom sein: Wetter, Geschwindigkeit, Trinkrationen, Urlaub, Kleidung, sogar die bekannte schwedischen Hackbällchen (Köttbullar): In Astrid Lindgrens Roman *Michel aus Lönneberga* verrät Emils Mutter das Geheimnis richtig zubereiteter Köttbullar, die sie wie üblich für das große Dorffest zubereitet. Die Leckerei habe „lagom stora, lagom runda och lagom bruna" zu sein, Also genau so groß, so rund und so braun, wie sie eben sein müssen.

SPRACHE

Uups, Oopsie, Upsalla

Es gibt Augenblicke, in denen ein Mann seiner Überraschung am besten mit einem freundlich gepressten „Alter!" Ausdruck verleihen kann. Frauen verwenden in vergleichbaren Situationen lieber das Wörtchen „Uuups". Uuups ist die deutsche Variante des amerikanischen „Oops" (in der Langform auch als Oopsie-Daysie im Einsatz) und – like it or not – auf dem besten Wege, das gute alte „Hoppla" zu verdrängen. Wichtig zu wissen. Hoppla ist nicht, so wie noch 1989 vom Duden behauptet, ein mit „a" verstärkter Imperativ des Verbes „hoppeln". Es handelt sich vielmehr um einen Ausdruck, der sprachhistorisch aus der Varieté- und Zirkussprache kommt und zumeist im Zusammenhang mit Präsentationsgesten Verwendung findet.

Doch zurück zum Uuups. Bei kleinen Malheurs wie zum Beispiel dem Verschütten von Kaffee oder wenn einem beim Auflegen eines Stückchen Torte ebendieses umkippt, wird auch gern das Wörtchen „Upsalla" verwendet, um dem Erstaunen über das eigene Missgeschick Ausdruck zu verleihen. Nur die wenigsten denken bei Verwendung dieses Begriffes an die schwedische Stadt Upsala, die zwar etwas anders geschrieben wird, aber in der Aussprache exakt wie der Ausruf klingt.

Damit zukünftig alle, die „Upsalla" sagen, auch an die hübsche Stadt in Schwedens Osten denken, sei an dieser Stelle eine kuriose Anekdote erzählt: Als Anfang der 2000er-Jahre in Upsala eine moderne Variante des Zebrastreifen-Straßenschildes eingeführt wurde, gerieten die sonst so coolen Schweden in heiße Diskussionen. Das neue Schild zeigte eine Frau, die sich im Vergleich zum alten in drei Sachen unterschied. Zum einen schien sie barfuß unterwegs zu sein, was jedoch niemanden störte, zumal sie ohne störendes Schuhwerk offensichtlich größere Schritte machen kann als ihr besohltes Pendant aus vergangenen Tagen. Auch der modische Kurzhaarschnitt und das tailliert geschnittene Kleidchen gaben keinen Anlass zur Diskussion. Was jedoch zu großer Aufregung führte, war der Vorbau der Fußgängerin. Der Busen war nicht nur größer, sondern auch spitzer geworden, und das war dann doch schlicht zu viel des Guten. Die Empörung organisierte sich, und schon nach kurzer Zeit mussten die neuen „Fru Garman"-Schilder wieder abgebaut werden.

Wenn ein Schwede aus Versehen seinen Kaffee verschüttet, ruft er übrigens weder „Alter Schwede" noch „Oops", geschweige denn „Upsalla". Er verleiht seinen Gefühlen vielmehr mithilfe des Ausrufs „Hoppsan!" Ausdruck, welches interessanterweise an das deutsche „Hoppla" erinnert. Ebenfalls gut zu wissen: Wenn der Begriff „Oopsie" fällt, ist nicht etwa Ihnen oder jemand anderem ein Malheur unterlaufen. Vielmehr ist nun eine schwedische Low-Carb-Nahrungsinnovation Thema des Gesprächs geworden. Oopsies sind eine Art Brotersatz, die komplett ohne Mehl auskommen, dafür aber umso üppiger mit allem, was gefällt, belegt werden.

Tipp: Falls Sie in Schweden auf einer Party aus Versehen mal ein Bier umwerfen sollten (was natürlich immer und überall eine doofe Sache ist, bei den skandinavischen Bierpreisen aber einen besonderen Fauxpas darstellt), dann rufen Sie laut „Upsalla" und erklären den überraschten Gästen, was es mit dieser sprachlichen Geste auf sich hat. Sollten die anderen trotz dieses zweifelsohne hochspannenden Themas noch immer bestürzt auf das umgekippte Bier schauen, wenden Sie am besten den dialektischen Trick des „Plattsabbelns" an und lenken Ihre Gesprächspartner dadurch ab, dass Sie das Thema bis zur Erschöpfung ausführen und weitere Varianten des Hopplas präsentieren: Hupsista (finnisch), Ihh (rumänisch), Uh-muh-nah (koreanisch), Hovsa (dänisch) oder auch Otto (japanisch).

Verboten heiß und deshalb verboten.

Wieder bieder: In Schweden setzt man doch lieber auf das weniger scharfe Verkehrsschild.

MOSKITOS
Lass jucken!

Okay, Mücken gibt es in Schweden auch. Bei knapp 100.000 Seen im Lande bleibt es nicht aus, dass einem insbesondere im Sommer auch mal die eine oder andere über den Weg läuft. Aber wie bei vielen Dingen, ist es auch bei den Mücken immer eine Frage der Einstellung, und je mehr man über die Tierchen weiß, desto weniger empfindet man sie als störend. So sind die männlichen Vertreter dieser Spezies zum Beispiel völlig harmlos. Stechen tun nur die Weibchen, und die machen das nicht zum Spaß, sondern zur Versorgung ihrer zukünftigen Mückenbabys. Das menschliche Blut wird in die Mückeneier „eingebaut" und dient als Erstversorgung für die kleinen Larven. Im Prinzip wird man also bei jedem Stich auf gewisse Weise auch ein bisschen Mama oder Papa oder doch zumindest Schwippschwager von vielen zarten Mückileinchen.

Wen das nicht erweichen kann, der kann allerhand Mittelchen anwenden, um die kleinen Summer von sich fernzuhalten. Diese funktionieren mal weniger und mal gar nicht, und der erfahrene Schwedenfahrer weiß: So richtig sicher ist man während der Mückenzeit eigentlich nur an zwei Orten – komplett unter Wasser (Tipp: Schnor-

In der Sauna oder unter Wasser: Wer sich an diesen Orten aufhält, hat einen nahezu 100-prozentigen Mückenschutz!

chel am besten oben mit einer Damenstrumpfhose umwickeln, damit man nicht zu viele Mücken „veratmet") und in der Sauna. Gerade in der Sauna können Säugetiere wie wir Menschen ihre Stärken ausspielen. Dank unseres gleichwarmen (homoithermen) Organismus können wir durch Schwitzen unsere Körpertemperatur auf ca. 37 Grad Celsius halten. Die wechselwarmen (poikilothermen) Mücken hingegen machen bei Raumtemperaturen über 60 Grad langsam schlapp. In der Sauna ist es daher ein Leichtes, die Mücken zu erlegen. Wobei das eigentlich gar nicht notwendig ist, da nach einem Saunabad die Mückenstiche auf wundersame Weise nicht mehr jucken. Hintergrund ist die hohe Raumtemperatur, die das Mückengift, welches als Aminosäure direkt unter der Hautoberfläche sitzt, denaturieren lässt.

RELIGION
Neue Medien, neue Kirche

Die überwiegende Mehrheit (rund 67 %) der Schweden gehören der evangelisch-lutherischen schwedischen Kirche an, die von 1527 bis 1999 Staatskirche war. Danach kommt erst mal lange nichts; die zweitgrößte Religionsgemeinschaft bilden die Muslime (rund 3 %). Eine noch recht junge Religion ist die Missionarische Kirche des Kopimismus („Det Missionerande Kopimistsamfundet"), welche seit 2011 offiziell als Glaubensgemeinschaft anerkannt ist. Gründer Isak Gerson und seiner Gemeinde an File-Sharern geht es bei ihrer Religion vor allem um das Wissen und Informationen und deren Verbreitung durch Kopieren.

Für die Zulassung als offizielle Religion musste die Kirche eine Form von Gebeten oder Meditation in ihren Ritualen angeben und hat hierfür das sogenannte Copyacting, nämlich die Anbetung des Wertes von Informationen in der Form des Kopieren ins Leben gerufen. Nach Angaben der Kirche ist neben der Kommunikation auch das Internet selbst heilig, da dieses einer der besten Orte zum Filesharing ist. Die „Kopimisten" interpretieren es als ein Zeichen des Respekts, bekannt gemachte Informationen von einer anderen Person zu kopieren und diese neu zu kombinieren bzw. zu „remixen".

IDIOM
Alter Schwede!

Als Ausdruck des Erstaunens ist die Redewendung „Alter Schwede!" fest in unserem Sprachgebrauch verankert. Sie bedeutet in etwa so viel wie „Mein lieber Scholli", „Holla, die Waldfee" oder auch schlicht „Meine Fresse!". Ältere Generationen verwenden synonym auch gern „Donnerlittchen", „Mein lieber Herr Gesangsverein" oder „Da wird ja der Hund in der Pfanne verrückt!". Doch woher kommt der alte Schwede eigentlich, bzw. wo liegt der Ursprung dieses Idioms, welches bereits seit Jahrhunderten im Umlauf ist? Nach Ende des Dreißigjährigen Krieges ließ der preußische Kurfürst Friedrich Wilhelm bewährte und erfahrene schwedische Soldaten für sein Heer als Ausbilder anwerben. Wegen des treuen Kampfes dieser Schweden an der Seite ihrer neuen Waffenbrüder nahm der Ausdruck „alter Schwede" schon bald die Bedeutung von „Kamerad" und „alter Freund" an. Neben dem „alten Schweden" gibt es auch noch den „alten Schwäden", der jedoch in keinerlei Zusammenhang mit Schweden steht. Als „alten Schwäden" bezeichnet man einen heruntergekommenen Saufbruder und leitet diesen vom Verb „schwadern", „schwädern" oder „schwudern" ab, welches aus dem Rotwelschen kommt und so viel wie „besoffen sein" bedeutet.

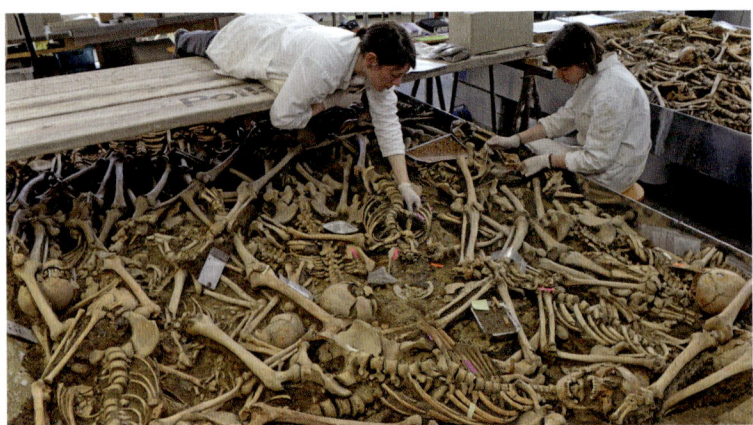

(Sehr) alte Schweden in einem Massengrab aus dem 30-jährigen Krieg. Wer als schwedischer Soldat den Krieg hingegen überlebte, stellte sich gerne in den Dienst der Armee Friedrich Wilhelms, wo der Begriff „alter Schwede" entstand.

REKORD
Richtig alter Schwede!

Diese Fichte hat rund 10.000 Jahre auf dem Buckel. Etwas zerzaust und nur rund fünf Meter hoch steht der einsame Nadelbaum im schwedischen Nationalpark Fulufjället und freut sich über Besuch. Seit ziemlich genau 9.550 Jahren klont sich die Rekord-Fichte selber durch immer neue Ableger aus ihrem Wurzelwerk und ist damit der älteste Klon-Baum der Welt. Der Stamm wird zwar nur auf einige Hundert Jahre geschätzt, aber auch dieses Alter sieht man ihm irgendwie nicht an. Sein wissenschaftlicher Name ist *Picea abies*, dieses Exemplar wird in Schweden aber nur „Old Tjikko" genannt. Sein Entdecker Leif Kullmann, Professor an der Umea Universität, benannte ihn nach seinem Hund.

Naturschutzbehörden erwägen, einen Zaun um den ältesten Baum der Welt zu bauen, um ihn vor Vandalen zu schützen. Die jetzige Absperrung fungiert eher als schlecht getarnte Stolperfalle.

MYSTERIÖSES RITUAL

Schrei, wenn du kannst!

Jeden Abend, immer genau um zehn Uhr, fangen die Bewohner von Flogsta an zu schreien. Warum, das weiß man in dem hauptsächlich von Studenten bewohnten Stadtteil Upsalas nicht mehr so genau. Man schreit einfach – von Balkonen, hauptsächlich aus Fenstern, manchmal von Dächern. Mal krakeelen mehrere Hundert, mal nur ein paar Dutzend, aber irgendjemand schreit immer. Manche sagen, das studentische Gebrülle soll an einen Kommilitonen erinnern, der sich vor vierzig Jahren das Leben nahm. Von anderen werden stressbedingte Examens- oder Zukunftsängste in das Spektakel hineinphilosophiert. Wieder andere meinen, dass man in der öden Wohnsiedlung einfach nichts besseres zu tun habe. Man erfreue sich in Flogsta eben gerne an einem urtümlichen Gemeinschaftsgefühl oder an den hochgeladenen Videos, die im Internet den Flogsta-Mythos international bekannt machten.

Nach weiteren Schreianfällen in anderen schwedischen Städten stellte sich die Öffentlichkeit irgendwann die Frage: Warum wird eigentlich nur in Schweden geschrien und nicht in anderen Studentensiedlungen im Ausland? Irgendeinen Grund zu schreien werde es ja wohl überall geben, zumal akademischer Nachwuchs ja grundsätzlich keinen Grund braucht, um irgendeinen Unfug vom Zaum zu brechen. Tatsächlich gab es schon im 12. Jahrhundert eine vergleichbare Tradition in Schweden. Die Stadt Upsala war zu diesem Zeitpunkt gerade christianisiert worden, den Töchtern und Söhnen Odins hatte man aber keine genaue Anleitung mitgegeben, wie man denn genau zu beten habe, weshalb man einfach zu Gott hinaufschrie. Eine andere Theorie: Im Jahr 1987 schrie eine Gruppe um den Studenten Per Skytt einfach nur ihre Prüfungsangst heraus. Doch nach Angaben von Student Skytt sei sein Schrei wiederum ein Plagiat des eigentlichen Originals aus der südschwedischen Universitätsstadt Lund. Die dortigen Gerüchte um den Herkunft des Urschreis kreisen um eine TV-Dokumentation in den siebziger Jahren, die über eine Schreitherapie von prüfungsangstgeplagten Studenten berichtete. Doch egal, wer zuerst geschrien hat: Für Freunde kurioser Studentenrituale lohnt ein kleiner Umweg nach Flogsta in jedem Fall. Man schreit jeden Tag, immer Punkt zehn!

▶ *Die Zehn-Uhr Schreie sind ganztägig auch bei Youtube anzuhören.*

MIKRONATION
Besuchen Sie Ladonien (solange es noch steht)!

Ladonien blieb lange Zeit unentdeckt. Erst im Jahr 1982 spürten schwedische Beamte die Mikronation an einem schwer zugänglichen Küstenstrich Südschwedens auf. Was sie sahen, als sie sich ihren Weg aus dem dichten Unterholz zur Küste gebahnt hatten, muss ihnen den Atem geraubt haben: Irgendwer hatte aus Treibholz ein Gewirr aus Gängen, Brücken und riesigen labyrinthischen Türmen mit bedenklicher Statik errichtet. Was man von offizieller Seite als Bauwerk ohne Baugenehmigung mitten in einem Naturschutzgebiet einstufte, war Ladonien – ein Land gegründet von Lars Vilks, den viele für einen Künstler, manche für einen Verrückten halten. Dabei hat Ladonien eigentlich fast alles was man als eigenständiger Staat so braucht. Eine Flagge (grünes Kreuz auf grünem Grund), eine Währung (den Fünfhundert-Milliarden-Örtrug-Schein), eine eigene Zeitzone (Mitteleuropäische Zeit minus drei Minuten) und natürlich eine Nationalhymne (laut der offiziellen Website das Geräusch eines Steines den man ins Wasser wirft).

Von derlei Hoheitszeichen ließ man sich im schwedischen Nachbarland aber nicht weiter beeindrucken. Vilks wurde vom Staat auf Entfernung der vermeintlichen Kunstwerke verklagt, doch gerichtlich gelang es zunächst nur, für einen Turm einen Abriss zu verfügen. Zudem verdonnerte das Gericht Lars Vilks dazu, eine durchführbare Methode zur Entfernung des fragilen Baus zu erdenken. Sein Vorschlag: Das mittlerweile 75 Tonnen schwere Ungetüm sollte am 10. Dezember 2001 (dem Tag des 100-jährigen Jubiläums des Friedensnobelpreises) in die Luft

Ladonische Gebäude sind baustatisch bedenklich, aber sehenswert.

gesprengt werden. Von Gerichtsseite lehnte man ab und eine Privatfirma entfernte den Holzbau. Trotz solcher Rückschläge erfreut sich das Staatswesen Ladoniens großer Beliebtheit. Derzeit gibt es rund 18.000 ladonische Staatsbürger. Die Staatsbürgerschaft kann ganz bequem unter www.ladonia.org beantragt werden, für 30 US-Dollar gibt es sogar einen ladonischen Adelstitel. Im Jahr 2002 – so berichtete Lars Vilks – ließen sich sogar zahlreiche Pakistaner von der hochprofessionellen und hochoffiziellen Webpräsenz Ladoniens beeindrucken. Rund 3.000 von ihnen bewarben sich um einen Einwanderungsstatus. Die potenziellen Neubürger müssen jedoch eine Stelle auf der Website überlesen haben: „Niemand lebt in Ladonien. Alle Staatsbürger sind Nomaden." Stutzig hätte man auch bei der Auflistung der ladonischen Kabinettsmitglieder werden können. Neben dem Minister für extraterrestrische Ozeane und der Ministerin für Schnick-Schnack-Schnuck lenken auch die Minister für Feuerwerk, Orangen und Mumifizierungen die Geschicke des Landes. Böse Zungen behaupten allerdings, dass manche dieser Ministerien für einen Pakistaner gar nicht so ungewöhnlich klängen. Unbeeindruckt von den Irrungen und Wirrungen des internationalen Völkerrechtes baut Lars Vilks weiter an seinen Ungetümen und hat die Küste in einen riesigen Abenteuerspielplatz verwandelt. Ein Besuch lohnt sich auf jeden Fall, doch an kaum einem

Ort in Schweden hat ein Satz so eine Berechtigung wie hier: Eltern haften für Ihre Kinder! Auch wenn einige Verwegene mit ihren Smartphones Selfies von der Spitze der apokalyptischen Holzhaufen machen, ist von einem Erklimmen dringend abzuraten. Nur gucken, nicht klettern!

Königin Karoline von Ladonien unmittelbar nach ihrer Krönung am 19. September 2011.

▶ *Wer Ladonien besuchen will, der sei gewarnt. Das kleine Land ist nicht ganz einfach zu finden, da es verständlicher- oder unverständlicherweise nicht offiziell ausgeschildert ist.*

Am einfachsten ist, man startet in „Himmelstorp" – ein kleines Gehöft aus dem 18. Jahrhundert – und folgt einem kleinen Pfad. Halten Sie dabei Ausschau nach kleinen Schildern mit einem gelbem „N" (steht für „Nimis", der Name einer der Türme). Der Pfad ist zunächst recht kommod, wird aber zunehmend zur Stolperstrecke. Die Staatsbürgerschaft gibt's auf www.ladonia.org

Finnland

„Die Finnen schweigen in zwei Sprachen."

BERTOLT BRECHT

ALLGEMEINE REISEINFORMATIONEN
Ich käufe ein „Ä"!

Das finnische Nationalinsekt ist der **Maikäfer.** Der **Elch** hingegen hat keinen offiziellen Nationalstatus, es gibt in Finnland lediglich 100.000 Exemplare – damit deutlich weniger als Maikäfer.

Finnland wurde in seiner **Geschichte** abwechselnd von links (den Schweden) oder von rechts (den Russen) angegriffen, weshalb man sich letztlich zum **neutralen Staat** erklärte, um weiterem Ärger möglichst aus dem Weg zu gehen.

Im Land herrscht trotzdem ein ausgeprägtes **Nationalgefühl,** wobei die Finnen durchaus realistisch sind, was ihre Bekanntheit in der Welt angeht. Wenn Sie einem Finnen eine Freude bereiten wollen, dann merken Sie sich einfach die Namen von drei finnischen **Rallyefahrern.** Es reicht, wenn Sie die Namen einfach vor sich hin brummeln. Mehr als drei zusammenhängende Sätze sollten Sie sowieso nicht zu einem Finnen sagen, wenn Sie nicht als **geschwätziger Tourist** verspottet werden wollen. Der Finne an sich spricht nur im äußersten Notfall, ist aber gleichzeitig extrem einfallsreich. Selbst in aussichtslosesten Situationen sind die Nordmänner in der Lage, in Sekundenschnelle eine Flasche **Bier** mit **irgendwas** zu öffnen, das sich in Sichtweite befindet. Dieses kreative Potenzial zeigt sich auch im Sport: Finnland ist das Land mit den meisten **Weltmeisterschaften**. So gibt es hier beispielsweise Weltmeisterschaften im Mückenfangen oder **Mobiltelefonweitwerfen** (Weltrekord 104,15 Meter).

Und noch etwas: Besonders in der Weihnachtszeit gibt es immer wieder Medienberichte, in denen behauptet wird, dass der **Weihnachtsmann** im lappländischen **Rovaniemi** ein offizielles Büro betreiben würde. Das sind natürlich alles Märchen, bitte glauben Sie nicht an derartigen Unsinn! Das Büro des Weihnachtsmanns liegt in Wirklichkeit fünf Kilometer weiter östlich in **Napapiiri**.

Die Adresse lautet:

Tähtikuja 1
FI-96930 Napapiiri
E-Mail:joulupukinpaaposti@posti.fi

VERKEHR
Freie Fahrt für Finnland-Fans

Autofahren im Winter

„Wenn es in München schneit, fangen die in Hamburg an zu bremsen", so zumindest wird es gern mal behauptet, wenn in Deutschland schon bei zartestem Schneefall innerhalb kürzester Zeit der Verkehr zum Erliegen kommt. In Finnland kann man darüber nur lachen und ist bestens darauf eingestellt, auch im schneereichen Winter den Verkehr am Laufen zu halten. Allein in Helsinki sind jährlich rund 450 Personen und 160 Fahrzeuge in der Schnee- und Eisbeseitigung beschäftigt. Tonnenweise wird der Schnee zu den acht städtischen Schneedeponien gefahren, wobei die jährlichen Mengen zwischen 40.000 und 200.000 Lkw-Ladungen schwanken. Mitunter wird auch ein Hafenbecken als Abladestation für die Schneemassen genutzt. Bizarr ist hierbei der Job des Eisbrecherkapitäns, der mit seinem Schiff sisiphosartig rund um die Uhr in dem betroffenen Hafen im Kreis fährt und dafür sorgt, dass das Wasser trotz Zuführung von tonnenweise Schnee eisfrei bleibt.

Einige Rentiere zeigten sich überrascht, als sie von den reflektierenden Geweihen erfuhren.

Erleuchtung

Wundern Sie sich nicht (oder zumindest nur ein bisschen), wenn Ihnen bei der Fahrt durchs nächtliche Lappland plötzlich die Erleuchtung kommt. Was da bizarr leuchtend vor Ihnen über der Straße schwebt, sind keine Außerirdischen, sondern die mit reflektierender Farbe bemalten Geweihe der Rentiere. Finnische Rentierzüchter haben getreu dem Motto „Was bei Schulranzen funktioniert, das klappt auch bei unseren Viechern!" die Geweihe ihrer Tiere mit Reflektorfarbe bemalt, um Unfälle mit Autofahrern zu verhindern. Übrigens: Strafen für Geschwindigkeitsübertretungen werden in Finnland entsprechend dem Einkommen berechnet. Ein recht wohlhabender Unternehmer musste schon einmal 97.000 Euro Strafe fürs Rasen berappen.

FINNLAND

TECHNIK, DIE GLÜCKLICH MACHT
Museum der funktionslosen Maschinen

Wer in Westfinnland unterwegs ist, sollte unbedingt einen Abstecher nach Uusikaupunki machen. Hier lassen sich im Bonk-Museum einzigartige Maschinen bewundern, die sich insbesondere dadurch auszeichnen, dass sie völlig funktionslos sind. Ihr einziger Lebensinhalt besteht darin, dass sie existieren. Die Maschinen tragen Namen wie „Eiderenten-Vergrämer", „Paranormale Kanone", „Freakwavetransformer" oder auch „Gnagg Booster '45". Hinter dem Museum steht der finnische Künstler Alvar Gullichsen, der nicht nur die Maschinen erfindet und baut, sondern darüber hinaus auch eine komplett fiktive Firmengeschichte entworfen hat. Sie beginnt im Jahre 1893 mit dem berühmten Satz von Gründungsvater Pär Bonk: „Ich werde Maschinen bauen, die Menschen glücklich machen!"

Museum ohne Sinn, aber mit Eintrittspreisen: Für nur acht Euro (Kinder drei Euro) können Sie sich von der Sinnlosigkeit der Maschinen überzeugen.

DOS AND DON'TS

Nicht auf den Saunaofen pinkeln!

Im Vergleich zu deutschen Saunen geht es in finnischen Saunen recht ungezwungen zu. Tafeln mit Saunaregeln („Nicht mit vollem Magen in die Sauna") sucht man vergebens, und auch mit der Dauer eines Saunaganges, der Anzahl der Gänge oder der Temperatur geht man deutlich lockerer um als bei uns. Zur Abkühlung wird in der Schwitzkabine auch gern mal ein kaltes Bier gereicht, und wer zwischendurch Hunger bekommt, grillt sich einfach eine Saunawurst („Sauna-Makkara") auf dem Sauna-Ofen. Das riecht dann zwar etwas anders als ein klassischer Eukalyptus-Aufguss, gibt dem Ganzen aber eine eigene Note und macht ganz nebenbei Lust aufs nächste Bier. Ist ja auch richtig: Wer viel schwitzt, muss auch viel trinken. Doch Obacht: So mancher hat sich in Bierlaune schon mal den Gang zur nächsten Birke erspart, kurzerhand auf den Saunaofen gepinkelt und das, was eben noch sein Bier war, im wahrsten Wortsinn in Rauch aufgehen lassen. Hiervon ist dringend abzuraten: Der Urin-Aufguss stinkt widerlich, ist kaum wieder aus dem Raum zu bekommen, und man denke stets an den nächsten Saunabesucher, der womöglich seine Saunawurst auf die Steine legt ...

Deutsche Saunaregeln	Finnische Saunaregeln
1. Nicht mit leerem Magen oder direkt nach dem Essen in die Sauna gehen.	1. Es gibt keine Saunaregeln.
2. Vor dem Saunagang Körperreinigung durchführen. Ein Saunagang dauert zwischen 8 und 12 Minuten, jedoch nicht über 15 Minuten.	2. Die Deutschen sind verrückte Leute – sie haben Saunaregeln.
3. Kein Alkohol! Trinken Sie erst wieder nach dem letzten Saunagang. Empfehlenswert sind calcium- und magnesiumreiche Mineralwässer.	
4. In manchen Saunas ist es üblich, einen Aufguss durchzuführen. Nach einer Phase des Vorschwitzens (5-10 Minuten) folgt der Aufguss (4-8 Minuten) und evtl. noch eine Phase des Nachschwitzens von 1-2 Minuten.	
5. Um Schwindel zu vermeiden, erheben Sie sich die letzten 2 Minuten aus der Liegeposition und setzen sich senkrecht.	

Schwitzplatzrerservierung

Die Kotiharjun Sauna gibt es seit 1928. Sie liegt mitten in Helsinki. Auch wenn sie von außen wie ein Swingerclub aussieht – drinnen ist es viel schöner. Mit Nackten müssen Sie aber trotzdem rechnen.

LOST IN TRANSLATION
Mach mal Paussi!

Als Finnland-Reisender versteht man schnell, dass man nicht viel versteht. Zumindest nicht auf Finnisch. Trotzdem stellt sich bei den meisten Reisegästen schnell eine gewisse Sympathie für die Landessprache ein. Das liegt vor allem an den putzigen Doppelvokalen und vielen Wörtern, die auf „i" enden, von denen insbesondere die süßen Lehnwörter zu begeistern wissen.

Welcher Axel würde nicht viel lieber Akseli heißen? Und wer gerade viel „Stressi" hat, geht am besten zum nächsten „Kioski" und macht dort erst mal ein „Kahvipaussi" (Kaffeepause). Dank der niedlichen Wörter ist man schon ganz von allein wieder entspannt und bestens aufgelegt. Die finnische Sprache ist so schön, dass sogar schon mal ein einfaches Verkehrsschild mit dem Hinweis „Aja hiljaa sillalla!" (= Auf der Brücke langsam fahren!) einen europäischen Wettbewerb für den Satz mit dem schönsten Klang gewonnen hat.

Keine Sorge: Wenn die Gastgeberin in Finnland in die Küche geht, um Bier und Megapussis zu holen, ist nichts zu befürchten. „Megapussi" steht auf vielen finnischen Chipstüten und heißt so viel wie „große Tüte"

Für die passende Guacamole kaufen Sie einfach eine „Avocadopussi"!

Vom Pissen des Rentiers

Kalsarikännit: Hinter so manchem Konstrukt, das wie ein langes Wort aussieht, verbirgt sich manchmal ein ganzer Satz! Ein gutes Beispiel hierfür ist das Wort „kalsarikännit". Es steht für eine beliebte Abendbeschäftigung, die sich in keiner anderen Sprache so schön in nur einem Wort ausdrücken lässt. Kalsarikännit bedeutet „sich allein zu Hause in Unterhosen betrinken" und setzt sich aus „kalsari" (= Unterhosen) und „kännit" (= sich betrinken) zusammen.

Talkoot: Eine weitere Beschäftigung, für welche es im Deutschen kein Äquivalent gibt, beschreibt das Wort „Talkoot". Wenn in einem finnischen Dorf der Eingang zum Angelladen zugeschneit ist oder ein störrischer Elch die Zufahrtsstraße blockiert, dann treffen sich die Bürger freiwillig zum Talkoot – zum „blöde Arbeit gemeinsam machen".

Poronkusema: Die wörtliche Übersetzung dieses alten finnischen Längenmaßes lautet „das Pissen des Rentiers". Es war früher in der Rentierzucht gebräuchlich und entwickelte sich aus der Beobachtung heraus, dass die Tiere nicht gleichzeitig laufen und pinkeln können. Ein *Poronkusema* entspricht der Strecke, die ein Rentier zurücklegen kann, ohne sein Wasser abzuschlagen (rund 7,5 Kilometer).

Das Kakslauttanen Arctic Resort bietet spezielle Digital Detox Programme.

DIGITAL DETOX
Tausche Smartphone gegen Rentierfell

Heliskiing ist langweilig? Bigwavesurfing kann Ihnen nur noch ein müdes Gähnen entlocken? Dann wartet in Finnland das ultimative Abenteuer auf Sie, eine Herausforderung, die intensiver wirkt als Nahtoderfahrung und psychedelisches Krötenschlecken in einem: Digital Detox. Ausgerechnet Finnland, einst Weltmarktführer in Sachen Mobiltelefonie (die älteren unter uns erinnern sich vielleicht noch an Nokia – jene Firma, die einst diese putzigen Handys mit den niedlichen kleinen Tasten millionenfach verkaufte), ist heute Vorreiter für digitale Entschlackungskuren. Hierbei gilt „Je kälter, desto Lappland" und wer sich darauf einlässt, braucht nur eine Regel zu befolgen: Alles, was irgendwie digital ist, bleibt zuhause. Kein Smartphone, kein Facebook, keine Apple-Watch. Kein Tablet, keine Wetter-App, noch nicht einmal ein Navi. Einfach mal abschalten. Aber so richtig. Wer sich mit dem Gedanken des Digital Detox beschäftigt, kommt schnell zu der Frage, womit man denn den lieben Tag verbringen soll, so ganz ohne E-Mail, Instagram, Youtube und co. Und genau an dieser Stelle spielt Finnland seine Stärken aus. Wie wäre es zum Beispiel mit Eisangeln?

Experten wissen: Bereits nach wenigen Stunden dieser Tätigkeit begreifen Geist und Körper, dass es sinnlos ist, in seiner Jackentasche nach dem Handy zu fühlen. Schon allein deswegen, weil die Hände derart eingefroren sind, dass sie eh nichts mehr ertasten können. Nach wenigen Tagen vergehen Phänomene wie „Phantomklingeln" und „Phantomvibrieren" (Moment mal, war das gerade mein Handy?) und bereits nach einer Woche weiß auch der letzte Teilnehmer: Das Piepen sind keine Twitter-Meldungen, sondern echte Vögel. Wer sich im Sommer auf den digitalen Entzug begeben möchte, muss auf Eisangeln verzichten.

Kennt weder Siri noch Alexa: Ein Rentier

Doch zum Glück gibt es eine Tätigkeit, die beim digitalen Entgiften ebenfalls sehr hilfreich ist: das Rentierstreicheln. Für alle, die am Anfang noch unsicher sind: Man wischt den gutmütigen Tieren wie bei einem Tablet seitwärts über das Fell, genau wie bei einer Katze (die Viecher aus den lustigen youtube-Videos) immer vom Kopf nach hinten in Richtung Schwanz). In Finnland gibt es verschiedene Anbieter, die sich auf digitale Detox-Kuren spezialisiert haben. Garantiert ohne W-Lan, dafür aber mit Huskies, Sauna und vielen Rentieren. Wer sich für willensstark genug hält, kann das Abenteuer auch alleine wagen und sich einfach eine einsame Hütte im Nirgendwo mieten.

So gelingt das analoge Abenteuer

1. Buchen Sie Ihre Reise im Reisebüro (gibt es noch).

2. Besorgen Sie sich Kartenmaterial, z.B. bei einem Automobilclub oder in einem Buchladen (gibt es noch).

3. Notieren Sie sich vor Antritt der Reise Ihre Passwörter und legen Sie den Zettel in die Nachttischschublade.

4. Nehmen Sie einen Stift mit (gibt es noch). Damit können Sie Ihren Freunden eine Postkarte schreiben und wenn Sie mögen auch draufmalen, was Sie zum Mittag hatten.

ESSEN UND TRINKEN
Läckaschmäcka!

In der internationalen Statistik der Waffenbesitzer liegt Finnland auf Platz drei, nach den – na klar – USA und dem, nicht ganz so klar, Jemen. Zu der breiten Gattung der Waffen gehören auch die Messer, und auf diesem Gebiet haben es die Finnen insbesondere bei den Jagd-, Angel- und Filetiermessern zu Weltruhm gebracht. Zumindest unter den Anglern, Jägern und Filetierern. Wer als Gast an einem finnischen Frühstück teilnehmen darf, wird allerdings vergeblich nach einem Messer suchen. Zumindest nach einem eigenen, denn der praktisch veranlagte Finne spart beim Abwasch und hat deswegen ein Messer für alle, welches er zentral in die Butter steckt.

Leipäjuusto: Ein Hartkäse, der auch „Quietschekäse" genannt wird, weil man beim Essen quietschende Geräusche von sich gibt. Sein Geschmack ähnelt dem Mozarellakäse – was für die Finnen allerdings keinen Hinderungsgrund darstellt, ihn traditionell in den Kaffee zu tauchen.

Kana-Riisi: In finnischen Supermärkten gibt es Hundewürste, die im Kühlregal direkt neben den „normalen" Würsten ausliegen. Daher heißt es Augen auf beim Würstchenkauf: „Kana-Riisi" steht für Hundewurst.

Mämmi: Ein Roggenmalzpudding, der wie Guinness-Bier schmeckt, aber keinen Alkohol enthält. (Obwohl das wirklich der einzige Grund wäre, diese Spezialität zu essen.)

ELCH IM PASS

Ganz großes (Daumen-) Kino!

Pässe und Ausweise sind normalerweise eher schlicht und sachlich gehalten. Anders in Finnland: Der Reisepass enthält ein Daumenkino mit Elchmotiv! Blättert man die Seiten des Passes durch, fängt der Elch an zu laufen. Auf jeder rechten Seite befindet sich eine individuelle Abbildung, die beim Durchblättern eine komplette Schrittfolge darstellt und den Elch fröhlich durch die 20 Seiten des Passes laufen lässt. Das ist nicht nur sehr sympathisch und weltweit einmalig, sondern gleichzeitig ein Garant höchster Fälschungssicherheit. Wenn ein Zollbeamter beim Durchblättern des Daumenkinos feststellt, dass der Elch ein Bein nachzieht oder gar hinkt, heißt es wachsam sein, hier könnte eine Fälschung vorliegen!

Der gut geschulte Beamte kann nun eine zweite Sicherheitsstufe prüfen, die in jedem finnischen Reisepass eingebaut ist. Sie befindet sich in einem unscheinbar wirkenden Kreis auf der Innenseite des Passes, der bei Betrachtung durch ein Vergrößerungsglas Überraschendes offenbart. Denn hier eröffnet sich nicht etwa ein langer Zahlencode oder etwas vergleichbar Kryptisches, sondern vielmehr der Beginn eines lyrischen Werks des finnischen Nationalpoeten Eino Leino: „Ruislinnun laulu korvissani, tähkäpäiden päällä täysi kuu; kesä-yön on onni omanani, kaskisavuun laaksot verhouu." Übersetzt heißt dieses so viel wie:

> „Ich höre den Gesang des Wachtelkönigs, das Mondlicht scheint auf die Felder mit reifem Korn, der Rauch der brennenden Wälder verhüllt die Täler, das Glück eines Sommerabends erwartet mich."

▶ *Wer den Reisepass mit Daumenkino und Naturlyrik einmal in Action erleben möchte, findet auf YouTube diverse Filmchen zu den romantischen Sicherheitsfeatures.*

FINNLAND

FLIESSENDER ÜBERGANG
Bier sind das Volk!

Die Finnen sind ein Volk mit vielen Traditionen und landestypischen Bräuchen. Insbesondere die kreativen Festivals und Veranstaltungen setzen Besucher immer wieder in Erstaunen. Wer im Sommer in der Helsinki-Region ist, sollte sich auf keinen Fall das Bier-Treiben („Kaljakellunta") entgehen lassen. Seit 1997 findet jedes Jahr am letzten Juli- oder ersten Augustwochenende die große Gleitzeit statt, bei welchem sich Tausende von Menschen den Vantaa-Fluss in Richtung Helsinki treiben lassen und während ihrer Flussfahrt möglichst viel Bier trinken. Als schwimmende Unterlage ist von der Luftmatratze über Schlauchboote bis hin zu selbst gebauten Flößen alles erlaubt, solange sich darauf Bier trinken lässt.

Diese drei Events dürfen Sie keinesfalls verpassen, und wenn, ist auch nicht schlimm

Tweed Race

Warum sich immer mehr Menschen in Tweedklamotten auf Retrorädern zu sogenannten Tweed Races verabreden, ist ein ungeklärtes urbanes Phänomen. Der unter Hipsterverdacht stehende Klamauk findet mittlerweile in zahlreichen europäischen Städten statt. Wer unbedingt einmal teilnehmen möchte, sollte das am besten in Helsinki tun. Dort findet das Tweed Race nämlich im tiefsten Winter statt, was das Fahrerfeld übersichtlich und die Stimmung frostig, aber herzlich macht.

Handyweitwurf (Bild oben)

Typisch Wegwerfgesellschaft: Die Finnen haben so viele Handys, dass sie aus dem Weitwegwerfen derselbigen eine sehenswerte Weltmeisterschaft gemacht haben. Der Weltrekord liegt bei 104,15 Metern. Schaffen Sie mehr? Jeder kann mitmachen!

▶ *www.mobilephonethrowing.fi*

Luftgitarren-WM

Findet jedes Jahr in Oulu statt. Praktisch: Bei allen Fluggesellschaften werden Luftgitarren kostenlos befördert.

▶ *www.omvf.net*

FLIRT
Dirty Dancing

Die Finnen sind mit ihren rund fünf Millionen Einwohnern ein kleines Volk, und wer Finnen einmal beim „Flirten" beobachtet hat, muss sich Sorgen machen, ob diese liebenswerte Nation nicht vom Aussterben bedroht ist. Dieses liegt vor allem daran, dass von Flirten gar nicht die Rede sein kann. Der finnische Mann ist von jeher wortkarg und spricht mehr oder weniger nur in Notfällen. Wenn es um die Anbandelung mit dem weiblichen Geschlecht geht, wird oft mit gutem Willen Bier zum Lösen der Zunge eingesetzt. Doch nicht selten wird dieser „Love Potion" so sehr zugesprochen, dass es der Kommunikation letzten Endes nicht zuträglich ist. Zum Glück gibt es einen Ausweg aus diesem Dilemma: den finnischen Tango. M. A. Numminen, seines Zeichens Sänger und Schriftsteller, erklärt: „Der finnische Tango ist eine Notwendigkeit für finnische Männer. Sie können nicht sagen: ‚Ich liebe dich' – sie brauchen zum Anbandeln Tangolieder mit eindeutigen Texten. Dann heiratet man und macht viele neue Finnen." Im Unterschied zum rassigen argentinischen Tango ist der finnische Tango stets schwermütig und handelt immer (!) von einer unglücklichen Liebe.

Vergleichsweise fröhlich, aber nicht minder skurril wirkt eine zweite landestypische Tanzart, welche die finnische Mentalität auf wunderbare Art zum Ausdruck bringt: Humppa. Der Name ist onomatopoetisch, was so viel heißt, dass das Wort so klingt wie die Musik. Das ist schon recht aufschlussreich, und wer ein paar Mal Um-paa, Um-paa vor sich hersagt und sich vielleicht noch ein kleines Tätärää hinzudichtet, der hat schon eine erste Ahnung, um was es dabei geht. Der Musikstil samt zugehörigem Tanz leitete sich einst in den 1930er-Jahren vom Foxtrott ab. Die finnische Volksseele und viel Bier führten zu einer kuriosen Weiterentwicklung des Tanzes, der heute im raschen 2/4-Takt mit ska-ähnlichen Offbeat-Komponenten und schrägen Elementen wie Kettensägen- oder Bierdosen-Klängen daherkommt. Nüchtern ist die Musik und erst recht das Tanzen schwer vorstellbar. Nach zwei,

> ▶ *Tipp: Besuchen Sie eines der unzähligen Tanzlokale oder das Tangofestival in der Kleinstadt Seinäjöki, wo jedes Jahr im Juni mehr als 150.000 Menschen zusammenkommen, um 5 Tage und Nächte rund um die Uhr auf den Straßen Tango zu tanzen.*

drei Dosen Bier (Achtung: Es gibt in Finnland unterschiedlich starke Biere; wenn es drauf ankommt, sollte mindestens ein „Dreier"-Bier herangezogen werden) hingegen verwandelt sich die Musik wie von selbst und versetzt die vermeintlich ruhigen Finnen in wilde Partylaune. Auch die deutsche Seele erweist sich als erstaunlich zugänglich für das nordische Gehopse. Die derzeit berühmteste finnische Humppa-Band Eläkeläiset („Die Rentner") kommt regelmäßig nach Deutschland auf Tour und begeistert ein immer größer werdendes Publikum (Waackäääään!!!). Konzerttermine in Finnland und Deutschland gibt es unter www.humppa.com.

GUT ZU WISSEN
Finnen und Finninnen

Nicht nur unter Surfern kommt es bei der Bezeichnung der Menschen, die aus Finnland stammen, immer wieder zu Verwirrung. Einen finnischen Mann nennt man Finne. Er ist in der Regel maskulin, sprich: der Finne. Im Unterschied hierzu ist der Spurhalter der Surfer feminin: die Finne. Eine Gruppe von finnischen Männern nennt man Finnen, und hier ist tatsächlich eine Überschneidung mit dem Plural der Spurhalter gegeben. Eine finnische Frau ist eine Finnin, und wer das Glück hat, einer Gruppe finnischer Frauen zu begegnen, hat es dann mit Finninnen zu tun, und wer das dann auch noch unfallfrei aussprechen kann, hat beste Aussichten auf ein wunderbares Abenteuer.

Scharfe Finnin

Scharfe Finne

Island

„Die Mittelmäßigkeit steigt auf Maulwurfshügel,
ohne zu schwitzen."

ISLÄNDISCHES SPRICHWORT

VIEL ZU ALLGEMEINE REISEINFORMATIONEN
Pferde mit fünf Gängen

Die Bemühungen der Isländer, sich von ihrem **Elfen-und-Trolle-Image** reinzuwaschen, halten sich in Grenzen. Es geht schon im Flugzeug los: Die Business Class von Iceland Air heißt **Saga Class** – benannt nach der altnordischen Sagenliteratur. Der Tourismusverband verteilt **Elfenkarten** mit Tipps, wo man die frechen Geister beim Unsichtbarsein beobachten kann. Beworben wird auch immer wieder die **Elfenschule** in Reykjavík, in der allerdings deutlich mehr Touristen als Elfen die Schulbank drücken. Der **Jón Jónsson*** zeigt gegenüber Elfen ein eher gequältes Interesse, selbst wenn er an ihre Existenz glaubt. Fragen Sie also bitte nicht bei jeder Gelegenheit, ob ein leerer Stuhl im Restaurant schon durch eine Elfe besetzt ist. Man kennt den Witz.

Die Isländer gründeten ihren Staat außerordentlich früh (im Jahr 930) und legalisierten den Verkauf von Bier außerordentlich spät (am 1.3.1989). Alle Versuche, das Bier zu verdammen, stellten sich als aussichtslos heraus – was auch daran gelegen haben mag, dass Schnaps und Wein bereits seit Ewigkeiten legal waren. Die Möglichkeiten, an Alkohol zu gelangen, sind allerdings auch heutzutage ernüchternd. Auf der gesamten Insel gibt es nur **48 staatliche Ausgabestellen** – und damit Orte, von denen Sie mehr als **130 Kilometer für ein Dosenbier** fahren müssen. Sie können sich natürlich auch ein Pferd nehmen. Das **Islandpony** hat für derartige Besorgungstouren eine vierte Gangart eingebaut. Neben Schritt, Trab und Galopp beherrscht es den **Tölt**. Eine erbfest in die Pony-DNA eingebrannte Trippel- und Trappel-Technik, mit der es durch Geröllfelder töltet, ohne permanent zu stolpern. Dabei ist Tölt keine Erfindung aus Island! Der Hinweis muss gemacht werden, weil Island in so vielem die **Nummer eins** ist, dass es fast schon langweilig werden kann: Nummer eins im Globalen Friedensindex, in der Lebenserwartung, bei regenerativen Energien, bei der Gleichberechtigung, Nummer eins beim Nummer-eins-Sein. **Der Tölt hingegen war auch den Pferden des europäischen Festlandes lange Zeit geläufig** – bis man sie vor Kutschen oder Kanonen spannte. Deren Fortbewegung erforderte preußisch disziplinierte Zugtechniken, der fröhlich vorgetragene Tölt wurde deshalb weggezüchtet. Nur auf der für Kutschen schwer erreichbaren Vulkaninsel droht den süßen Ponys überhaupt nichts. Außer, dass man in isländischen Restaurants gerne mal einen Pferdegang einschiebt: Jährlich werden rund 10.000 Islandponys **geschlachtet und gegessen.**

*isländisch für Otto Normalverbraucher

MASSENTOURISMUS
Warum Sie nicht nach Island fahren sollten

Stellen Sie sich für einen Moment Folgendes vor: Nach Deutschland kämen jedes Jahr 410 Millionen Touristen. Keine Massentouristen, die man en bloc im offenen Vollzug unter Kontrolle halten könnte, sondern 410 Millionen erkundungsfreudige Individualtouristen, die alle am Berliner Flughafen ankommen und von dort im eigenen Kraftwagen einmal durch die Republik karriolen. Die eine Hälfte rechtsherum auf der Route Dresden (Elbflorenz), Bayern (Neuschwanstein), Hamburg (große Hafenrundfahrt), die andere zu denselben Orten, nur linksherum. Am Ende fliegen sie alle beschwipst von den Schönheiten des Landes wieder von Berlin ab. Nach diesem Muster spielt es sich in Island ab. Auf 330.000 Einwohner kommen jedes Jahr 1,2 Millionen Touristen, die entweder rechtsherum oder linksherum um die Insel fahren. Massentourismus aus Individualtouristen, die über den Massentourismus auf der Insel die Nase rümpfen. Ein Dilemma, für das es im Sinne aller Beteiligten nur eine Lösung gibt: weniger Touristen! Machen Sie mit und fahren Sie mal nicht nach Island – so toll ist es nun auch nicht! Hier ein paar handfeste Gründe, nicht nach Island zu fahren.

Die Korruption: Im Jahresbericht von Transparency International hat Island den höchsten Korruptionsindex (unter den skandinavischen Ländern). Während Norwegen auf hervorragende 86 Punkte kommt, liegt Island mit 79 Punkten nur noch 74 Punkte vor Somalia.

Das neue Aluminiumwerk: Mehrere Gemeinden im Nordwesten des Landes fordern den Bau eines Aluminiumwerkes mit einer Kapazität von 120.000 Tonnen. Wozu braucht Island eine derartig große Menge Aluminium?

Die Parkgebühren: Eine sehr lange Zeit konnte man auf Island unendlich lange an allen Sehenswürdigkeiten parken – und das völlig kostenlos. Doch vorbei! Am berühmten Lavastrand von Reynisfjara sollen nun Parkuhren aufgestellt werden, im Nationalpark Thingvellir kostet schon heute ein (unbewachter!) Stellplatz vier Euro.

Voll allein

Mittlerweile kann man die absolute Einsamkeit der isländischen Gletscher mit vielen anderen Menschen teilen.

Die Monsterwellen: Am Lavastrand von Reynisfjara (der mit den Parkgebühren) kommt es immer wieder zu merkwürdigen Anomalien. Scheinbar wie aus dem Nichts schlagen riesige Wellen bis zu 20 Meter auf den Strand auf. Im Jahr 2016 entkam eine sechsköpfige Reisegruppe nur knapp den eiskalten Fluten. Ein chinesischer Tourist wurde (während er fotografierte) von einer großen Welle fortgerissen und konnte nur noch tot geborgen werden. Immerhin: Nach diesen Vorfällen wurde eine offizielle Aufsicht ins Gespräch gebracht. Kann man ja auch erwarten – bei den Parkgebühren!

Der Fluglärm: Der Flughafen Keflavik platzt aus allen Nähten und soll trotzdem internationales Drehkreuz für die Luftfahrt werden. Billigfluglinien haben die strategisch günstige Lage Islands für amerikanische Passagiere auf dem Weg nach Asien erkannt. Das Umsteigen in Keflavik würde im Vergleich zu Frankfurt oder London Flugzeit ersparen und Island jede Menge Fluglärm bescheren.

Der Walfang: Island ist eine von drei Nationen, die noch Walfang betreiben. Laut ihrer Walfangquote dürfen die Isländer 154 Finnwale im Jahr erlegen. Zwar haben sie im Jahr 2016 keinen einzigen gefangen – könnten aber jederzeit wieder damit anfangen.

Noch ein Grund, nicht nach Island zu fahren: Sie könnten in ernsthafte Versuchung gelangen, einen knuffigen Papageientaucher zu essen. Gefüllt mit einem Rosinenteig an einer braunen Soße. Lecker!

MUSIK

Tvísöngur

Der isländische Zwiegesang *Tví-söngur* ist das musikalische Gegenstück zum vergammelten Grönlandhai: Beides sind landestypische Spezialitäten, die außerhalb der Insel nur extrem selten anzutreffen sind. Die Kompositionsregeln dieses Gesangs zwischen einem Männerchor und einer Solostimme mit gewagter Melodieführung ist noch immer nicht ganz erforscht. Sicher ist: Das Ganze ist pentatonisch, nutzt also eine Tonleiter mit fünf Tönen. Grund genug für den deutschen Künstler Lukas Kühne, dem Zwiegesang ein Denkmal aus feinstem Sichtbeton zu bauen. An einem Fjord nahe der Gemeinde Seyðisfjörður stehen nun fünf obskure Kuppeln. Der Clou: Jede einzelne hat die Resonanz einer der fünf Töne der Pentatonik. Besucher sind ausdrücklich eingeladen, ein akustisches Erlebnis zu schaffen und selbst zu experimentieren. Nachbarn werden Sie dabei nicht stören!

MCDONALD'S

Der letzte Burger

Irgendwie konnte sich die Wikingerjugend auf der Vulkaninsel nicht so recht mit den Buletten von McDonald's anfreunden. Im Jahr 2009 schloss die letzte der ehemals vier Filialen. 16 Jahre hatte man durchgehalten, jedoch mussten Fleisch, Käse, das Gemüse und sogar Verpackungen aus dem Ausland importiert werden. Der isländische Markt war schlichtweg zu klein, um diese Produkte vor Ort zu produzieren. Bevor McDonald's für immer verschwand, ging der Isländer Hjörtur Smárason zum letzten Mal in eines der Restaurants und bestellte einen Cheeseburger mit Pommes. Nicht zum Essen, vielmehr lagerte er das Essen luftdicht verpackt in seiner Garage – was ihn inzwischen zu einer lokalen Berühmtheit werden ließ. Mittlerweile wird der letzte isländische Cheeseburger im Nationalmuseum in Reykjavík „ausgestellt". Besucher können dem Burger beim (Nicht-) Schimmeln und Zersetzen zusehen. Mittlerweile gibt es sogar einen Livestream vom skurilen Burger-Pommes-Spektakel.

▶ *Hier gehts zum Livestream*
www.bushostelreykjavik.com

Als hielte es noch Ausschau nach einem Retter: das DC-3-Wrack am Strand von Sólheimasandur.

FLUGZEUG-IKONE
Justin Bieber war auch schon da

Wenn auf Island mal wieder ein Flugzeug der US-Navy abgestürzt war, dann folgte die immer gleiche Prozedur: Absturzort aufspüren, Lebende retten, Tote bergen, Flugzeug ausschlachten, Flugzeug liegen lassen. Reine Routine, schließlich stürzten bisher mehr als 300 Navyflugzeuge auf Island ab, ohne dass es jemals eine kriegerische Auseinandersetzung mit dem Inselvolk gegeben hätte. Der wahre Feind der tapferen Piloten: das miese und außerordentlich launische Wetter, das Island zum Bermuda-Dreieck des Nordens machte. Und mit Sicherheit hätten die USA keinen Gedanken an den Bau einer Luftwaffenbasis auf der ungemütlichen Insel verwendet, wäre sie nicht ein strategisch wichtiger Vorposten im Kalten Krieg gewesen. Denn während die Sowjetmarine mit Atom-U-Booten im Nordmeer herumkurvte, wollte man die Insel als Basis für die eigenen Streitkräfte unbedingt behaupten. Auch die DC-3, die 1973 auf den schwarzen Lavasand von Sólheimasandur krachte, dürfte Opfer der Wetterkapriolen gewesen sein. Wirklich aufgeklärt wurde der Absturz der Propellermaschine nie, und so dämmert das ausgeweidete Fluggerät seit fast 50 Jahren in der Einsamkeit vor sich hin. Vor einigen Jahren passierte jedoch Er-

staunliches. Die isländische Band Sigur Ros filmte das Wrack für eines ihrer Videos, woraufhin immer mehr Fotografen es ablichteten. Der zerbrochene Vogel wurde kurioserweise ein beliebtes Hintergrundmotiv für Hochzeitsfotos, selbst Bollywood-Sternchen kämpften sich zwecks eines Selfies zum Wrack durch. Sogar Justin Bieber hüpfte in einem seiner Videos auf dem armen Wrack herum, und rund 200 Millionen Menschen haben ihm dabei zugeschaut, von denen sich viele von einem Besuch nicht abbringen ließen. Denn seitdem das Wrack viral gegangen ist, irren immer mehr Menschen durch die karge Einöde. Einziges Problem: Was bei Instagram noch ganz pittoresk rüberkommt, erweist sich vor Ort als mühsamer Marsch durch eine Mondlandschaft. Die örtlichen Rettungskräfte müssen immer häufiger ausrücken, um Instagram-Jünger aus der kalten Realität zu retten.

▶ *Wer das Wrack besuchen will, der sei gewarnt: Die Absturzstelle ist der gefährlichste Ort Islands, zumindest wenn man nach der Zahl der Rettungseinsätze geht. Allein im Jahr 2015, so die Zahlen isländischer Behörden, habe es 127 Rettungsmissionen gegeben. Mehr als an jedem anderen Ort auf Island.*

Dänemark

„Fisker Frits fisker friske fisk."

DÄNISCHER ZUNGENBRECHER

ALLGEMEINE REISEINFORMATIONEN
Das kleine Glück

Die Dänen mögen es klein – auch in Sachen Sehenswürdigkeiten. Kleine Meerjungfrau, kleiner Belt, jede Menge kleiner Inseln und auf Bornholm befindet sich **die kleinste Trabrennbahn der Welt**. Der Tivoli ist weltweit der kleinste unter den 20 beliebtesten Vergnügungsparks, und mit nur 140.000 Quadratmetern ist das **Legoland** das kleinste Land der Welt – dreimal kleiner als der Vatikan!

Vielleicht sind es diese kleinen Freuden, die Dänemark laut „World Happiness Report" zum **glücklichsten Land der Welt** machen. Genügend Zeit, das kleine Land zu genießen, haben die Dänen ja: Die **durchschnittliche Arbeitszeit** beträgt nur 33 Wochenstunden („Es ist was faul im Staate Dänemark").

Die Liebe zum eigenen Land und der dänische Nationalstolz sind deshalb verständlich und haben die Nationalflagge zu einer allseits beliebten Textilie gemacht. (Im Gegensatz zu den **IKEA-Teppichen**, die grundsätzlich nach dänischen Ortsnamen benannt werden.)

An **Nationalhymnen** mangelt es in Dänemark nicht. Man hat gleich zwei. Eine eher proletarische für den Normalgebrauch und eine für Anlässe mit Beteiligung des Königshauses: Die erste Zeile der über 250 Jahre alten königlichen Hymne: **„König Christian stand am hohen Mast in Rauch und Qualm"**, klingt schön und passt noch immer auf die aktuelle Königin Margarethe II., die rund **60 Zigaretten** täglich raucht („Der Vulkan von Kopenhagen"). Von den Dänen wird sie für ihre Volksnähe aber trotzdem über alles verehrt. So erscheint sie an Sonntagen regelmäßig (und ohne Ankündigung!) in verschiedenen Kirchen des Landes zum **Gottesdienst** – vielleicht treffen Sie die Dame ja einmal. Falls Sie mit ihr in ein Gespräch verwickelt werden sollten, glänzen Sie einfach mit Ihrem Wissen über den **Dannebrog** – die Nationalflagge. Über deren ordnungsgemäßen Gebrauch können Sie alles in einer über 60 Seiten langen Anleitung lesen. Erstaunlich: Es ist in Dänemark verboten, die Flagge eines anderen Landes zu verbrennen, die eigene darf jedoch straffrei abgefackelt werden. Sie sollten das aber trotzdem nicht unbedingt tun, es sei denn, Sie sind scharf darauf, auf einer der 316 kleinen, wunderschönen, aber **unbewohnten Inseln** ausgesetzt zu werden.

SPRACHE
Friske Fiske auf den Tiske!

Wie praktisch: Dänisch (dansk) und Deutsch gehören beide zur Familie der germanischen Sprachen. Viele Wörter ähneln sich, und einige sind sogar komplett gleich. Das ist für deutsche Urlauber eine ungemein alltagstaugliche Angelegenheit, doch Obacht: Nicht immer bedeuten die Wörter das, was man denkt. So behalten Sie den Überblick:

1. Wörter, die im Dänischen und Deutschen identisch sind:

Dänisch	Deutsch
lampe	Lampe
telefon	Telefon
produkt	Produkt

▶ Gefühlslage des Reisenden:
Wie geil ist das denn?
Supereasy, Dänisch ist genial!

2. Wörter, die sich im Dänischen zwar anders schreiben, dem Deutschen jedoch sehr ähnlich sehen:

papir	Papier
kollega	Kollege
kartofler	Kartoffel

▶ Gefühlslage des Reisenden:
Yeah, ich kann Dänisch, obwohl ich es nie gelernt habe!

3. Wörter, bei denen man ein bisschen nachdenken muss, um das deutsche Äquivalent herauszuassoziieren:

fisk	Fisch
købmand	Kaufmann
kirsebær	Kirschen

▶ Gefühlslage des Reisenden:
Wow – schlummert in mir womöglich ein Sprachgenie?

4. Wörter, die etwas ganz anderes bedeuten, als man auf den ersten Blick denkt:

	falsch	*richtig*
ejer	Eier!	Eigentümer
øl	Öl!	Bier
dyne	Düne!	Bettbezug
bløde bamse	Dumme Kuh!	kuscheliger Teddybär
Rabatten blød	Rabatt ist blöd!	Seitenstreifen nicht befahrbar

▶ Gefühlslage des Reisenden:
Grondgütiger bzw. WTF! Woher weiß man eigentlich, wann eine Assoziation passt und wann nicht?

LOST IN TRANSLATION
Biernot!

Ølfrygt
Die Privatparty ist in vollem Gange, die Biergläser klirren, und „Skål!" (Prost) ist das meistgebrauchte Wort des Abends. Eigentlich alles prima, wenn nicht eine furchtbare Angst im Hinterkopf der Gäste stören würde: Es herrscht Ølfrygt! Der dänische Ausdruck stammt vom wikingischen Wort „ale fright" und beschreibt die Angst, dass der Biervorrat zur Neige geht. Tipp: Wenn Sie in Dänemark auf einer Party eingeladen sind, verstecken Sie am besten vor Betreten des Hauses draußen im Gebüsch irgendwo zwei Sixpacks Tuborg. Wenn gegen Mitternacht dann langsam Ølfrygt aufkommt, gehen Sie locker nach draußen, holen die Biere rein und werden unversehens zum Helden des Abends.

Tissemand
Das dänische Wort „tisse" bedeutet auf deutsch so viel wie „Pipi machen", und das Wort „mand" steht für „Mann". Wer jetzt „tissemand" mit „ein pinkelnder Mann" übersetzt, liegt nur bedingt richtig, denn in Wahrheit bedeutet tissemand zu Deutsch Pullermann bzw. wie man offiziell sagt: Penis.

Pas på mig!
Bei vielen Urlaubern löst das Hinweisschild „Pas på mig!", welches man oft in Wohn- und Ferienhausgebieten sieht, Staunen aus. Was will man uns hier sagen? Sind wir im Land der untergehenden Sonne angekommen? Kann man hier irgendwo Luftballons kaufen? Oder geht es um den Hinweis, dass ein in den Rücken gepasster Ball vom Mitspieler nicht ordentlich angenommen werden kann? Hier die Aufklärung: Das Schild bedeutet „Pass auf mich auf!" und ist ein Hinweis für Autofahrer, dass Kinder in der Straße spielen könnten. Wobei die Frage bleibt, welcher Blödian dem süßen Mädchen mit den Zöpfen den Ball von hinten an den Kopf wirft.

INVASIVE NEOPHYTEN

Autsch: Diese Rosen haben es in sich

Vielen Dänemarkfahrern geht das Herz auf, wenn sie die zartrosa blühenden und lieblich duftenden Heckenrosen (dän. Rynket Rose) sehen. Die Touristen nehmen sie als prägenden Bestandteil der nordischen Küstenlandschaft wahr und ahnen nicht, dass sie hier einem kolossalen Schwindel aufsitzen. Denn in Wirklichkeit hört die Rose auf den Namen *Kartoffelrose* (lat. Rosa rugosa) und hat mit Dänemark so viel gemein wie ein Hagebuttentee mit einem gut gekühlten Bier. Die Heimat der Pflanze liegt in Ostasien, weshalb sie auch *Japan-Rose* oder *Kamtschatka-Rose* genannt wird. Die Rosa rugosa wird von Ökologen offiziell als invasiver Neophyt eingestuft (eingewanderte Pflanze, die sich aggressiv ausbreitet), der sich in den letzten Jahrzehnten in Nordeuropa rasant verbreitet hat und dabei heimische Arten, wie zum Beispiel die Stranddistel, die Krähenbeerheide und auch das Sand-Lieschgras, verdrängt. Ein bisschen sind die Dänen an dem ganzen Schlamassel aber auch selber schuld – immerhin pflanzen sie den hübschen Wüstling in großer Stückzahl rund um ihre Grundstücke. Die Situation erinnert ein wenig an die Geister bei Goethes Zauberlehrling: „Herr, die Not ist groß! Die Kartoffelrosen, die ich rief, werd ich nun nicht los." Aber wie dem auch sei: Ab Mitte des Sommers lässt sich aus den Hagebutten auf jeden Fall herrlich Juckpulver herstellen. Hierzu einfach die Früchte aufbrechen und die haarigen Kerne raussammeln und dem Nächstbesten hinten am Nacken ins T-Shirt streuen.

LEUCHTTURM VON RUDBJERG

Vom Sande verweht

Sie sehen hier den Standort des Flugsandmuseums der Ortschaft Vendsyssel. Bedauerlicherweise ist es seit dem Jahr 2002 nicht mehr besuchbar. Der Grund: Flugsand. Die Bildungsstätte liegt mittlerweile unter dem Sand. Dem Leuchtturm geben die Experten noch rund zehn Jahre, dann wird auch er von einer der spektakulären Wanderdünen an Dänemarks Nordspitze verschluckt sein. Beeilen Sie sich daher besser mit Ihrem Besuch. Falls Sie es nicht schaffen sollten: Der nächste spektakuläre Termin ist bereits datiert. In rund 700 Jahren wird der Flugsand einen Landweg nach Schweden geschaffen haben.

Besetzt, nur ohne Besatzungmacht: Hier tobt der netteste Konflikt der Neuzeit.

SCHNAPSIDEE
Krieg mit anderen Mitteln

Die Hans-Insel liegt nicht unbedingt am Ende der Welt – aber man kann es von dort aus sehen. Nördlich von Grönland findet sich die völlig unbewohnte, unbewachsene und eigentlich auch völlig uninteressante Insel. Trotzdem tobt seit Jahrzehnten ein Besatzungskrieg zwischen Dänemark und Kanada, obwohl es auf dem Eiland nichts gibt, das einen Besuch lohnen würde. Außer Schnapsflaschen.

Der Konflikt begann bereits 1933, als die Hans-Insel Grönland und damit dem dänischen Hoheitsgebiet zugeschlagen wurde. Als Dänemark und Kanada 40 Jahre später über eine gemeinsame Küstenlinie in der Arktis verhandelten, brach der Streit wieder auf. Kanada forderte die Hans-Insel für sich, Dänemark blieb stur und schaffte (mit angemessener Verzögerung) 1984 knallharte Fakten: Der zuständige Grönlandminister reiste aus dem fernen Kopenhagen an und rammte symbolträchtig eine dänische Flagge ins harte Gestein der Insel. Daneben platzierte er eine Flasche Schnaps. Seitdem kommt es immer wieder zu „Kampfhandlungen": Die Kanadier sacken die dänische Flagge ein, hissen die kanadische, schnappen sich den Dänenschnaps und deponieren eine Flasche Whiskey (Marke Canadian Club) vor Ort. Irgendwann kommen wieder die Dänen mit neuem Schnaps, aber ohne Interesse, den Konflikt irgendwie zu beenden. So geht Krieg heute, liebe Weltgemeinschaft!

Stinkender Schrott

Getreu der alten Weisheit „Wo viel Rauch ist, ist auch Feuer" gilt in Dänemark: „Wo viel Fisch gefangen wird, gibt es viele Fischkutter." Und diese müssen nicht nur gebaut, sondern am Ende ihrer Tage auch verschrottet werden. Was die wenigsten wissen: Die Dänen sind Weltmarktführer im Abwracken von Schiffen. Zwar nicht nach Tonnage, hier liegen Indien und Bangladesch dank Zerlegung ausgemusterter Ozeanriesen vorne, aber dafür nach Stückzahl. Die Dänen haben sich auf kleinere Schiffe mit einer Länge von unter 100 Metern spezialisiert und verschrotten in diesem Zuge mehr Fischkutter als jede andere Nation. Wer auf Schiffsfriedhofsromantik steht, kann sich zum Beispiel im Hafen von Grenå auf Jütland einen Eindruck von der ganz eigenen Atmosphäre einer solchen Stätte machen.

KURIOSE KUNST
Big Brother is watching you

Wer sichergehen möchte, nicht allein am Strand zu sein, dem sei Esbjerg mit seinen neun Meter hohen Skulpturen „Der Mensch am Meer" (Mennesket ved Havet) empfohlen – Big Brother Feeling inklusive! Bei gutem Wetter lassen sich die Skulpturen auch noch aus zehn Kilometer Entfernung erkennen, was in Anbetracht der esbjergschen Luftqualität (Achtung Fischfabrik!) ein wertvoller Hinweis ist. Die vier steinernen Herren selbst verbreiten übrigens keine schlechte Luft, auch wenn ihre Sitzhaltung anderes vermuten lässt. Der Bildhauer Svend Wiig Hansen hatte bei der Gestaltung jedoch kein Freiluft-Klo vor Augen, sondern orientierte sich bei der Größe und Haltung der Skulpturengruppe vielmehr an der Ramses-Statue im Tempel von Abu Simbel in Ägypten.

ÜBERNACHTEN
Wildcamping

Ob am Strand, im lauschigen Wäldchen oder auf freier Flur: Wildcampen ist eine tolle Sache, Abenteuer und Lagerfeuerromantik all inclusive. Allein: In Dänemark ist Wildcampen grundsätzlich verboten. Echte Abenteurer lassen sich davon natürlich nicht abschrecken, und für alle anderen gibt es ein paar Interpretationsmöglichkeiten, wie sich eine Nacht im Freien dennoch realisieren lässt:

Ein gelber Bus ist schwer zu verstecken! Wer in Dänemark beim Wildcampen erwischt wird, muss mit Bußgeldern von bis zu 500 Euro rechnen.

Auf Privatgrundstücken
Hier ist Wildcampen mit Zustimmung des Besitzers erlaubt (zugegeben, der Wildnis-Grad ist hier ein wenig eingeschränkt).

Grauzone „Aufhalten"
Außerhalb der Vogelbrutzeiten (März-August) ist das Aufhalten an der Küste und in Naturschutzgebieten Tag und Nacht gestattet. Der Übergang zwischen „Aufhalten" und Campen ist fließend und am besten vergleichbar mit dem Biwakieren. Wer das Glück hatte, seinem Vaterland bei der Bundeswehr dienen zu dürfen, wird mit dem Leben im Biwak-Camp (Stichwort „Dackelgarage") vertraut sein. Für alle anderen gilt die Faustregel: Wer mit leichtem Geschirr unterwegs ist, hat bessere Aussichten, die Gesetzeshüter für sich zu gewinnen, als derjenige, der mit einem voll ausgestatteten Siebeneinhalbtonner anrollt.

Naturlagerplätze
In Dänemark gibt es in 40 Wäldern sogenannte Naturlagerplätze. Dies sind ausgewiesene Plätze, auf denen man sein Zelt kostenlos oder gegen eine geringe Gebühr (ca. 1,50 €) für eine Nacht aufstellen darf.

▶ *www.naturstyrelsen.dk*

DOS AND DON'TS

Slap af!

Sandburgen: Dänen bauen keine Sandburgen. Es ist zwar nicht verboten, doch wer sich nicht gleich als Deutscher outen will, versucht den ihm innewohnenden Drang nach Abgrenzung des eigenen Territoriums zu bändigen.

Angelruten: Dänen betreiben das Angeln zur Erholung und nicht als Leistungssport. Wer mehr als eine Rute benutzt, gilt als unfein und Hallodri.

Flaggenparade: In ganz Dänemark weht der Dannebrog vor den Häusern. Die Dänen pflegen ein inniges Verhältnis zu ihrer Landesflagge. Wer als Besucher seine eigene Flagge mitbringt, der sei gewarnt: Das Hissen anderer Flaggen ist gesetzlich untersagt.

Autofahren: Unnötige Aufregung schätzt der Däne überhaupt nicht. Wenn ein Däne zu Ihnen „Slap af" sagt, meint er damit so viel wie „Mach mal locker, entspann dich". Das gilt auch für den Autoverkehr im kleinen Königreich. Besonders in ländlichen Gegenden tuckert man schon mal unterhalb der zulässigen Höchstgeschwindigkeit über die Landstraßen. Vor Fahrtantritt gilt es Weiteres zu beachten:

1. Wer in Dänemark mit dem Auto losfahren möchte, ist per Gesetz dazu verpflichtet, vor dem Starten des Wagens zu überprüfen, ob nicht eventuell gerade jemand unter dem Wagen liegt und schläft.

2. Wer mit mehr als 2,0 Promille am Steuer erwischt wird, der verliert als Däne seinen Führerschein und sein Auto – Letzteres für immer. Denn beim Fahren im Vollsuff versteht man keinen Spaß: Der Staat beschlagnahmt das Auto des Sünders, versteigert es und füllt mit dem Erlös die Staatskasse auf. Dieses Schicksal kann auch Sie als Tourist treffen. Ihren Führerschein wird man Ihnen lassen, Ihr Auto werden Sie allerdings nicht wiedersehen – außer auf der Versteigerung.

Duzen: In Dänemark duzt man sich und spricht sein Gegenüber gerne mit Vornamen an (außer die Königin). Wenn Sie sich mit einem Dänen auf Deutsch unterhalten, verfallen Sie aber nicht direkt ins *Du*. Die Dänen wissen um das deutsche *Sie* und fühlen sich dann möglicherweise nicht respektiert.

Die Kunst des Krieges

Wenn man sie schon nicht mehr wegbekommt, dann macht man wenigstens was Nettes draus. Rund um das Bunkermuseum von Blåvand toben sich immer mal wieder Künstler an den Relikten von Hitlers Atlantikwall aus.

III.
DER OSTEN

„Des Ungarn unzertrennlicher Gefährte ist sein Schnurrbart. Ein Ungar, der seinen Schnurrbart abnimmt, ist ein Abtrünniger, ein Auswirfling des Volks, ein Nationalrenegat. Der Schnurrbart ist der Gegenstand seiner sorgfältigsten Pflege, und mit seinem Nationalstolz so innig verbunden, daß er es für den Untergang der Nation annähme, wenn ein Mal die Schnurrbärte verschwänden.

Ein Mann ohne Schurrbart wird in Ungarn ausgelacht und verspottet, und man kann behaupten, daß ein Fremder, der das Unglück hat von der Natur um seinen Schnurrbart betrogen zu sein, in Ungarn nie sein Fortkommen finden wird. Dagegen betrachten die Ungarn den Schnurrbart außer ihrem Vaterlande, als ein ihnen eigenthümliches Vorrecht, gewissermaßen als einen von ihrem Könige ihnen verliehenen Schnurrbartorden, den Niemand zu tragen berechtigt ist, als ein ungarischer Ordensritter. Der Hof scheint ihnen dies Vorrecht gewissermaßen einzuräumen, und muß es, denn Ungarn hängt an diesen heiligen Schnurrbarten, daher darf nur ein Ungar bei Hofe mit einem Schnurrbart erscheinen. Ich habe oft in Wien, selbst die gebildetesten Ungarn, wenn sie einen schnurrbärtigen Österreicher ansichtig wurden, sagen gehört: Wie kann sich der Mensch unterstehen einen Schnurrbart zu tragen, da er doch kein Ungar ist? Eine ungarische Dame würde sich aber nie entschließen können, einen Mann ohne Schnurrbart zu lieben."

aus: Hans Normann: Ungarn, das Reich, Land und Volk, wie es ist, Leipzig 1833

Das Baltikum

„Besser eine Meise in der Hand als einen Auerhahn auf dem Baume."

LETTISCHES SPRICHWORT

ALLGEMEINE REISEINFORMATIONEN

Die Belgiens des Baltikums

Die drei Baltenstaaten erinnern immer ein bisschen an **Tick, Trick und Track:** Man kennt sie, weiß aber nie so genau, wer denn nun wer ist. Wobei sich die Balten sicherlich eher als **die drei Musketiere** sehen würden, die ihre Nationen tapfer gegen deutsche, russische, schwedische, dänische und sonstige Invasoren verteidigt haben. Schlussendlich hat man sich ja auch drei ansehnliche Nationen erkämpft – was aber nichts daran ändert, dass auch die drei Musketiere schwer auseinanderzuhalten sind.

In der öffentlichen Wahrnehmung sind die baltischen Staaten leider völlig unterrepräsentiert und finden manchmal nur in fraglichen Zusammenhängen Erwähnung. So wird die Landesfläche von Lettland, Litauen oder Estland gerne genutzt, um die **Größe von Waldbränden oder die Abholzung des tropischen Regenwaldes** zu veranschaulichen (wobei hier auch **Belgien** und das **Saarland** Verwendung finden). Allerdings: Neuerdings werden zunehmend **Fußballfelder** und keine Länder mehr als Vergleichsgrößen verwendet. Schließlich werden allein in Brasilien stündlich 526 Fußballfelder tropischen Regenwalds abgeholzt! (Ja, so sind sie eben, diese **fußballverrückten Sambakicker**.)

Ansonsten müssen Touristen kaum etwas beachten. Was bei uns erlaubt ist, das ist in den drei baltischen Ländern zumindest nicht verboten. Mit ein paar Ausnahmen:

Litauen: Alkoholwerbung ist in den Medien verboten. Im Jahr 2011 wurde deshalb die **Simpsons-Comic-Reihe** eingestellt. Die staatlichen Stellen meinten in den Blättchen unerlaubte Alkoholwerbung für Duff-Bier entdeckt zu haben (Homer Simpsons Lieblingsbier).

Lettland: Hier herrscht seit 2017 ein **Burkaverbot** – was ungefähr so sinnvoll ist wie ein **Pelzmantelverbot** auf den Bahamas. Seit Jahrzehnten ist in den meisten Städten Lettlands keine Burka gesichtet worden.

Estland: Über ein Burkaverbot denkt man in Estland immer wieder mal nach. Erstaunlich: Seit Oktober 2013 sind schon mal die **Pelzfarmen** verboten – Pelzmäntel aber weiterhin erlaubt!

SPORT
The heat is on: europäischer Sauna-Marathon

Wenn in Otepaa, Estland, spärlich und bizarr bekleidete Menschen halb nackt durch die schneebedeckten Straßen rennen, kann dieses nur eines bedeuten: Der Sauna-Marathon ist angepfiffen. Die Regeln des hier seit 2009 einmal jährlich stattfindenden Spektakels sind einfach erklärt: In Viererteams treten die Kombattanten an, um möglichst schnell eine Vielzahl von Saunen zu besuchen. Diese liegen jedoch so weit auseinander, dass eine Strecke von insgesamt rund 100 km absolviert werden muss. Pro Saunagang müssen mindestens drei Minuten geschwitzt werden, bevor sich ein Team zur nächsten Schwitzstelle aufmachen darf. Um Zeit zu sparen, verzichten die meisten Teilnehmer auf das mühselige Umziehen zwischen den Gängen und flitzen in Minimalausrüstung (Badehose oder Bikini und mitunter auch ohne alles) zur nächsten Sauna. Einen Zeitbonus erhalten die Teams für ein freiwilliges Bad im Eisloch oder Kaltwasserfass. Für viele der Teilnehmer stehen bei der Veranstaltung der Spaß und die Abschlussfeier im Vordergrund, welche traditionell im Nuustaku Pub begangen wird.

▶ Weitere Informationen und Anmeldung für Teams: www.facebook.com/visitestonia.de

Heißer Bus

Wer in Tallinn spontan Lust auf Schwitzen, aber gerade keine Sauna zur Hand hat, kann einfach den gelben Saunabus anrufen. Dieser kommt fix und fertig vorgewärmt an den bestellten Ort, und das Schwitzen kann beginnen. Praktisch: Wer möchte, kann das Saunieren auch mit einer Stadtrundfahrt verbinden und sich bei dieser Gelegenheit mal splitternackt die Stadt anschauen. (Keine Sorge, die anderen können Sie nicht sehen – die Scheiben sind von außen verspiegelt.)

Heißer Stein

Penis-Freunde pilgern gern nach Island ins weltweit bekannte Phallus-Museum von Reykjavík. Als ein echter Geheimtipp hingegen gilt der alte Friedhof des Dorfes Maskovska in Lettland. Dort gibt es ein Grab, welches mit einem eindeutig geformten Grabstein versehen ist. Die Dorfbewohner erzählen sich, dass einst eine Witwe den Stein auf das Grab ihres untreuen Ehemanns stellen ließ.

Das echte Bullerbü

Die wenigsten Menschen haben je von Haapsalu gehört. Doch wer das hübsche Örtchen betritt, wird den Eindruck nicht los, den Ort irgendwie zu kennen. Ein Gefühl von idyllischer Kindheit, von Blumenpflücken und Keksebacken stellt sich ein, und das ist kein Wunder, denn: Haapsalu ist nicht nur wie Bullerbü, sondern eigentlich sogar das wahre Bullerbü. Die Illustrationen in Astrid Lindgrens wunderbaren Büchern stammen größtenteils von der Estin Ilon Wikland, die ihre Kindheit im beschaulich-romantischen Haapsalu verbrachte und den hübschen Ort als Vorbild für die Bullerbü-Illustrationen genommen hat.

▶ *Wer einmal durch das Zimmer von „Karlsson vom Dach" gehen möchte, sollte in Haapsalu „Ilons Wonderland", eine Mischung aus Museum und Mitmachzentrum, besuchen.*

SILLAMÄE
Die Stadt, die

Man konnte sie auf keiner Landkarte finden, Fremden blieb der Zugang verwehrt: Die estnische Stadt Sillamäe war nicht existent. Zumindest nicht offiziell. Als Produktionsstätte für die sowjetische Atomindustrie wurde die Stadt nach dem Zweiten Weltkrieg unter höchster Geheimhaltungsstufe aufgebaut.

Vor dem Krieg war Sillamäe ein hübsches Seebad mit schöner Villenbebauung und zahlreichen Badeanstalten. 1946 war davon nichts mehr übrig – der ehemals beschauliche Ort war dem Erdboden gleichgemacht worden. Doch es sollte nicht lange dauern, bis Tausende Kriegsgefangene unter höchster Geheimhaltung nach Sillamäe verfrachtet wurden, um dort eine neue Stadt zu errichten, von der niemand wissen durfte. Der Grund verbarg sich unter der Erdoberfläche: Ölschiefer. Das Sediment versprach Kerogen und damit Uranverbindungen, nach denen Stalin drin-

nicht existierte

gend suchte. Anders als in anderen Gulags wurden die Kriegsgefangenen in Sillamäe halbwegs menschlich behandelt. Es gab ausreichend Nahrungsmittel, und wer gut arbeitete, bekam Extraportionen Essen und die Aussicht, seine Haftzeit zu verkürzen. Denn die Zeit drängte. Innerhalb kürzester Zeit entstand so nicht nur die Fabrik zur Uranaufbereitung, sondern eine ganze Stadt, welche die nötige Infrastruktur für die Herstellung nuklearer Stoffe schaffte. Um für etwaige feindliche Aufklärungsflugzeuge den Schein einer normalen Kleinstadt zu wahren, wurde im Zentrum der Stadt ein klassisch anmutendes Rathaus errichtet, welches noch heute steht. In Wirklichkeit war Sillamäe jedoch alles andere als normal. Wer hinein wollte, musste Grenzkontrollen passieren; Fremden war der Zutritt grundsätzlich verboten. Nachdem die Fabrik fertiggestellt war, wurden ausgebildete Fachleute in die Stadt verfrachtet, sodass nach und nach die halbe sowjetische Chemie-Elite in Sillamäe angesiedelt war. Die Stadt blühte auf; stalinistische Prunkbauten mit großzügigem Wohnraum wurden errichtet, und die Regale in den Einkaufsläden wurden auf Weisung Moskaus gut gefüllt – die Menschen sollten sich wohlfühlen. Die Bewohner nahmen die Annehmlichkeiten an und nannten ihren Verwandten als Adresse einfach „Leningrad I" oder „Narva I". Das Katz-und Maus-Spiel währte bis zur politischen Wende. Als Estland sich am 20. August 1991 offiziell unabhängig erklärte, war dies für die Einwohner Sillamäes wie der Rauswurf aus dem Paradies. Die Stadt erhielt ihren Namen zurück, die Privilegien der Bewohner waren dahin, die geheime Fabrik stellte die Verarbeitung von Uran kurzerhand ein, und wer die estnische Staatsangehörigkeit erlangen wollte, musste Estnisch sprechen können. Da das vor Ort jedoch kaum jemand konnte und sich heute noch viele Einwohner als Russen fühlen, blieb Sillamäe auch nach der Wende ein Ort bizarrer Identität, der sich weder so richtig estnisch noch russisch anfühlt, sondern irgendwie sowjetisch geblieben ist.

> ▶ *Tipp: Wer Lust auf das sowjetische Lebensgefühl hat und sich für Stalins Prunkarchitektur, heruntergekommene Industrieanlagen und uranverseuchte Strände interessiert, ist in Sillamäe genau richtig. Das städtische Museum in der Kajaka 17 ist der Stadtentwicklung gewidmet und zeigt, wie das Leben in der geheimen Stadt seinerzeit vonstattenging.*

Hier herrscht noch Disziplin an der Wäscheleine: Die Wäscheaufhängung ist nach Größe geordnet: Erst Socken, dann Unterwäsche und zuletzt Handtücher.

LANDPARTIE IN LETTLAND
Bis in die Puppen

Wer unter Automatonophobie (Angst vor Puppen, Wachsfiguren und allem, was den Anschein erweckt, ein fühlendes Wesen zu sein) leidet, sollte besser einen Bogen um Sabile machen. Das hübsche Städtchen ist bekannt für seinen süßen Weinberg (der nördlichste Europas!) und rühmt sich mit der ältesten Kirchenglocke Lettlands (das ist doch schon mal was!). Doch Obacht: Wer nonchalant durch den Ort streift und die Beschaulichkeit genießt, wird nahe der Hauptstraße jäh gestoppt. Unverhofft sieht man sich einer Horde von mehreren Hundert eigenartig vor sich hin lächelnder Puppen gegenübergestellt, die mir nichts, dir nichts im Garten herumstehen und so tun, als ob sie gerade alltägliche Dinge verrichten würden. Die Strohpuppen wurden allesamt von Daina Kucere angefertigt, die, auf den tieferen Sinn oder die Mission der Truppe angesprochen, stets schlicht mit: „Es sind einfach nur Puppen", antwortet. Dabei weiß doch jeder, der „Chucky, die Mörderpuppe" gesehen hat, dass Puppen eigentlich nie einfach nur Puppen sind …

VIIVIKONNA

Die Stadt, die

> „Denn alles, was entsteht, ist wert, dass es zugrunde geht."
>
> Mephisto

Viivikonna gilt als eine der schönsten, wenn nicht gar als die schönste Geisterstadt Estlands. Vor dem Zweiten Weltkrieg war Viivikonna ein einfaches und verschlafenes Örtchen. Nach dem Krieg wurde die Stadt von deutschen Kriegsgefangenen im stalinistischen Baustil aufgebaut, industrialisiert und in eine Minenstadt umfunktioniert. Doch bereits kurz nachdem die Stadt 1955 fertiggestellt war, begann der Verfall. Als die Mine 1974 geschlossen wurde, ging es weiter bergab, und mit dem Ende der Sowjetunion war dann auch das Schicksal Viivi-

nicht existiert

konnas endgültig besiegelt: Die Menschen verließen die Stadt, um andernorts Arbeit und Unterkunft zu finden. Spätestens als Anfang der 2000er-Jahre Elektrizität und fließend Wasser eingestellt wurden, war der Status als Geisterstadt erreicht. Wer heute Viivikonna besucht, dem stehen alle Türen offen (sofern sie noch erhalten sind), sodass man die Überreste des stalinistischen Baustils von allen Seiten betrachten kann. Vor allem aber lädt der Ort dazu ein, über die Vergänglichkeit der Dinge und des Lebens an sich zu philosophieren. Wer Sorge trägt, ob des verfallenen Zustands ins Melancholisch-Schwermütige abzugleiten, dem sei an dieser Stelle eine Passage von Sigmund Freud aus seiner Schrift „Vergänglichkeit" aus dem Jahre 1916 ans Herz gelegt: „Aber ich bestritt dem pessimistischen Dichter, dass die Vergänglichkeit des Schönen eine Entwertung desselben mit sich bringe. Im Gegenteil, eine Wertsteigerung! Der Vergänglichkeitswert ist ein Seltenheitswert in der Zeit. Die Beschränkung in der Möglichkeit des Genusses erhöht dessen Kostbarkeit."

Die Hauptstraße: In Viivikonna ist jeden Tag „Tag der offenen Tür".

DIE BALTISCHEN SPRACHEN
Kantri Musika mit Hotdogas

Die Zeit der Sowjetunion hat in den baltischen Sprachen Spuren hinterlassen – das betrifft sowohl das Vokabular als auch die Identifikation mit der eigenen Sprache. Heute werden Litauisch und Lettisch daher besonders gepflegt, und beide Völker sind stolz auf ihre Sprachen. In Lettland beherrschte in den 1990er-Jahren nur noch jeder Zweite die lettische Sprache, in der Hauptstadt Riga sogar nur noch jeder Dritte. Um dem entgegenzuwirken, wurde Lettisch als Amtssprache offiziell in der Verfassung des Landes verankert. In Litauen hat sich das Russische in den sowjetischen Zeiten zwar nicht so stark durchsetzen können. Dennoch gibt es auch hier die Sorge vor einer Überfremdung der Sprache, sodass eigens eine parlamentarische Kommission ins Leben gerufen wurde, die nicht nur über die Reinheit des Litauischen im Allgemeinen, sondern im Speziellen auch über die Aussprache von Radio- und Fernsehmoderatoren wacht.

Und hier heißt es aufgepasst: Wer sich an der Sprache vergeht, muss laut litauischem Sprachengesetz mit Strafen von bis zu 400 Euro rechnen. Schließlich gehört das Litauische zu den ältesten und urtümlichsten Sprachen innerhalb der indogermanischen Familie (Glückwunsch!), und Linguisten in aller Welt begeistern sich über ihre Nähe zur Ursprache Sanskrit. Gut, es soll Leute geben, die meinen, dass Sprache etwas Lebendiges ist, was sich permanent entwickelt und sich nicht mit Gesetzen einzwängen lässt, und dass Linguisten ähnlich wie die Langusten eine putzige Spezies sind, vor der man sich im ungekochten Zustand in Acht nehmen sollte – aber seien wir ehrlich: Die Versuche, ausländische Spracheinflüsse fernzuhalten, stellen auf eine kuriose Weise auch eine sprachliche Bereicherung dar. Das weiß jeder, der schon mal ein paar leckere Hotdogas bei beschwingter Kantri Musika genossen hat. Bei Flüchen und Schimpfwörtern sieht die Sache interessanterweise anders aus. Hier vergibt die Kommission weder Vorschläge noch Strafen, weshalb vornehmlich auf Russisch oder Englisch geflucht wird. Obskur wird es, wenn es um ausländische Namen geht. Diese werden konsequent litauisiert und lettisiert bzw. „eingelitauischt" und „eingelettischt":

Džordžs V. Bušs	▶ lettisch für George W. Bush
Harijs Poters	▶ lettisch für Harry Potter
Vilijamas Šekspyras	▶ litauisch für William Shakespeare

| Helmutas Šmitas | ▶ litauisch für Helmut Schmidt |
| Gerhardas Šrėderis | ▶ litauisch für Gerhard Schröder |

Der Vollständigkeit halber sei erwähnt, dass die estnische Sprache vergleichsweise unspektakulär daherkommt. Sie ist weder mit dem Lettischen noch dem Litauischen verwandt und steht vielmehr dem Finnischen sehr nahe. Auf deutsche Muttersprachler macht Estnisch einen grundsympathischen Eindruck, was zum einen an den niedlichen Doppelvokalen wie zum Beispiel bei „Rüütli" (Ritter) oder „Kuusepuu" (Fichte) und zum anderen an den vielen deutschen Lehnwörtern wie Kohver (Koffer), Kahvel (Gabel) oder auch Reisibüroo (Reisebüro) liegt.

Dos and Don'ts

Schnaps mit Schnaps verdünnen
Das lettische Nationalgetränk nennt sich „Riga Melnais Balzams", der schwarze Balsam Rigas. Das Gebräu geht auf ein Geheimrezept aus dem 18. Jahrhundert zurück und besteht unter anderem aus Wermut, Muskat und Heidelbeeren. Der Likör hat einen Alkoholgehalt von 45 % und wird allgemein als ungenießbar eingestuft. Doch davon lässt sich der findige Lette natürlich nicht schrecken und verdünnt seinen Schnaps daher gern mit Wodka oder Obstbränden.

Blumen mitbringen
Wer in Estland jemanden privat besucht, sollte unbedingt einen Strauß Blumen für die Gastgeberin dabeihaben. Doch Obacht: Schenken Sie keine roten Nelken, diese rufen unangenehme Erinnerungen an die Sowjetzeit hervor. Genau so wichtig: Schenken Sie die Blumen immer in ungerader Zahl, lediglich bei Beerdigungen sind gerade Zahlen angebracht.

Socken ohne Löcher
In den baltischen Ländern gilt es wie in den meisten nordischen Ländern als unhöflich, die Wohnräume mit Schuhen zu betreten.

Kleinreden
Sicher, Estland ist kein riesiges Land. Dennoch mögen es die Esten nicht, wenn man ihr Land als klein bezeichnet. Ist ja auch richtig: San Marino, Monaco und sogar Belgien sind kleiner.

In der Republik Užupis folgt man ungern allzu starren Regeln. Das gilt auch für die Fassadenbemalung.

STAAT IM STAAT
Republik Užupis

Auf einer beschaulichen Halbinsel inmitten von Litauens Hauptstadt Vilnius ist die Welt aus ihren Angeln gehoben: Hier liegt die unabhängige Republik Užupis, welche Ende der 1990er-Jahre von einer Künstlerkolonie gegründet wurde. Užupis hat ihre eigene Verfassung, eine eigene Währung und eine eigene Flagge. Sie hat einen unabhängigen Präsidenten und hatte sogar eine zwölf Mann starke Armee, welche aber wieder aufgelöst wurde, weil niemand Angst vor ihr hatte. Wer Užupis betritt, wird von einem Schild auf die wichtigsten Grundregeln hingewiesen, hierzu gehören unter anderem „Bitte lächeln" (der Präsident möchte dem mürrischen Gesichtsausdruck vieler Zeitgenossen entgegenwirken) sowie ein generelles Tempolimit von 20 km/h. Rein äußerlich ist Užupis ein typisch osteuropäisches Altstadtviertel mit schönen alten Häusern, hübschen Hinterhöfen, engen Gassen, Antiquitätenläden und Kunstgalerien. Wer sich jedoch die Artikel der Verfassung anschaut, welche am Parlamentsgebäude – dem Café „Užupis Kavine" – angebracht sind, merkt schnell, dass er hier an einem ganz besonderen Ort angekommen ist.

DIE VERFASSUNG DER REPUBLIK UŽUPIS

01. Jeder Mensch hat das Recht, beim Fluss Vilnia zu leben, und der Fluss Vilnia hat das Recht, an jedem vorbeizufließen.
02. Jeder Mensch hat das Recht auf heißes Wasser, Heizung und ein gedecktes Dach.
03. Jeder Mensch hat das Recht zu sterben, aber das ist keine Pflicht.
04. Jeder Mensch hat das Recht, Fehler zu machen.
05. Jeder Mensch hat das Recht, einzigartig zu sein.
06. Jeder Mensch hat das Recht zu lieben.
07. Jeder Mensch hat das Recht, nicht geliebt zu werden, aber nicht notwendigerweise.
08. Jeder Mensch hat das Recht, gewöhnlich und unbekannt zu sein.
09. Jeder Mensch hat das Recht, faul zu sein.
10. Jeder Mensch hat das Recht, eine Katze zu lieben und für sie zu sorgen.
11. Jeder Mensch hat das Recht, nach dem Hund zu schauen, bis einer von beiden stirbt.
12. Ein Hund hat das Recht, ein Hund zu sein.
13. Eine Katze ist nicht verpflichtet, ihren Besitzer zu lieben, aber muss in Notzeiten helfen.
14. Manchmal hat jeder Mensch das Recht, seine Pflichten nicht zu kennen.
15. Jeder Mensch hat das Recht auf Zweifel, aber das ist keine Pflicht.
16. Jeder Mensch hat das Recht, glücklich zu sein.
17. Jeder Mensch hat das Recht, unglücklich zu sein.
18. Jeder Mensch hat das Recht, still zu sein.
19. Jeder Mensch hat das Recht zu vertrauen.
20. Niemand hat das Recht, Gewalt anzuwenden.
21. Jeder Mensch hat das Recht, für seine Unbedeutsamkeit dankbar zu sein.
22. Niemand hat das Recht, eine Ausgestaltung der Ewigkeit zu haben.
23. Jeder Mensch hat das Recht zu verstehen.
24. Jeder Mensch hat das Recht, nichts zu verstehen.
25. Jeder Mensch hat das Recht zu jeder Nationalität.
26. Jeder Mensch hat das Recht, seinen Geburtstag nicht zu feiern oder zu feiern.
27. Jeder Mensch sollte seinen Namen kennen.
28. Jeder Mensch kann teilen, was er besitzt.
29. Niemand kann teilen, was er nicht besitzt.
30. Jeder Mensch hat das Recht, Brüder, Schwestern und Eltern zu haben.
31. Jeder Mensch kann unabhängig sein.
32. Jeder Mensch ist für seine Freiheit verantwortlich.
33. Jeder Mensch hat das Recht zu weinen.
34. Jeder Mensch hat das Recht, missverstanden zu werden.
35. Niemand hat das Recht, jemand anderem die Schuld zu geben.
36. Jeder hat das Recht, individuell zu sein.
37. Jeder Mensch hat das Recht, keine Rechte zu haben.
38. Jeder Mensch hat das Recht, keine Angst zu haben.
39. Lass dich nicht unterkriegen!
40. Schlag nicht zurück!
41. Gib nicht auf!

KULT UM DIE KREUZE
Kreuzberg liegt im Baltikum

In Litauen und in Estland haben sich zwei Hügel etabliert, welche beide unter dem Namen „Kreuzberg" auf sich aufmerksam machen. Während die litauische Variante aus Kreuzen aller Art, Couleur und Materialien besteht, ist der estnische Berg rein hölzernen und handgemachten Kreuzen vorbehalten. Rund 12 km nördlich der Stadt Siauliai liegt der litauische Kreuzberg. Er beherbergt mehr als 100.000 Kreuze – Tendenz zunehmend. Während der Sowjetzeit entwickelte sich der Berg zu einem Symbol des Widerstands: Jedes Mal, wenn sowjetische Bulldozer den Berg geräumt hatten, wurde der Hügel innerhalb kurzer Zeit wieder neu aufgebaut. Auch heute wird der Berg jährlich von Tausenden von Pilgern besucht, die Kreuze mitbringen und diese an Ort und Stelle ablegen bzw. einstecken oder anhängen. Der estnische Kreuzberg liegt in Ristimägi auf der Insel Hiiumaa, westlich von Tallinn. Er ist kleiner als sein litauischer Bruder und steckt ebenfalls voller Symbolik: Jeder Besucher des Hügels ist eingeladen, ein einfaches hölzernes Kreuz zu basteln und dieses in den Boden zu stecken. Der Brauch geht auf das Jahr 1781 zurück und hat ebenfalls etwas mit Russland zu tun: In alter Zeit lebten viele Schweden auf Hiiumaa, die ihres Zeichens freie Bürger waren und im Unterschied zu estnischen Leibeigenen keinen Frondienst zu verrichten hatten. Dieses kam bei den Gutsherren erwartungsgemäß nicht so gut an, was Zarin Katharina II. im Jahr 1781 dazu veranlasste, die schwedische Gemeinde kurzerhand in die Ukraine zu deportieren. Bei einem letzten Gottesdienst beteten die Schweden damals auf dem Berg und errichteten die ersten hölzernen Kreuze, bevor sie in die Ukraine verfrachtet wurden.

Und der Papst war auch schon da. Bei seinem Besuch 1993 kündigte Johannes Paul II. den Bau eines Klosters neben dem Kreuzberg an. Nach nur zweijähriger Bauzeit stiftete der Vatikan zur Eröffnung ein großes Kreuz – wie originell.

Hier droht kein Papstbesuch: In Estland hinterlässt man bescheidene Holzkreuze. Besucher sind ausdrücklich aufgerufen auch eines zu basteln!

Polen

„Lob und Kohl schmecken gut,
aber sie blähen auf."

POLNISCHES SPRICHWORT

RECHT ALLGEMEINE REISEINFORMATIONEN
Eintopf mit Autobahnanschluss

Leider wissen die meisten Deutschen von Polen genauso viel wie über **die ehemalige sowjetische Teilrepublik Transnistrien**: Es liegt irgendwo im Osten, aber noch vor Russland. Dabei ist Polen mit 59.000 Tonnen Deutschlands **Hauptlieferant für Grillkohle** und hat seit einigen Jahren Paraguay von Platz eins verdrängt (Glückwunsch!). Polen bietet dem Touristen eine Rundum-sorglos-Infrastruktur:

1. Noch im Jahr 2007 war **das polnische Autobahnnetz** zweieinhalbmal kleiner als das der Schweiz. Von 2007 bis zur Fußball-EM 2012 wurde das Autobahnnetz nahezu verdoppelt – was den Polen sehr gefiel. Gäste aus aller Welt kamen mit dem Auto bequem zu den Stadien und konnten erleben, wie die polnischen Kicker als **Gruppenletzter in der Vorrunde** auschieden – was den Polen weniger gefiel.

2. „Von allen Gemüsesorten mag ich am liebsten Kotelett", sagt man in Polen gerne. **Die polnische Küche** bietet handfeste Spezialitäten, die aber durchaus pflanzliche Anteile haben können: **Żurek**, eine säuerlich-würzige Suppe aus vergorenem Roggenschrot, **Flaki**, ein Innereiengericht aus geschnittenem Rinderpansen, **Kaszanka**, eine Blutwurst mit Graupen, oder **Bigos**, ein lang haltbarer Sauerkraut- und Weißkohleintopf.

3. Im Gegensatz zu deutschen Supermärkten kann man in den polnischen auch **einzelne Klopapierrollen** kaufen – was aber in keinem Zusammenhang zu Punkt zwei stehen soll.

4. Sollten Sie während des Aufenthaltes Bedarf an einer Teufelsaustreibung haben, dann bietet Polen europaweit die beste Versorgung an **Exorzisten**. Rund 120 Männer Gottes kämpfen gegen das Böse!

120 % der Polen sind **katholisch** – der Rest sind fanatische Anhänger des Papstes. Alle zusammen sind sie aber ein liebevolles, knuffeliges und sehr gastfreundliches Volk, das eine mit vielen **Zisch- und Raschellauten** ausgestattete Sprache spricht – Vokale werden dabei nur im äußersten Notfall benutzt! Wer als Deutscher den Satz „**W Szczebrzeszynie chrząszcz brzmi w trzcinie**"* unfallfrei aussprechen kann, wird von allen Szczebrzeszyniern und Szczebrzeszynierinnen papstähnliche Verehrung erfahren!

*Zu Deutsch: In Szczebrzeszyn quakt der Käfer im Schilf

JESUSMARIA!
Polen hat den größten!

Rio, nimm das! Die weltweit größte Jesus-Statue steht nicht etwa in Brasilien, sondern in Świebodzin nahe der deutsch-polnischen Grenze. Sie misst 36 Meter (immerhin 6 Meter mehr als ihr brasilianisches Pendant) und wiegt 400 Tonnen. Der Riesenjesus besteht überwiegend aus Stahlbeton, und insgesamt wirkt die ganze Angelegenheit ein bisschen wie „Nänänänä, unsere Statue ist größer als eure". Die Idee zu dem Bau entstand im Jahre 2007, kurz nachdem damals in Lissabon die „Neuen Sieben Weltwunder" bekannt gegeben wurden. Im Anschluss hatte der polnische Pfarrer Sylwester Zawadzki die Eingebung, dass es an der Zeit sei, ein neues Weltwunder zu planen, und da ihm offenbar gerade nichts Neues einfiel, dachte er sich vermutlich: „Gute Leute, wir machen das so: Wir nehmen einfach ein Weltwunder, welches es schon gibt, bauen das nach und machen es einfach größer – das müsste reichen." Bisher ist diese Rechnung noch nicht aufgegangen, doch auch wenn der polnische Jesus noch keinen Weltwunderstatus erreicht hat, kann man ja mal vorbeischauen und Hallo (oder Grüß Gott) sagen.

*Blick von der **weltweit größten** Jesus-Statue im polnischen Świebodzin.*

*Blick vom Corcovado. Mit plumpen Tricks wie Sonnenuntergängen versucht man in Rio von der Tatsache abzulenken, dass man sich hier eigentlich nur auf der **weltweit sechstgrößten** Jesus-Statue befindet. Jedes Jahr fallen Millionen darauf rein.*

Seid umschlungen, Millionen! Unter der Statue errichtete man auch gleich ein Hotel. Die Preise sind ganz christlich: Zimmer gibt es ab 30 Euro.

ESSEN UND TRINKEN
Guter Bulle, böser Bulle

Wer zu später Stunde um die Häuser zieht und bei der Getränkebestellung alles richtig machen möchte, dem sei ein „Tatanka" ans Herz gelegt. Hinter diesem kraftvoll und zugleich geheimnisvoll klingenden Namen verbirgt sich eines der beliebtesten Szene-Getränke Polens. Das Rezept ist denkbar einfach: Man nehme Żubrówka Wodka, mische diesen mit Apfelsaft, werfe ein bisschen Eis dazu, und fertig ist das magische Getränk. Tatanka bedeutet so viel wie Büffel oder Bulle und ist ein durchaus angebrachter Name, da der Żubrówka (gesprochen: Jubruwka) kein gewöhnlicher Wodka ist.

Bei der Herstellung wird der Wodka durch die Zugabe von Büffelgras (Hierochloe odorata) aromatisiert, dessen Cumarin ihm sein typisches Waldmeisteraroma verleiht. Charakteristisch sind ein in der Flasche enthaltener Grashalm sowie eine leicht grünliche Färbung. Das Büffelgras wächst nur in bestimmten Regionen Polens und ist sagenumwoben. So sind viele Tatanka-Trinker fest davon überzeugt, dass der Wodka nur dann seinen richtig guten Geschmack entwickeln kann, wenn zuvor ein Büffel auf den Grashalm gepinkelt hat. Dieser Zusammenhang konnte bisher wissenschaftlich (noch) nicht nachgewiesen werden, andere Fakten sind jedoch unumstritten und eignen sich bestens für jedes Partygespräch.

In freier Wildbahn nur ganz selten anzutreffen: ein polnischer Waschbär, der beobachtet, wie ein Wisent auf eine Büffelgraswiese pinkelt. Angeblich gelangt nur so das Aroma in den „Żubrówka".

Grundkurs-Partywissen
Der Name des Wodkas leitet sich von dem polnischen Wort für Wisent, „Żubr" ab.

Leistungskurs-Partywissen
Tatanka bedeutet in der Sprache der Sioux-Indianer „Bison".

Partywissen Spezial
William Somerset Maugham schrieb über den Żubrówka in seinem Roman „Auf Messers Schneide", dass „der Wodka einen Geschmack wie frisches Heu hat, wie Frühlingsblumen, Thymian und Lavendel, ungewöhnlich fein und weich. Trinkt man diesen Wodka, so überkommt einen das Gefühl der Glückseligkeit, wie beim Musikhören im Mondlicht."

Nerd-Partywissen
Der Name des berühmten Sioux-Medizinmanns und Häuptlings Sitting Bull lautet in der Sprache der Sioux „Tatáŋka Íyotake", welches als „Tatanka Yataka" ausgesprochen wird. Der Name Sitting Bull bzw. Sitzender Bulle ist an sich nicht ganz korrekt übersetzt, passender wäre „der sich setzende Bulle". In seiner Kindheit trug Sitting Bull übrigens zunächst den Namen „Jumping Badger" (Springender Dachs). Nachdem er im Alter von 14 erstmals als tapferer Krieger in Erscheinung trat, erhielt er den Namen Sitting Bull von seinem Vater, welcher den Namen Jahre zuvor selbst nach einer Vision angenommen hatte und sich nach der Umbenennung seines Sohnes fortan Jumping Bull nannte.

Der stets gut gelaunte Sioux-Indianer „Tatanka" ist Namenspate des Wodkas. Erstaunlich: Er hat Polen zu Lebzeiten nie besucht.

Zum Selbermachen: Einfach etwas Büffelgras in den Wodka geben, ein paar Wochen warten und dann: Na Katastrowie!

Ist es eine Rusalka
oder doch einfach nur eine mysteriöse Frau in einem geklöppelten Hochzeitskleid mit silbernem Haarreif, wie man sie so häufig an polnischen Seen im hüfthohen Wasser antrifft?

DIE GEFAHR AUS DER TIEFE

Vorsicht vor den hübschen Polinnen!

Die Schönheit der polnischen Mädchen ist weltbekannt, und manch Reisender hat in Polen seine große Liebe gefunden. Doch aufgepasst: Wer während eines lauschigen Waldspaziergangs an einem See vorbeikommt und hier eine Schönheit auf einem Ast am Ufer sitzen sieht, der sollte schnellstens drei Punkte abprüfen: 1.) Ist die Frau von atemberaubender Schönheit? 2.) Hat sie lange Haare und ist womöglich gar dabei, diese zu bürsten oder zu flechten? 3.) Singt oder summt sie eine hübsche Melodie vor sich her? Falls eine der drei Fragen oder gar alle mit „Ja" beantwortet werden können, so heißt es: Ohren zuhalten und weglaufen. Denn was da verführerisch am Ufer wartet, ist kein amouröses Abenteuer, sondern der sichere Tod. Das Mädchen dürfte aller Wahrscheinlichkeit nach kein menschliches Wesen, sondern eine Rusalka sein. Und die haben es faustdick hinter den (wunderschönen) Ohren. Der slawischen Mythologie zufolge sind Rusalken ertrunkene Jungfrauen oder vom Wodjanoi (dem männlichen Gegenstück zur Rusalka) in sein Unterwasserreich gewaltsam entführte Frauen. Wenn ein Mann einer verführerischen Rusalka begegnet, so kann er ihrem Liebreiz nicht entkommen. Sobald er sich ihr nähert, wird sie ihn mit ihrem langen Haar zunächst umgarnen, um ihn dann wenige Augenblicke später mit exakt diesem Haar auf den Grund des Sees zu ziehen und ihn so zu ertränken. Sollte es dem Mann wider Erwarten gelingen, sich am Grund aus den Haaren zu befreien, so wird die Rusalka ihre fieseste Waffe zum Einsatz bringen und den Mann zu Tode kitzeln.

Gut zu wissen: Der Legende nach kommt es vor, dass die Rusalken dem vermeintlichen Opfer vor Ausführung der Haarattacke zunächst drei Fragen stellen. Sofern alle drei Fragen richtig beantwortet werden, darf der Mann in Ruhe von dannen ziehen. Es ist ein bisschen wie bei „Wer wird Millionär", nur dass die Fragestellerinnen noch hübscher sind als Günther Jauch und dass der Kandidat kein Geld, sondern sein Leben gewinnen kann. Da diese Situation nicht ganz stressfrei ist und man sich auch nicht so richtig auf die Fragen der Rusalken vorbereiten kann, sei dem Waldwanderer in Polen ein alter dialektischer Trick aus der Feder des großen Arthur Schopenhauer nahegelegt: Wenn du eine Frage nicht beantworten kannst, so verwirre dein Gegenüber mit einer Gegenfrage. Im Gespräch mit einer Rusalka würde sich zum Beispiel folgende anbieten: Wer singt auf dem Album „Opera Arias" aus dem Jahre 2003 das Stück „Lied an den Mond" aus Antonín Dvořáks Oper „Rusalka"? Die richtige Antwort lautet: Anna Netrebko (die übrigens wirklich wunderschön ist und, auch wenn sie lange Haare hat und bezaubernd schön singen kann, keine Rusalka ist).

DOS AND DON'TS

Achtung Aberglaube!

Nie die Handtasche auf den Boden stellen!
Die Polen sind mitunter sehr abergläubisch. So glaubt man, dass bei Frauen, die ihre Handtasche auf den Boden stellen, das Geld aus eben diesen herauslaufen würde. Doch egal ob Aberglaube oder nicht – unbeaufsichtigt abgestellte Handtaschen sind weltweit dafür bekannt, plötzlich zu verschwinden.

Nicht über der Türschwelle die Hand geben!
Auch hier schlägt der polnische Aberglaube zu. Nichts bringt einem mehr Unglück ein, als sein Gegenüber über die Türschwelle hinweg mit einem Handschlag zu begrüßen.

Nicht in geschlossenen Räumen pfeifen!
Ein Verstoß gegen dieses Gebot führt nicht nur zur totalen Verarmung des Pfeifenden, sondern zieht unweigerlich auch den Bankrott sämtlicher Hausbewohner nach sich. (Im Wald zu pfeifen ist übrigens gestattet, weder die Tiere noch der Pfeifende müssen hier mit finanziellen Konsequenzen rechnen.)

Keinen Wodka mögen
Falls Sie keinen Wodka mögen, sind Diplomatie und Feingefühl gefragt. Wer Sätze wie „O nein, nur das nicht – ich trinke niemals Wodka!" von sich gibt, kann gleich nach Hause gehen.

Nicht rasen wollen
Auf den Landstraßen Polens liegt die zulässige Höchstgeschwindigkeit bei 90 km/h. Wer beim Betrachten des Zustands der Straßen diese Obergrenze für leicht zu hoch angesetzt hält, wird feststellen, dass die Polen hier eine andere Einschätzung an den Tag legen. „Wer später bremst, kommt früher an", lautet das Motto, und Geschwindigkeiten von 140 km/h sind keine Seltenheit. Wer als Tourist nicht mitrasen möchte und vielleicht auch ob der vielen hölzernen Kreuze, welche in unregelmäßigen Abständen die Seitengräben zieren, eingeschüchtert ist, sollte stets ein Auge auf den Rückspiegel richten. Wenn sich von hinten ein pesender Pole nähert, heißt es rechts halten und wegducken. Der Überholende wird es Ihnen nach geglücktem Manöver mit kurzem Einsatz des Warnblinkers danken.

Polen nicht im Osten verorten
Behaupten Sie nicht, dass Polen im Osten liegt – das hört man gar nicht gerne. Das Land sieht sich als einen natürlichen Teil Mitteleuropas und hat zu der östlichen Großmacht Russland seit jeher ein angespanntes Verhältnis, weshalb man sich lieber an die Seite der Europäer, am liebsten aber in den Schoß der Amerikaner kuscheln möchte. Dass dieses Kapitel im Osteuropateil dieses Buches untergebracht ist, kann man an dieser Stelle nur bedauern.

Der polnische Abgang

Wer kennt es nicht: Man ist auf einer Party unterwegs, kommt aber entweder nicht so richtig rein oder hat gar das Gefühl, dass der Abend seinen Höhepunkt bereits hinter sich hat. Es bieten sich in dieser Situation drei Möglichkeiten:

1. Ein letztes Bier zu trinken, was meist aber eh nichts mehr bringt.

2. Sich von der lallenden Freundin noch einmal in aller Ausführlichkeit das Drama mit ihrem Exfreund erzählen zu lassen.

3. Sich unauffällig von dem Geschehen zurückzuziehen und ohne große Geste das Weite zu suchen.

Die dritte Variante wird im Deutschen gern als „polnischer Abgang" bezeichnet. In Polen wird diese Form des Davonschleichens interessanterweise als englischer Abgang bezeichnet, wohingegen die Briten vom französischen Abgang sprechen. Es sind immer die anderen, die sich davonmachen! Doch wie dem auch sei: Das grußlose Entschwinden nimmt einem heutzutage niemand mehr übel. Die meisten Mitpartygäste können sich am nächsten Morgen eh nicht mehr an das Ende des Abends erinnern („Wer sich dran erinnert, war nicht dabei!"), und falls doch einer Ihr Davonschleichen bemerkt haben sollte, nimmt er es Ihnen gewiss nicht lange krumm (außer vielleicht, wenn es sich um eine Abendveranstaltung unter vier Augen gehandelt hat; in so einem Falle sollte man versuchen, einen anderen Weg der Verabschiedung zu finden).

Ein krummer Baum kommt ja mal vor, aber gleich ein ganzer Wald? Was haben sich diese Kiefern wohl dabei gedacht? Botaniker stehen vor einem kaum lösbaren Rätsel, nehmen es den Bäumen aber nicht krumm.

BOTANISCHES RÄTSEL

Wo die krummen Kiefern stehen

Rund fünf Kilometer von der deutsch-polnischen Grenze entfernt befindet sich das wohl rätselhafteste Naturdenkmal Polens. Der Krzywy Las (zu deutsch: Krummer Wald) ist ein rund 1,7 ha großes Waldstück, welches zum Dorf Nowe Czarnowo in der Gemeinde Gryfino gehört. Die staatliche Nachrichtenagentur PAP beschrieb den Forst als einen „einmaligen und mysteriösen Ort", und in der Tat: Wer auf die Kiefern stößt, die in der Form eines umgedrehten Fragezeichens zum Himmel stehen, fragt sich unweigerlich, was es damit auf sich hat. Der Wald wurde mehrfach wissenschaftlich vermessen, sodass die merkwürdigen Bäume exakt beschrieben sind: Es handelt sich um rund 400 Kiefern im Alter von 70 bis 80 Jahren, die in einer Höhe von 40 Zentimetern über dem Boden zu ziemlich genau 90 Grad gekrümmt sind. Die Stämme wachsen dann in einem Bogen bis zu einer Höhe von zwei bis drei Metern, um ab dann wie eine normale Kiefer senkrecht nach oben weiterzuwachsen. So weit, so gut, allein die Frage nach der Ursache dieser bizarren Wuchsform konnte bis heute nicht geklärt werden, und so ranken sich die unterschiedlichsten Theorien um deren Entstehung. Eine besagt, dass die Bäume seinerzeit von Menschen verformt wurden, um die Hölzer später zum Bau von Schiffen verwenden zu können. Eine andere Auslegung geht davon aus, dass einst ein findiger Förster mit Weihnachtsbäumen handelte und eine Technik entwickelte, bei der zunächst ein Weihnachtsbaum oberhalb eines Seitentriebes geschlagen wird. Dieser Seitentrieb sollte dann weiterwachsen und gemäß dem Motto „Nimm zwei" einen zweiten Weihnachtsbaum hervorbringen. Eine weitere Theorie geht davon aus, dass die Bäume infolge eines Schneesturmes durch lang aufliegende Schnee- oder Eismassen im jungen Alter verformt wurden. Neben diesen mehr oder weniger logischen Erklärungsversuchen ranken noch zahlreiche Verschwörungstheorien und mystische Begründungen um die unnatürliche Wuchsform.

Vielen gruselt es beim Anblick der deformierten Bäume, andere wiederum fragen sich einfach: „Wie geil ist das denn bitte?", ohne zu ahnen, dass sie mit ihrer Frage bereits eine biologische Begründung für die verkrümmte Wuchsrichtung geben. Schließlich verbirgt sich hinter dem Wörtchen „geil" noch eine zweite Bedeutung, die sich am besten mit „zum Lichte hinwachsen" zusammenfassen lässt. Botaniker bezeichnen dieses Phänomen, das allen Pflanzen innewohnt, als positiven Fototropismus. Soll heißen: Alle Pflanzen wachsen dem Lichte entgegen. (Das lässt sich gut an Kakteen nachvollziehen, die in Änderungsschneidereien und einfachen Gasthäusern auf zu dunklen Fensterbänken stehen.) Die Pflanzen machen ihre Verrenkungen nicht ohne Grund. Ziel ist es, möglichst viel Sonnenlicht zu erhaschen, da dieses für die Fotosynthese benötigt wird. Durch diesen Sachverhalt erklärt sich zumindest schon mal, warum die Kiefern des krummen Waldes nach der ersten Krümmung nicht weiter parallel zur Erdoberfläche gewachsen sind, sondern allesamt schnellstmöglich wieder den Weg in Richtung Sonne eingeschlagen haben. Warum sie aber zunächst parallel zum Waldboden gewachsen sind, bleibt weiterhin offen.

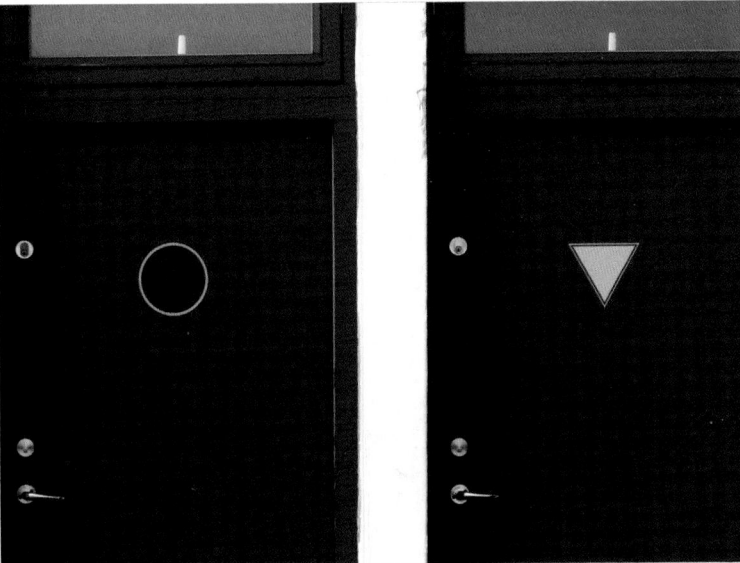

KNEIPENWISSEN
Kreis oder Dreieck?

Stellen Sie sich vor, Sie sitzen am Abend mit Freunden in Polen in der Kneipe. Die Stimmung ist gut, das Bier schmeckt, der Wodka auch. Nach einer Weile verspüren Sie das Bedürfnis, auf die Toilette zu gehen. Wichtig: Fragen Sie jetzt auf KEINEN FALL nach dem Weg zur Toilette. In Polen ist man bei diesem Thema ähnlich sensibel wie in den USA, und auch wenn natürlich jeder Mensch weiß, was man auf der Toilette wirklich macht, fragen Sie bitte immer, wo Sie sich DIE HÄNDE WASCHEN können. Wenn Sie diese erste Hürde erfolgreich genommen haben und bei den WCs angekommen sind, stellt sich die nächste Herausforderung. Sie stehen nun vor zwei Türen, von denen eine mit einem Dreieck und die andere mit einem Kreis versehen ist. In Polen werden die Geschlechter mit diesen Symbolen gekennzeichnet, und wer jetzt intuitiv annimmt, dass sich hinter dem Dreieck die Damentoilette verbirgt, irrt – hier haben nur Herren Zutritt. Wer mag, kann sich lustige Eselsbrücken überlegen, um die Symbole richtig zuordnen zu können – denn was bitte wäre peinlicher, als versehentlich jemanden vom anderen Geschlecht beim Händewaschen zu begegnen?

DENKMAL
Aleja Elvisa Presleya

Eine der bizarrsten und zugleich unbekanntesten Sehenswürdigkeiten Krakaus ist der Elvis Presley Gedenkstein. Er steht in der „Aleja Elvisa Presleya", die übersetzt Elvis-Presley-Allee heißt, in der Realität aber mit einer Allee nicht viel gemein hat. Auch die Bezeichnung „Straße" wäre zu hoch gegriffen für jenen Trampelpfad, der sich unscheinbar in den Wald von Zakrzówek schlängelt. Am besten findet man die „Gedenkstätte", wenn man von der „Praska"-Straße in die „Jana Pietruskinskiego"-Straße abbiegt und diese entlangläuft. An der Stelle, wo sie kurz vor dem Wald endet und man denkt, dass man sich verlaufen hat, ist man genau richtig. Jetzt einfach weitergehen und nach etwa 400 Metern zur linken Seite hin die Augen offen halten. Das Motto lautet: „Wer den King sucht, der wird den King finden", denn schließlich spielt das Suchen eine wesentliche Rolle beim Pilgern. Entstanden ist die Aleja Elvisa Presleya im Jahr 2006, nachdem Jan Blajda in seiner Funktion als Vizepräsident des Elvis-Presley-Fanclubs von Krakau offiziell den Antrag eingereicht hatte, in Gedenken an den King eine Straße nach ihm zu benennen. Nachdem die Stadt den Antrag überraschenderweise genehmigte, ließ Blajda kurzerhand vor Ort jenen Gedenkstein aufstellen, der heute das wahrscheinlich unbekannteste Elvis-Memorial der Welt darstellt.

Manchen Denkmälern sieht man ja nicht an, dass sie in Heimarbeit zusammengeschustert wurden – diesem schon. Immerhin: Der im Kunstharz versenkte Elvis-Kopf ist die beste Han-Solo-Cryptonite-Imitation seit Star Wars IV.

KRAKAUER DACKELPARADE

Ja, wo dackeln sie denn?

Es ist eine Mischung aus Love Parade, Ostermarsch und Karneval: Wenn in Krakau die alljährliche Dackelparade steigt, kommt es zu den merkwürdigsten Szenen. Bunt kostümierte Hunde, jede Menge Dackelliebhaber sowie Tausende von Leuten, die einfach nur feiern wollen, drängen sich in der Krakauer Innenstadt und begleiten den rund einen Kilometer langen Dackelumzug. Was keiner der anwesenden Hunde ahnt: Der bunte Zirkus hat politische Wurzeln. Die Geschichte des marsz jamników, so heißt die Dackelparade auf Polnisch, reicht zurück in die kommunistische Vergangenheit des Landes. Die Legende erzählt, dass im Jahre 1973 die ersten kostümierten Dackel durch Krakau geführt wurden, um die traditionellen 1.-Mai-Umzüge der Kommunisten zu parodieren. Wer genau auf die nicht unbedingt naheliegende Idee gekommen ist, ausgerechnet mit verkleideten Dackeln gegen das Regime aufzubegehren, ist heute nicht mehr ganz nachvollziehbar; man vermutet die Urheber im Künstler- und Intellektuellenumfeld. Heutzutage bellt kein Hund mehr nach den politischen Ursprüngen, was wohl auch daran liegen mag, dass Hunde sich heute einfach nicht mehr so für Politik interessieren.

LAND UND LEUTE
Verboten frei: Polski Jazz

Zu zeiten des Kalten Krieges hatten die Amerikaner eine Geheimwaffe entwickelt, die unter anderem in Polen zum Einsatz kam: Jazz. Über den Radiosender „Voice of America" wurde die Musik bis weit hinter den Eisernen Vorhang ausgestrahlt. „Wenn wir den Osten nicht mit der Waffe erobern können, dann tun wir das eben mit der Jazztrompete", lautete die Strategie. Die Musiker in Polen spielten die verbotene Musik nach und entwickelten diese im Untergrund weiter, sodass sich mit der Zeit eine eigene Stilrichtung entwickelte, der „Polski Jazz". Je stärker das kommunistische Regime gegen die Jazzer vorging, desto mehr entwickelte sich der Musikstil zu einer Ausdrucksform des Strebens nach Freiheit. Auch heute noch spielt Jazz eine herausragende Rolle in Polen. Insbesondere in Krakau hat sich eine der lebendigsten Jazz-Szenen Europas etabliert. Allein im Bereich des weitläufigen Marktplatzes mit seinen alten Prachtbauten und Gewölbekellern sind mehr als 200 Lokale und Clubs angesiedelt. Die Dichte an Clubs, Restaurants und Cafés sei höher als die von New York oder New Orleans, so schwärmen die ansässigen Musiker. Hier, in den Kellern unter der Stadt, lässt sich erahnen, wie der Polski Jazz einst entstanden ist und wie es sich angefühlt haben muss, als dieser heimlich in den Katakomben gespielt wurde.

► *Tipp: Jazz Summer Festival Krakau: Jeden Sommer finden hier mehr als 60 Konzerte mit nationaler und internationaler Starbesetzung statt. Das Festival ist das größte Jazzfestival Polens und eines der größten in Europa. www.cracjazz.com*

Tschechien

„Alle Esel sind grau, auch die mit zwei Beinen."

TSCHECHISCHES SPRICHWORT

AUSSERORDENTLICH ALLGEMEINE REISEINFORMATIONEN
Knödel auf der Karte

Für den Deutschen ist Tschechien auf der Landkarte noch immer ein merkwürdiges Wesen: ein irgendwie vertikal **gestauchter Knödel** mitten in der europäischen Landmasse. Da Tschechien erst 1993 als Staat gegründet wurde, blieb ohnehin kaum Zeit, ausreichend Stereotypen aus dem dünnen Allgemeinwissen über die Tschechen zu destillieren. Deshalb hier nur das Wichtigste: In der Regel verbindet man mit Tschechien **Bier und Knödel.** Natürlich steht es für weit mehr als das – zum Beispiel für Schweinebraten, Lendenbraten, Zwetschgenknödel, Marillenknödel und diverse andere Mehlspeisen. Die wahre Leidenschaft der Tschechen aber sind die Pilze. Kaum ein Volk hat einen so hohen Anteil **fanatischer Pilzsammler.** Jedes Jahr am **St.-Václav-Tag** beginnt die Invasion der Wälder. Dazu zwei Tipps: Bitte den Nationalheiligen St. Vaclav richtig aussprechen. Etwa so wie **„WAZ"** (die Zeitung) plus **„Love"** (die Liebe). Zweitens: Die tschechische Redewendung „Lass uns in die Pilze gehen" kann amouröse Hintergedanken haben und eine Einladung zu einem Rendezvous sein. Achten Sie also darauf, wer Sie in den Wald entführen will. Auch sonst geht es in Tschechien recht lustvoll zu:

1. Tschechiens bekanntester **Kettenraucher** ist im Hauptberuf tschechischer Staatspräsident. Überraschenderweise ist Tschechien auch das einzige Land Europas ohne Rauchverbote in Kneipen und Restaurants. Zufälle gibt es.

2. Der Tscheche ist mit 144 Litern **Weltmeister im Biertrinken**. Aber: In die Statistik geht auch **der Bierverbrauch der 7,3 Millionen ausländischen Touristen ein**, die während ihres Aufenthaltes schätzungsweise zwei Millionen Hektoliter Bier trinken. Zieht man die ab, trinkt der „echte" Tscheche nur noch 124 Liter pro Jahr! Was immer noch mehr ist als beim Durchschnittsdeutschen (106 Liter), aber weniger als beim Durchschnittsbayern (140 Liter).

Nur in Sachen **Religion** gibt man sich in Tschechien etwas bedeckt. Lediglich 20 Prozent sind offiziell als Mitglied einer christlichen Kirche gemeldet – europäischer Minusrekord. Bei einer Volkszählung gaben sogar einmal **15.070** Bürger an, zur Spaßreligion des **Jediismus** zu gehören. Für diese Freunde der Jedi-Ritter gilt: Es gibt in Tschechien nur „die Macht" und keinen „Gott". Außer **Karel Gott** – versteht sich.

SPRACHE
Lost in translation

Umudovat se
Die Gedanken sind frei, doch Obacht: So manchem ist beim Vor-sich-hin-Philosophieren schon schwindelig geworden. Im Tschechischen gibt es ein eigenes Wort für das, was passiert, wenn man nicht rechtzeitig mit dem Denken wieder aufhört. Das schöne Reflexivverb *umudovat se* steht für die Tätigkeit, sich selbst ins Irrenhaus zu philosophieren. Manchmal reichen schon vermeintlich einfache Fragestellungen, um sich an den Rand der Verrücktheit zu bringen. Zum Beispiel diese hier: Der Braumeister von Prag braut Bier für alle Prager, ausgenommen die, die selbst Bier brauen. Wessen Bier trinkt der Braumeister von Prag?

Prozvonit
Wer ab und an das Vergnügen hat, mit Rentnern zu telefonieren, wird feststellen, dass sich diese hinsichtlich ihrer Telefongewohnheiten in zwei Gruppen einteilen lassen. Die einen sind entspannt, genießen das Parlieren und nutzen die Gelegenheit, mal so richtig auszuholen und einen „auszuschnacken". Die anderen wirken schon bei der Begrüßung gehetzt, fallen gleich mit der Tür ins Haus und versuchen, das Telefonat möglichst schnell zu beenden. Schaut man sich das Verhalten der zweiten Gruppe genauer an, lässt sich feststellen, dass sich dieses in den meisten Fällen weniger auf Antipathie als vielmehr auf alte Gewohnheit zurückführen lässt.

Bis kurz vor Ende des 20. Jahrhunderts (also mehr oder weniger inmitten der Steinzeit) gab es noch keine „Flatrates" oder „All in One Smart around the World Home XXL Extra"-Tarife. Die Welt der Telefonie bestand aus Wörtern wie „Münzfernsprecher", „Telefonzelle" und „Ferngespräch", und ganz Ausgefuchste hatten gar Sanduhren neben ihren Telefonen stehen, um das Gespräch rechtzeitig vor Beginn des nächsten Abrechnungsintervalls beenden zu können. So zahlte man in den 1980er-Jahren für ein Ortsgespräch in Deutschland 23 Pfennig für acht Minuten; am Ende der acht Minuten machte es Klick, und man wusste, dass man den richtigen Zeitpunkt zum Auflegen verpasst hatte und nun noch rund siebeneinhalb Minuten reden konnte bzw. musste. Und während die junge Generation heutzutage kaum noch irgendetwas machen kann, ohne parallel zu telefonieren oder sich zumindest zeitgleich bei Facebook, Instagram und YouTube umzutreiben, gehen viele Ältere auch heute noch sparsam mit dem Telefon um. Die Tschechen haben ein eigenes Wort für jene Tätigkeit, die echte Sparfüchse geschickt anzuwenden wissen: „Prozvonit" steht für die Vorgehensweise, jemanden anzurufen, einmal klingeln zu lassen und schnell wieder aufzulegen, um dann darauf zu warten, dass der andere sich zurückmeldet (und für die Kosten des Gesprächs aufkommen muss).

JOHN LENNON

Give Peace A Chance

Wenn sich Soziopathen, Alkoholiker, Geisteskranke und westliche Agenten zusammentun, kann Großes entstehen. Diese Gruppierungen jedenfalls bezichtigte die kommunistische Regierung, für die Anfang der 1980er-Jahre in der „Velkopřevorské náměstí"-Straße entstandene John-Lennon-Mauer verantwortlich zu sein. Die Mauer war früher eine gewöhnliche Altstadtmauer in Prag. Kurz nachdem John Lennon 1980 erschossen wurde, malte ein Fan in der Nacht ein Porträt Lennons auf die Mauer und fügte das Zitat „Give peace a chance" aus einem Lennon-Song hinzu. Da westliche Musik in der damaligen Tschechoslowakei verboten war und die Freiheits- und Friedensbotschaften Lennons als Bedrohung empfunden wurden, ließ der Staat die Mauer „reinigen". Es dauerte jedoch nicht lange, bis sich neue Zitate und Graffitis auf der Wand befanden und die Mauer ins Zentrum des Widerstands rückte. Das „Spiel" zwischen Bemalen und Reinigen wiederholte sich mehrfach und erreichte seinen Höhepunkt, als es 1988 auf der Karlsbrücke zu einem Zusammenstoß zwischen Hunderten von Studenten und dem staatlichen Sicherheitsdienst kam. Die Widerstandsbewegung, die sich rund um die Mauer formierte, erhielt den offiziellen Namen Lennonismus. Auch heute noch wird die Wand permanent neu bemalt und beschrieben und gilt als Prags Wahrzeichen für Liebe und Frieden.

Friedensbewegte und Witzbolde pinnen hier ihre Botschaften: Von „Give peace a chance" über „Give cheese a chance" bis hin zum Spruch mit Bezug auf das aktuelle Bienensterben: „Give Bees a Chance".

Trendsport Schornsteinklettern

Vor neuen Trendsports sind nicht einmal mehr alte Industrieschornsteine sicher. In der „Czech Union of Chimney Climbers" haben sich rund 1.000 Freeclimber organisiert, die nicht nur aus Tschechien, sondern auch aus Schweden, Belgien, China oder Kamerun (!) stammen. Die Schornsteinfreunde begeistern sich nicht nur für das Erklimmen der leicht bröckelnden Ungetüme, sie bilden auch eine Lobby für den Erhalt der über 5.000 Industrieschornsteine Tschechiens.

MUSEUM
Auf jeden Topf passt ein Hintern

Die einen gehen auf die Toilette, die anderen aufs Klo. Wiederum andere gehen „aufn" Pott, auf den Thron oder Lokus, und wer sich gewählter ausdrücken möchte, der sucht ein WC auf. Wobei die wenigsten wissen, wofür das Kürzel eigentlich steht. WC ist die Abkürzung des Water Closet, welches im Jahr 1596 vom Engländer John Harrington erfunden wurde. Es dauerte jedoch noch eine lange Zeit, bis sich die Wasserspülung durchsetzen konnte. Bis dahin galten Nachttöpfe als Nonplusultra und waren für Reich und Arm ein vertrauter Freund beim Verrichten der Notdurft. Es gab Nachttöpfe in den unterschiedlichsten Ausführungen, mal schlicht, mal reich ornamentiert, aus Blech, Ton oder edlem Porzellan. Der aufmerksame Leser spürt: Das Thema ist ungeheuer spannend und faszinierend! Das jedenfalls dachte sich Jan Sedláček, als er begann, alte Nachttöpfe zu sammeln. Irgendwann hatte er dann so viele, dass er kurzerhand das Prager Museum für historische Toiletten und Nachttöpfe aufmachte. Hier lassen sich die unterschiedlichsten Typen und Formen der Toilette bestaunen, zum Beispiel der Nachttopf von Abraham Lincoln oder auch ein aus Steingut im klassischen Empirestil für Napoleon Bonaparte gefertigter Nachttopf. Viele Museumsbesucher stehen staunend vor den Exponaten und sagen Sätze wie: „Daraus essen wir sonntags immer unsere Suppe." Und in der Tat ist es für den unerfahrenen „Nutzer" oft schwierig, einen verzierten Nachttopf aus Porzellan von einer Suppenterrine für Feiertagsessen zu unterscheiden. Wer unsicher ist, darf seine Terrine gern mit ins Museum bringen; mit geschultem Blick hilft Sedláček die wahre Bestimmung der Behältnisse anhand von Wölbung, Kante, Griffzahl (Vitrinen haben meist zwei, Nachttöpfe nur einen) und Muster zu identifizieren.

First Nachttopf: Wenn Abraham Lincoln nachts mal rausmusste.

▶ *Museum historischer Toiletten und Nachttöpfe, Vyšehradská 12, Prag 2, Geöffnet: täglich außer montags 10 bis 18 Uhr, Eintritt: 150 CZK (ermäßigt 100 CZK)*

www.museum-toilet.com

UNTERWELT
Die Prager Bonzenbunker

Unter den Straßen und Häusern von Prag befindet sich eine Vielzahl von Bunkern, Katakomben und Geheimanlagen. Viele von ihnen rühren aus der Zeit des Kalten Krieges, und wer an einer Führung durch die ehemaligen Geheimanlagen teilnimmt, wird in die dunkle Epoche der Tschechoslowakei zurückversetzt, als die Kommunisten mit eiserner Faust das Land regierten. Die Bunker-Touren dauern rund zwei Stunden und vermitteln eindrucksvoll, wie das Leben zu Zeiten des kalten Krieges durch Geheimpolizei, politische Verfolgungen und Unterdrückungen geprägt wurde. Neben klassischen Führungen gibt es auch spezielle Party-Führungen, bei denen die Besucher einige der Exponate anfassen bzw. anziehen dürfen.

▶ *Tipp: Wer schon immer mal mit einer Kalaschnikow posen wollte oder vielleicht einfach nur ein neues Bewerbungsfoto braucht, sollte sich das Angebot der „Communism & Nuclear Bunker Tour" näher anschauen.*

Geschichte mit Bart: Wer den Abstieg in die Bunker wagt, kann den Kalten Krieg noch einmal erleben. In den Prager Bunkern sollten die Spitzen der Kommunistischen Partei einen Atomangriff überleben. In einigen waren sogar Abhöranlagen installiert – nur wegen einer nuklearen Katastrophe musste man ja nicht gleich aufhören, die Staatsfeinde zu belauschen.

MYSTERIÖSER ORT
Bedingt heilig: die Geister von Sankt Georg

Wer sich der Kirche von Luková nähert, merkt schnell, dass hier irgendetwas nicht ganz richtig ist. Das von einem Friedhof umgebene Gebäude ist stark zerfallen, die meisten Fenster sind zerborsten, und von den Wänden bröckelt der Putz. Beim Betreten der Kirche wird es dann richtig unheimlich: In dem von wenigen Kerzen erleuchteten Raum sitzen stumme Gestalten, allesamt in weiße Tücher gehüllt und mit verhangenem Gesicht. Die hier gespenstisch hockenden Gestalten sind nicht der Heilige Geist und seine Kumpels, sondern vielmehr die vom Künstler Jakub Hadrava erschaffenen Gespenster, die zwar sehr spooky rüberkommen, in Wirklichkeit aber Gutes im Schilde führen. Nachdem im Jahr 1968 während einer Beerdigungszeremonie das Dach der Kirche einstürzte, glaubten die Menschen, dass der Ort mit einem Fluch belegt sei. Sie hielten ihre Gottesdienste von diesem Zeitpunkt an unter freiem Himmel ab und überließen das vermeintlich verfluchte Gebäude seinem Schicksal. Das Gebäude verfiel von Jahr zu Jahr mehr und drohte endgültig zu verrotten. Um diesem entgegenzuwirken und Gelder für die überfälligen Instandsetzungsarbeiten zu gewinnen, entwickelte Jakub Hadrava das Kunstprojekt der gesichtslosen Geister. Mittlerweile sitzen 32 dieser gespenstischen Gestalten still auf den Bänken der Kirche und helfen auf bizarre Art, die Kirche vor dem endgültigen Verfall zu retten. Mehr und mehr Besucher kommen in das 700-Seelen-Dorf im Nordosten von Tschechien, um den seltsamen Ort zu besichtigen, und viele von ihnen werfen ein paar Münzen in die am Eingang stehende Schatulle, deren Inhalt dem Wiederbaufbau des Gotteshauses gewidmet ist.

Die Kirche von Luková. Außen bröckelt es, innen gruselt's.

TSCHECHIEN

VERRÜCKTE SKULPTUREN
Oh Baby Baby Balla Balla

Vor dem Kafka-Museum in Prag steht ein Kunstwerk des tschechischen Skandalbildhauers David Černý. Es trägt offiziell den Namen „Piss" und besteht aus zwei männlichen Statuen, die in ein Wasserbecken in der Form Tschechiens pinkeln. Doch das ist noch nicht alles: Die Statuen haben zudem ein bewegliches Becken, auf dass sie in unterschiedliche Richtungen pieseln können. Was für die Unwissenden als lustige Pinkelei daherkommt, hat ungeahnten künstlerischen Tiefgang. So zeichnen die Pinkelnden mit ihrem Wasserstrahl Zitate berühmter Prager Persönlichkeiten nach.

▶ *Tipp: Wer möchte, kann z. B. seinen Namen, eine geheime Botschaft oder auch einen Heiratsantrag per SMS an die Skulpturen übermitteln, woraufhin diese die Botschaft in pinkelnder Weise nachzeichnen.*

TSCHECHIEN

Es gibt doch nichts Niedlicheres als ein hübsches Baby. Anlässlich der Auszeichnung Prags als kulturelle Hauptstadt im Jahre 2000 gestaltete Černý die Skulpturengruppe „Miminka" („Babys"). Die Babys sind in etwa so groß wie ein Elefant und daher leicht zu finden. Sie krabbeln im Park des Kampa Museums umher und sind insbesondere unter Selfie-Freunden ein beliebtes Motiv. Einige Černý-Babys krabbeln auch den Prager Fernsehturm in Žižkov empor. Das Gebäude ist an sich schon recht bizarr und wird regelmäßig in die Top Ten der hässlichsten Bauten der Welt gewählt. Durch die „Tower Babys" wird der Turm zwar weder hübscher noch hässlicher, aber irgendwie noch skurriler und irritierender.

Hoch hinaus! Wer hier genau aufs Bild schaut, kann die Babys den Turm hochkrabbeln sehen.

Tief hinein! Wer hier genau reinschaut, kann Folgendes sehen: Im Inneren des Hinterteils wird ein Video gezeigt, in dem Milan Knížák (ehemaliger Direktor der Prager Nationalgalerie) und Václav Klaus (ehemaliger Präsident Tschechiens) den „Unrat" des jeweils anderen verspeisen, während Queens „We are the Champions" in Endlosschleife läuft.

Ungarn

„Für Frauen, das Böse und für Gurken gilt:
Je kleiner, desto besser."

UNGARISCHES SPRICHWORT

ALLGEMEINE REISEINFORMATIONEN

Schnurrbart voraus

Lesen Sie als Tourist vor Ihrer Reise besser nichts über die **ungarische Geschichte.** Jeder Ungar wird Ihnen versichern, dass sowieso alles „ganz anders" war und man sich im Mittelalter nur durch ein paar **dumme Zufälle** einige **ärgerliche militärische Niederlagen** auf der rechten Donauseite eingefangen habe. Die wahre Geschichte deshalb nur in Kürze: Die Ungarn waren die Nervensägen des Mittelalters. Gezählte 32-mal (!) fiel das **Reitervolk der Magyaren** in Deutschland ein. Sie schafften es damit, sich noch unbeliebter zu machen als die Hunnen. Erst im Jahre 955 besiegte Otto der Große die Ungarn in der **Schlacht auf dem Lechfeld**.

Die im 17. Jahrhundert heranstürmenden **Türken** musste man notgedrungen bis Wien durchwinken. Zu vermuten ist, dass man sich schon damals Gedanken machte, **die Grenze doch mal mit einem Zaun vor diesen ständigen Invasoren auf der Balkanroute zu schützen.** Immerhin: Die Ungarn zeigten sich im Mittelalter weltoffen. Die von den türkischen Invasoren eingeschleppte **Paprika** wurde freudig zu den nationalen Eigenarten hinzugefügt, weshalb diese auch vielerorts als „türkischer Pfeffer" bezeichnet wird.

Und die heutige Küche? Wollte man etwas Gutes über sie sagen: sättigende Küche mit Rezepten, die **seit Generationen im Familienbesitz** sind. Wollte man etwas Schlechtes sagen: sättigendes Essen, das zumeist in Fett fritiert ist, das **seit Generationen im Familienbesitz** ist.

Egal ob als Spezialität oder als Mutprobe: In Ungarn können Sie an manchen Imbissständen tatsächlich **in Fett frittiertes Fett (Töpörtyű)** essen. Erstaunlich ist in diesem Zusammenhang, dass die meisten Ungarn durchaus schlank und teilweise sogar sportlich sind. Von allen Nationen, die noch nie Olympische Spiele ausgerichtet haben, hat Ungarn **die meisten (169) Goldmedaillen** gewonnen. Auch im Nationalsport Fußball erzielte man erstaunliche Erfolge, die man als späte Genugtuung für die militärischen Schlamassel im Mittelalter gelten lassen kann: Ungarn gewann 1982 in der Vorrunde der Fußball-WM mit 10:1 gegen El Salvador – der höchste Sieg eines WM-Teilnehmers seit der **Schlacht am Lechfeld.**

Die Mauern bröckeln, das Gebäude war bereits zum Abriss freigegeben: das „Szimpla Kert" – eine der bekanntesten (und kaputtesten) „Ruinenbars".

TOTAL KAPUTT
Die Ruinenkneipen von Budapest

Von außen wirken die Gebäude wie verlassen: Bretterverschläge vor den Fenstern und heruntergekommene Fassaden lassen das einstige Judenviertel von Budapest regelrecht verfallen wirken. Doch wenn es dunkel wird, erwacht im Inneren der Gebäude ein lebendiges Treiben. Denn hier verbergen sich die sogenannten Ruinenkneipen („romkocsma"). Zu Beginn der 2000er-Jahre haben einige Szene-Pioniere angefangen, in den leer stehenden Gebäuden Kneipen aufzumachen. Die bröckelnden Wände wurden mit Street-Art dekoriert und das Mobiliar vom Sperrmüll zusammengetragen. Heute finden sich im 6. und 7. Bezirk rund 30 Ruinenkneipen, die zusammen das Zentrum einer pulsierenden und kreativen Nachtszene bilden. Die kurios dekorierten Räume bieten weit mehr als Bier, Palinka und Underground-Atmosphäre: So finden sich in den hinteren Räumen mal Tischtennisplatten, mal Kunstausstellungen, und nicht selten werden alte Super-8-Filme aus den 1960er- und 1970er-Jahren abgespult oder Live-Konzerte zum Besten gegeben. Doch nicht nur für Partygäste sind die Ruinenkneipen eine gute Adresse. So findet im „Szimpla Kert" (einfacher Garten) jeden Sonntag ein Biomarkt statt, auf dem vor allem selbst gemachte Produkte angeboten werden. Die Ungarn haben eine große Nähe zu traditionell erstellten Lebensmitteln. Fast jeder, der auf dem Land lebt, hat einen kleinen Garten, in welchem er Gemüse anbaut. Viele halten sich ein paar Hühner, und in so manchem Dorf wird einmal im Jahr traditionell eine Sau geschlachtet und in leckere Hazi-Kolbasz (herzhafte, dunkelrote Wurst) umgewandelt. Wer Lust auf eingelegte Gurken, frische Paprika oder Wildhonig hat, ist auf dem Biomarkt im „Szimpla Kert" genau richtig.

Schnell rein, bevor der Balkon runterkommt!

Tipps für eine Tour durch Budapests Ruinenkneipen

- ▶ *Kneipen mit dem Wort "Kert" (Garten) im Namen, haben meist einen begrünten Innenhof oder Garten.*

- ▶ *Wer Lust auf eine geführte Kneipentour durch die kaputtesten Bars Budapests hat, findet bei Withlocals.com fachkundige Guides.*

- ▶ *Wer eine Ruinenkneipe besucht, sollte unbedingt einen Zwack Unikum trinken. Dieses Nationalgetränk ist eine Art Kräuterbitter, dessen geheimes Rezept zu je einem Viertel auf vier Kontinenten gehütet wird.*

ESSEN UND TRINKEN
Essen ohne Ende

Die Ungarn sind bekannt für ihre Gastfreundschaft. Die Worte „Nein danke" sind zwar im Gebrauch, haben aber eine gänzlich andere Bedeutung als zum Beispiel im Deutschen. Hier in Kürze die wichtigsten Verhaltensregeln, wenn Sie Gast bei einer ungarischen Familie sind.

Man bietet Ihnen etwas zu Essen an	
Falsche Antwort: „Ja gerne!"	Richtige Antwort: „Nein danke!"
Die Folge ▼ Sie bekommen etwas zu essen.	Die Folge ▼ Sie bekommen etwas zu essen.

Sie haben aufgegessen. Man bietet Ihnen Essen und Trinken an.	
Falsche Antwort: „Ja gerne!"	Richtige Antwort: „Es war sehr lecker, aber jetzt bin ich satt!"
Die Folge ▼ Sie bekommen etwas zu essen.	Die Folge ▼ Man freut sich – Sie bekommen den Teller gefüllt, ein erster Schnaps wird gereicht.

Sie haben erneut aufgegessen. Man bietet Ihnen Essen und Trinken an.	
Falsche Antwort: „Ja gerne!"	Richtige Antwort: Sie halten sich den Bauch und deuten an, dass Sie wirklich nicht mehr können.
Die Folge ▼ Sie bekommen etwas zu essen.	Die Folge ▼ Die Stimmung steigt, der selbst gebrannte Schnaps wird aus dem Keller geholt, und Sie bekommen den Teller erneut aufgefüllt.

Diese Reihe setzt sich fort, und es gibt nur einen Ausweg: Sie müssen das Essen auf Ihrem Teller liegen lassen. Am besten sind Ihre Wangen ordentlich gerötet, und auch ein wenig Schweiß auf der Stirn macht sich gut, um glaubhaft zu versichern, dass Sie jetzt wirklich nicht mehr weiteressen können. Der gute Ungar weiß diese Zeichen positiv zu deuten und wird nun den Nachtisch auffahren. Hier beginnt das Spiel dann wieder von vorne. Merke: Der Ungar kocht immer mehr, als man essen kann, und hat auch immer Schnaps und Weinvorräte zur Hand!

Heute blau und morgen blau

Die Ungarn sind stolz auf ihre Weine, und viele Familien bauen in kleinen Weingärten und Weinbergen ihren eigenen Wein an. Die bekanntesten Sorten sind Tokajer (weißer Dessertwein aus der Region Tokaj), Bikavér („Erlauer Stierblut") sowie der Kékfrankos (Blaufränkischer). Wer in einem ungarischen Weinbaugebiet unterwegs ist, hat an jeder Ecke die Möglichkeit, die handgemachten Weine zu probieren.

Im gemütlichen Gespräch mit den Winzern kann man viel über ungarischen Wein, die Schönheit der ungarischen Frauen sowie über alte Traditionen erfahren, und wer zum Beispiel einen Kékfrankos verkostet, wird früher oder später mit der schönen Sage um die Namensgebung dieses wunderbaren Gebräus Bekanntschaft machen: Als die napoleonischen Truppen vor langer Zeit auf einem ihrer Feldzüge durch Ungarn zogen, waren sie sehr durstig. Napoleon bezahlte seine Soldaten mit roten Francs, wohingegen die offizielle Währung in Frankreich blaue Francs waren. Die geschäftstüchtigen Ungarn durchschauten schnell, dass die roten Francs der Soldatenwährung weniger Wert hatten als die blauen und schenkten gegen rote Francs nur billigen Fusel aus. Die Franzosen durchschauten ihrerseits, was da vor sich ging, und boten den Wirten im Vertrauen blaue Francs an, wenn sie besseren Wein dafür bekämen. So kam eines zum anderen: Die Franzosen tranken fortan guten Wein, die Ungarn bekamen gute blaue Francs und nannten den Wein infolgedessen schlicht „Kékfrankos", was sich aus den Wörtern „kék" (= blau) und „frankos" (= Francs) zusammensetzt.

UNGARN

EXPORTSCHLAGER
Dicke Dinger

Im Jahr 2010 kursierte das Gerücht, dass Ungarn in Europa das Land mit den meisten Nilpferd-Exporten sei. Recherchen haben ergeben, dass dieses so nicht ganz richtig ist, dass Ungarn allgemein und Budapest im Speziellen aber durchaus eine große Rolle im Bereich der Nilpferd-Verbreitung spielen. So listete das europäische Nilpferd-Stammbuch insgesamt 202 Dickhäuter in 76 europäischen Zoos auf. Und ein zweiter Blick offenbart: In den Venen der erfassten Nilpferde fließt zu einem Großteil ungarisches Blut! Viele Tiere wurden in Budapest gezeugt, allen voran von den Nilpferdbullen „Arany" (bedeutet Gold oder Goldschatz) und dem legendären „Kincsem" (mein Schatz), der in seinen 45 Lebensjahren jede Menge Nachfahren zeugte, sodass heute in nahezu allen Ecken Europas Enkel und Urenkel der Budapester Dickhäuter leben. Wer heute den Zoo in Budapest besucht, wird dort die zwei Grazien Tücsök („Grille") und Jusztina antreffen. Sie sind Mutter und Tochter, sodass zumindest hier in der Hauptstadt zunächst keine neuen Exportschlager zu erwarten sind.

Puszta, Pörkölt, Paarhufer: Was Ungarn in der Welt bekannt gemacht hat, kann hier im Budapester Zoo besichtigt werden. Die Nilpferde Tücsök (das rechte) und Jusztina (das schlanke) freuen sich auf Ihren Besuch!

Volle Kraft voraus

Ein Monument der besonderen Art ist das ehemalige Kraftwerk Kelenföld in Budapest. Es ging 1914 in Betrieb und wurde nach einem ereignisreichen Leben im Jahr 2007 stillgelegt. Das Kraftwerk besticht durch seine Jugendstil-Architektur, und insbesondere die Leitzentrale, welche in schönstem Art-déco-Design errichtet wurde, ist heute der Höhepunkt der von Zeit zu Zeit angebotenen Besichtigungen. Die Schaltwarte diente in dem Film „Chernobyl Diaries" (2012) zur Darstellung des Kontrollraums des Kernkraftwerks Tschernobyl.

DIE WAHRHEIT
Gulyás ist eine Suppe ist eine Suppe ist eine Suppe.

Am Anfang war der Irrtum. Es ist lange her, da hat ein verwirrter Ungarnreisender das Wort Gulasch aufgeschnappt und in die Welt getragen – schade nur, dass das Gericht, auf welches er sich bezog, gar kein Gulasch („Gulyás"), sondern Pörkölt (eine Art Schmorgericht) war. Wie auch immer: Der Fehler war in der Welt und hat sich bis heute gehalten. Doch hier und heute soll aufgeräumt werden, und darum sprechen wir jetzt alle gemeinsam: Gulasch ist eine Suppe ist eine Suppe ist eine Suppe.

Der Name des Gerichts geht auf den Rinderhirten, den Gulyás, zurück, der sich in alten Zeiten in der Pannonischen Tiefebene dieses Gericht über dem Feuer zubereitete. Wie fast immer in der ungarischen Küche, werden zunächst Zwiebeln in Öl angeschmort und dann mit Paprikapulver angereichert. Es folgen weitere Zutaten wie Kartoffeln und Karotten und ordentlich Wasser, da es am Ende ja eine Suppe werden soll. Traditionell wird Gulyás im Kessel über dem offenen Feuer gekocht. Rindfleisch ist erst seit jüngerer Zeit Bestandteil der Suppe. Die Rinderhirten mussten seinerzeit nach dem Weiden alle Rinder wieder beim Besitzer abliefern, und auch über kranke oder verendete Tiere

Aus der Ferne kaum zu unterscheiden: Frau, die Gulyás kocht.

Frau, die Pörkölt kocht.

musste genau Buch geführt werden. Die Hirten hatten somit keinerlei Rindfleisch zur Verfügung und kochten stattdessen je nach Verfügbarkeit Fisch oder auch Geflügel mit in die Suppe ein. Die braune Fleischpampe, welche die deutsche Oma am Sonntag zu Kartoffeln oder Nudeln serviert, hat ebenfalls ungarische Wurzeln. Das Gericht schmeckt in Ungarn jedoch wesentlich besser und hört dort auf den Namen Pörkölt. Es handelt sich hierbei um ein Schmorgericht, welches interessanterweise ebenfalls traditionell im Kessel über dem offenen Feuer gekocht wird. Aus der Ferne sind die Gerichte daher kaum zu unterscheiden. Wer es genau wissen will, muss von oben in den Kessel schauen oder eines der berühmtem ungarischen Kochfestivals besuchen, die im Sommer in vielen Städten öffentlich durchgeführt werden. Da den Ungarn das Pörkölt- und Gulyáskochen quasi in die Wiege gelegt wird, gibt es bei den Koch-Happenings immer jede Menge Teilnehmer, und auch für Reisende bieten sie eine hervorragende Gelegenheit, einmal die verschiedenen Zubereitungsarten zu verkosten.

Kissenschlacht oder Kesselfleisch?

Pörkölt-Festival: Seit 2010 jedes Jahr im Juli in Balatonrendes am Plattensee. Es gibt Pörlkölt – KEIN Gulasch! Bitte lesen Sie vorher den Text auf der linken Seite!
▶ www.porkoltfesztival.hu

Gulasch-Festival: In Solnok (100 km vor Budapest). Bis zu 50.000 Besucher schauen in Kessel an Dreibeingestellen. Die Szenerie ist eine Mischung aus Flüchtlingslager und Musikantenstadl. An der Übersetzung des PR-Textes muss noch gefeilt werden: „Willkommen Sie sich wenn in Solnok Menschen im Gulasch stehen!" Lecker!
▶ www.magyargulyas.hu

Tag der Kissenschlacht
Unter Kennern gilt Budapest als Hauptstadt der Kissenschlachten. Am „International Pillow Fight Day" finden hier immer mal wieder epische Schlachten statt, bei denen Tausende Ungarn hauchzart aufeinander einprügeln.

▶ www.pillowfightday.com

SPRACHE

Lang, länger, ungarisch

Der ungarische Professor Ádám Nádasdy hat die ungarische Sprache mal mit einem Vogel Strauß verglichen: Strauße können nicht fliegen. Doch anstatt sich für dieses Unvermögen zu schämen, sind sie stolz darauf, wie schnell sie laufen können! Ähnlich verhält es sich mit den Ungarn und ihrer Landessprache. Das Ungarische ist eine einzigartige Sprache mit vielerlei Eigenarten, die kaum ein Vogel versteht. Und auch wenn es zum guten Party-Small-Talk-Wissen gehört, dass das Ungarische der finnougrischen Sprachfamilie angehört, so versteht ein Finne in Ungarn nur Bahnhof. Das Ungarische kennt weder das Wort „haben", noch gibt es die Artikel „der" und „die". Hinzu kommt, dass die Sprache agglutinierend (verklebend) ist und anstelle von Präpositionen (klar, wir wissen alle Bescheid: vor, hinter, unter usw.) mit Postpositionen arbeitet. Sprich: Beschreibende Wörter werden nicht separat vorangestellt, sondern hinten direkt angehängt! Das Ausrufezeichen muss an dieser Stelle stehen, handelt es sich bei dieser Information doch nicht nur um Party-Small-Talk-Spezialwissen, sondern auch um die Erklärung für die zum Teil irrwitzig langen Wörter. Als das längste von ihnen gilt „megszentségteleníthetetlenségeskedéseitekért", was so viel bedeutet wie „Für eure Unentweihbarkeiten".

Kleine Fehler, große Wirkung: „Auf deinen Allerwertesten!"

Die Ungarn sind begeistert, wenn sich der Fremde darin versucht, Ungarisch zu sprechen. Doch Obacht! Bereits kleinste phonetische Änderungen können den Sinn total verändern. So prostet man sich in der Kneipe in der Regel mit „egészségedre" (sprich: „ä-gehß-schee-ge-dre" = auf deine Gesundheit) zu. Hier heißt es aufpassen: Wer schon den einen oder anderen Palinka (Schnaps) genossen hat, sollte besser auf einen anderen Prost-Spruch ausweichen, denn allzu leicht wird sonst das Hinterteil des Gegenübers in den Konversationsmittelpunkt gerückt: „egész seggedre" bedeutet so viel wie „auf deinen ganzen Arsch" (egész = ganz; segg [sprich schegg] = Arsch). Wer es richtig aussprechen will, spricht beim dritten e ein klares e wie in See und keinesfalls ein e wie in Mett.

MERKWÜRDIGER ORT
Goodbye Lenin!

Wer auf Selfies der besonderen Art steht, ist hier genau richtig. Im Szoborpark in Budapest kann man Stalin, Lenin, Marx und andere Helden des Kommunismus kuscheln und dabei eine ganz besondere Note von sozialistischer Romantik einfangen. Mehr als 40 Statuen stehen hier mit stolzem Blick und wehenden Fahnen und ahnen nicht, dass sie längst auf dem Gnadenhof gelandet sind. Als Anfang der 1990er Jahre die politische Wende vollzogen wurde, hatten die alten Zeugen des Realsozialismus ausgedient, und da man spontan nicht so genau wusste, wohin mit dem historischen Schrott, wurde mit dem Szoborpark (auch Mementopark genannt) kurzerhand ein Heim für Denkmäler geschaffen, die keiner mehr haben wollte. Inmitten der Schwergewichte parkt ein alter Trabi, und auch ein rotes Straßentelefon aus vergangenen Zeiten steht bereit. Wer abnimmt, bekommt historische Reden kommunistischer Führer zur hören. Insgesamt ist der Szoborpark eine Art postmodernes Freilichtmuseum, welches den Besucher mal ironisch, mal distanzierend und irgendwie auch bewahrend zur Vergangenheit Kontakt aufnehmen lässt.

DOS AND DON'TS

Schräge Geste

Andere Länder, andere Gesten: Wenn Ihnen in Ungarn einer mit verdrehtem Mittel- und Zeigefinger kommt, wünscht er Ihnen nur das Beste. Die für Unwissende ob des involvierten Mittelfingers etwas zweifelhaft anmutende Geste steht für „Szorítok", was übersetzt so viel heißt wie „Ich drücke". Und auch wenn man es kaum glauben mag: Was einem hier gedrückt wird, sind die Daumen – und das ganz ohne Daumen! Die Ungarn haben hier munter die angelsächsische „Ich wünsche dir Glück"-Geste („I cross my fingers for you") der gekreuzten Finger mit der aus dem Lateinischen kommenden Redewendung „Ich drück dir die Daumen" kombiniert. Falls Sie mal mit ein paar Ungarn in geselliger Runde zusammensitzen, können Sie mit folgendem Spezialwissen begeistern: Die Geschichte des Daumendrückens geht aufs alte Rom und die Gladiatorenkämpfe zurück. Wenn die Zuschauer damals Mitleid mit einem gescheiterten Kämpfer hatten, hoben sie eine Hand und drückten sich den Daumen zwischen den übrigen Fingern ein. Mit dieser Geste baten sie den Kaiser um Gnade für den Kämpfer. Der Daumen symbolisierte für die Römer seinerzeit das tödliche Schwert. Das Eindrücken des Daumens in die Hand stand bildlich für das Zurückstecken des Schwertes in seine Halterung. Der nach oben hin ausgestreckte Daumen hingegen symbolisierte den

Wunsch, das Schwert zu ziehen und den Kämpfer zu töten. Gut zu wissen: In Filmen wie „Gladiator" und auch anderen Historienschinken zeigen die Zuschauer häufig den Daumen nach oben, um zu signalisieren, dass der Kämpfer leben soll. Dieses ist eine falsche Verwendung der Geste, was einmal mehr zeigt, dass man nicht unbedingt Hollywood Glauben schenken darf, sondern besser bei Juvenal oder Plinius nachliest.

Anstößig: Mit Bier anstoßen

Beim Biertrinken in Deutschland ganz normal: Man murmelt ein „So jung nicht", „Prostata" oder auch „Mit dir trink ich am liebsten" und lässt die Gläser klirren. In Ungarn hingegen ist das Anstoßen mit Bier verpönt und war sogar 150 Jahre lang verboten. Hintergrund ist die Niederschlagung der Ungarischen Revolution im Jahr 1848, worauf die Österreicher damals ausgiebig mit Bier anstießen. Auch ein Jahr später, als im Auftrag von Kaiser Franz Joseph I. mehrere ungarische Generäle hingerichtet wurden, stießen die Henker mit Bier an. Seitdem gilt das Mit-Bier-Anstoßen als anstößig. Und auch wenn das Verbot vor einigen Jahren aufgehoben wurde, hat sich der Brauch bis heute gehalten. Wer als Ungarnbesucher in der Kneipe schon das eine oder andere Bier genossen hat und aus Versehen seinem ungarischen Gegenüber sein Glas gegen das Glas stößt, kann diesen Fauxpas noch ausbügeln, in dem er ein inbrünstiges: „Öljétek meg Haynaut!" („Haynau soll sterben") hinzufügt. Haynau ist des Name des Befehlshabers, der 1849 für die Exekutionen zuständig war. Das Gebot des Nichtzusammenstoßens der Gläser gilt übrigens nur für Bier. Bei allen anderen Getränken lassen die Ungarn die Gläser genauso gerne klingen wie wir.

IV.
DER BALKAN UND DER REST VOM OSTEN

„Klimatisch eine Vorhölle. Das Thermometer wies zweiundvierzig Grad im Schatten und zersprang in der Sonne. Nachts hüllte man schnaufend adamitische Nacktheit in nasse Laken und beneidete Casanova unter dem Bleidach des venetianischen Staatsgefängnisses.

Sarajevo ist der Untergang des Morgenlandes. Reisende aus unseren Breitegraden wagten sich nach Sarajevo wie nach Damaskus. Europa dämmerte irgendwo weit drüben gen Sonnenuntergang.

Den Oesterreichern lag vielleicht gar nichts daran, das Morgenland zurückzudrängen. Sie stützten sich ja, weil es so am kommodesten war, auf die islamische Herrenschicht, hätschelten die Moslems auf Schritt und Tritt, bauten ihnen hier eine Moschee und dort eine Moschee, und das neue pompöse Rathaus von Sarajevo gehört mit seinem strengen maurischen Stil innen und außen geradewegs nach Marokko. Aber die westliche Zivilisation ist fressende Säure; vor ihr löst sich alles Romantische, Mittelalterliche und Orientalische in Nichts auf. Heute geht man durch wohlgepflasterte Straßen mit hohen Häusern und geleckten Ladenscheiben, wie durch Wien oder Budapest. Nur die verhüllten Frauen wandeln als Gespenster einer versinkenden Zeit über den europäerhaften Hintergrund dieser Stadt."

aus: Hermann Wendel: Von Belgrad bis Buccari, Frankfurt am Main 1920

Der Balkan und der Rest vom Osten

„Willst du wissen, wo es guten Wein gibt, so frag, wohin die Popen gehen."

BULGARISCHES SPRICHWORT

SLOWAKEI
Die Mitte machts

Es gibt Leute, die behaupten, der Landkreis Vechta habe keine wirklichen Sehenswürdigkeiten. Das ist genauso falsch, wie zu behaupten, es gäbe in der Slowakei keine wirklich großen Sehenswürdigkeiten. Schließlich befasst sich das Industriemuseum Lohne mit der Industriegeschichte der Stadt Lohne im Landkreis Vechta (Korkenherstellung!). Und natürlich lässt sich auch die Slowakei nicht lumpen: Das „Tourismusinformationssystem der Slowakei" zählt auf seiner Website touristische Besonderheiten auf, die es nur in der Slowakei gibt! Inhaltlich unverändert sollen diese kurz – aber nutzwertig – kommentiert werden.

In der Slowakei liegt eine von weltweit nur vier touristisch erschlossenen Aragonit-Höhlen.
Über die Frage, warum weltweit nur vier Aragonit-Höhlen touristisch erschlossen sind, kann man nur spekulieren. Vermutlich machen diese verdammten Calcithöhlen dem Aragonit-Tourismus schwer zu schaffen.

Der größte Tropfstein liegt in der Slowakei.
Fast. Nach allem was man über europäische Tropfsteinrekorde weiß, tropft der größte in der Grotta di Ispingoli in Sardinien.

Die einzige astronomische Apostelduhr der Welt mit echter Sonnenzeit liegt in der Slowakei.
Stimmt! Obwohl diese Sehenswürdigkeit selbst dem Tourismusverband ein bisschen erklärungsbedürftig erscheint. O-Ton: „Der Bau einer Apostelduhr und die Erklärung ihrer Funktion sind eine Wissenschaft für sich, aber vereinfacht lässt sich sagen, dass die Apostelduhr in Stará Bystrica als einzige der Welt die genaue Sonnenzeit anzeigt, weil sie speziell für den Ort eingestellt wurde, auf dem sie steht." Klingt irgendwie einleuchtend. Eine Sonnenuhr, die in der Slowakei steht, aber die Zeit eines Ortes in Nordirland anzeigen würde, machte ja nun wirklich keinen Sinn.

Der Mittelpunkt Europas liegt in einem slowakischen Ort.
Stimmt, wenn man von den Ansprüchen einiger tschechischer, polnischer, deutscher und ungarischer Orte absieht. Der Mittelpunkt der EU - da ist man sich sicher – liegt auf jeden Fall im deutschen Aschaffenburg, wird sich aber durch den Brexit deutlich nach Osten verlagern. Es gibt also noch Hoffnung!

MAZEDONIEN
Zwischen den Volksfronten

Hätte er doch geschwiegen! Als der griechische Migrationsminister Mazedonien in einem Interview einmal als „Mazedonien" bezeichnete, brach ein Shitstorm der nationalen Entrüstung über ihn herein. Flüchtlingskrise, Euro-Krise, Schuldenkrise – alles war vergessen, die griechischen Zeitungen hatten nur ein Thema und Politiker nur eine Forderung: Rücktritt! Der Mann war untragbar geworden. Dabei schoss sich der Minister nicht deshalb ins gesellschaftliche Nirwana, weil er ein Wort gesagt hatte. Nein, vielmehr hatte er drei entscheidende Wörter nicht gesagt: „Ehemalige Jugoslawische Republik Mazedonien", der Name, auf den man sich in Griechenland – höchst ungern und höchst vorläufig – für Mazedonien geeinigt hat.

Seit 20 Jahren tobt ein bizarrer Streit zwischen Griechenland und Mazedonien (griech. ausgesprochen: Makedonien), der sich im Kern um eine Frage dreht: Wer sind die rechtmäßigen Erben Alexanders des Großen, die würdigen Nachfahren Aristoteles', die Hüter des makedonischen Weltreiches? Dabei ging lange Zeit alles gut. Unter dem Namen „Republik Mazedonien" firmierte man jahrzehntelang als verhaltensunauffällige Teilrepublik Jugoslawiens. Mit dessen Zerfall begann die Posse. Kräfte wie die „Interne Mazedonische Revolutionäre Organisation" (IMRO) schürten nationalistische Töne. Wichtig: Die IMRO war die Nachfolgeorganisation des „Bulgarischen Makedonisch-Adrianopeler Revolutionären Komitees" (BMORK), das aus einer Umbenennung der „Geheimen Makedonisch-Adrianopeler Revolutionären Organisation" (TMORO) entstand (der Name schien untragbar geworden zu sein). Gemeinsam mit den Partnerorganisationen der „Inneren Thrakischen Revolutionären Organisation" (ITRO), der „Inneren Dobrudschanischen Revolutionären Organisation" (IDRO) sowie der „Inneren Westgebiete Revolutionären Organisation" (IWRO) hatte man über Jahrzehnte offensichtlich eine Erkenntnis gewonnen: Ein griffiger Name ist die Grundlage eines jeden Staatswesens. Und deshalb wollte man die ehemalige Teilrepublik Mazedonien fortan „Republik Mazedonien" nennen und sich als Nachfahren Alexanders fühlen. Da wollten jedoch die Griechen nicht mitspielen, die Angst vor großmazedonischen Expansionen und womöglich Eroberungen hatten. Das Einzige, was die „moderne" mazedonische Armee mit der Kampfstärke der Armeen von Alexander dem Großen gemeinsam hatte, war: Beide hatten keine funktionierende Luftwaffe. Trotzdem blieb es dabei: Griechenland sprach seinem Nachbarn das Recht ab, seinen Namen selbst zu bestimmen – ein weltgeschichtlich höchst seltener Vorgang. Höhepunkt des Konflikts: ein komplettes Handelsembargo Griechenlands. Mazedonien zeigte sich beeindruckt und blies zum Rückzug. Auf Verlangen Griechenlands änderte man Name, Verfassung und Landesflagge. Dafür verpflichtete Griechenland sich dem Beitritt Mazedoniens zu internationalen Organisationen unter dem Kunstwort „FYROM" nicht im Wege zu stehen. (Wenn das die BMORK noch erlebt hätte!) Das nun als „Former Yugoslav Republic of Macedonia" bekannte Land erinnerte jetzt zwar irgendwie an „The Artist formerly known as Prince" (TAFKAP), trotzdem fügte man sich widerwillig. Und so konnte sich Griechenland mit geklärtem Namensstreit wieder den wirklichen Problemen widmen. So erzielte man in der Schuldenkrise tatsächliche Erfolge – auch im Namensbereich: Bis ins Jahr 2015 wurde die Gemeinschaft aus EU-Kommission, Europäischer Zentralbank und Internationalem Währungsfonds noch als „Troika" bezeichnet, deren verhasste Beamte in Athen die Verwendung der Hilfsgelder überwachen sollten. Aus Rücksicht auf die sensiblen Griechen nennt man diese in Brüssel jetzt „TIFKAT" (The institutions formally known as Troika). Geht doch.

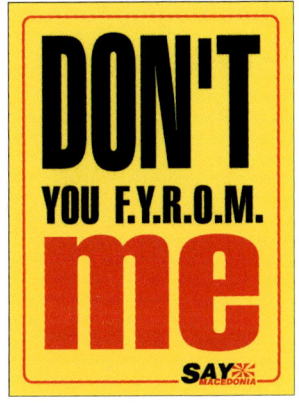

Das wird man ja wohl noch sagen dürfen. Plakatmotiv einer Kampagne des mazedonischen Staats:„FYROM mich nicht, sag Mazedonien".

Der Streit um den Namen Mazedoniens dauert bereits seit 25 Jahren an. An Vorschlägen herrscht kein Mangel. Einige der diskutierten Stilblüten:

Republik Skopje
Vardarska Republika
Republika Vardarska
Dardanien
Paionien
Zentralbalkanische Republik
Südslawien
Slawische Republik Mazedonien
Slawomazedonien

Obermazedonien
Nordmazedonien
Republik Mazedonien
Republik Mazedonien-Skopje
Republik des Nördlichen Mazedonien
Republik Nord-Mazedonien
Republik von Nordmazedonien
Demokratische Republik Mazedonien
Mazedonoslawien

BOSNIEN UND HERZEGOWINA
Die Olympiaruinen von Sarajewo

Viel ist von den Olympischen Winterspielen im Jahr 1984 nicht übrig geblieben. Die modernen Olympiaanlagen, auf welche die ganze Welt während der ersten Winterspiele in einem sozialistischen Land seinerzeit so bewundernd geblickt hatte, wurden während des Jugoslawienkrieges größtenteils zerstört und mitunter auf absurde Weise umfunktioniert. So wurde das Kosevo-Stadion, in welchem seinerzeit die groß angelegte Eröffnungsfeier stattgefunden hatte, während des Krieges in eine Grabstätte umgewandelt. Nicht viel besser erging es der Zetra-Eishalle, in welcher Kati Witt einst ihre erste Goldmedaille gewann. Ob ihrer Eigenschaft, konstant niedrige Temperaturen halten zu können, wurde sie kurzerhand in eine Lagerstätte für Essensrationen der Luftbrücke umfunktioniert und später auch als Kühlhalle für Leichen genutzt. Auf der seinerzeit modernsten Bobbahn der Welt wurde ein Artillerieposten für serbische Freischärler errichtet,

In diesem Hotel schliefen 1984 die Spitzensportler.

die Bahn selbst als Schützengraben aus Beton eingesetzt. Wer heute die Überreste der einstigen Vorzeigesportstätten aufsucht, muss vorsichtig sein: Das Gelände ist vielerorts noch immer hochgradig vermint. Insbesondere das Gebiet rund um die Schanze „Malo Polje" auf dem Igman-Berg gilt als höchstgefährlich und soll erst im Jahre 2019 engültig von Blindgängern und Minen geräumt sein. Noch halbwegs erhalten präsentiert sich die Bobbahn auf dem Berg Trebevic. Wer sich auf das Gelände wagt, findet sich auf einer mit Graffiti übersäten und von unzähligen Einschusslöchern gezeichneten Rennstrecke.

Der Start der Bobbahn ist am Ende.

Ende im Gelände: die Skisprungschanze.

KROATIEN
Ich kaufe ein „ić"

Ibrahimovic hat sie, Mandzukic hat sie auch, und Modric hat sie sowieso. Und nein, es geht hier weder um beeindruckende Fußballpokale noch um beeindruckende Nasen, sondern um die ebenso markante Namensendung „ić". Wer in Kroation unterwegs ist, wird feststellen, dass hier nahezu alle Namen mit dem sogenannten diminutiven Suffix „ić" ausgestattet sind. Der Hintergrund ist schnell erklärt und bestens geeignet, Mitreisende oder beim nächsten Fußballstammtisch zu beeindrucken: Die Endung „ić" wurde traditionellerweise an den Vornamen oder den Beruf eines Elternteils angehängt. Zumeist orientiert sich der Name am Vater und lässt dadurch ein sogenanntes Patronym entstehen. Mitunter wird auch der mütterliche Name zur Ableitung herangezogen, sodass ein Matronym entsteht. Filipović ist das Kind des Filip, Babić ist das Kind einer Baba (slawisches Wort für eine alte Frau) und Kovačić ist das Kind des Kovač (Schmied).

Spezialwissen „ić"
Diese Art von Nachnamenbildung war traditionell in vielen südslawischen Sprachen üblich. Auch im Serbischen, Bosnischen oder Montenegrinischen ist das „ić" weit verbreitet.

Spezialwissen „ić" erweitert
Patronyme und Matronyme gibt es auch in anderen Sprachen, siehe das skandinavische „sen" (Dänisch, Norwegisch) oder „sson" (Schwedisch, Isländisch). Sollte der Schwede Zlatan Ibrahimovic (zugegeben, der Name lässt nicht unmittelbar auf einen Schweden schließen) einen Sohn bekommen und sich bei dessen Nachnamensfindung an der skandinavischen Tradition orientieren, würde dieser Slatansson heißen. Auch schön.

Spezialwissen „ić" spezial
Die 20 häufigsten kroatischen Nachnamen enden alle auf „ić", mit einer Ausnahme: Horvat. Dieser Nachname ist zugleich der häufigste Nachname in Kroatien und leitet sich vom kroatischen Wort Hrvat (=Kroate) ab.

MONTENEGRO
Ihr seid die Größten!

Im kleinen Montenegro leben die größten Menschen Europas. Mit 1,83 Meter überragt ein durchschnittlicher Montenegriner einen durchschnittlichen Portugiesen um gute zehn Zentimeter. Verwirrend: In Portugal gibt es eine Stadt, die Montenegro heißt. Die rund 8.000 Einwohner sind trotzdem recht klein, fühlen sich aber irgendwie ganz groß, weil in der Nachbarstadt Faro jedes Jahr das allergrößte Motorradtreffen Europas stattfindet. Noch verwirrender: Die berühmten Faro-Oliven stammen nicht aus Portugal, sondern aus Spanien. Sicher ist nur eines: In der montenegrinischen Ortschaft Stara Maslina steht der vielleicht älteste Olivenbaum der Welt. Mit 2.000 Jahren ist er Zeuge einer Zeit, in der es weder Dosenoliven noch Motorradtreffen gab, und damit eine der sympathischsten Sehenswürdigkeiten Montenegros.

Der tiefste Canyon Europas
Die Tara-Schlucht hat eine Gesamtlänge von 78 Kilometern und eine Tiefe von mehr als 1.300 Metern. Sie ist damit ganz offiziell die längste und tiefste Schlucht Europas. Mit diesen Schluchtenwerten befindet man sich auf Augenhöhe mit dem Grand Canyon (1.800 Meter), dem Colca-Tal in Peru (auch sehr tief) und einigen asiatischen Schluchten – aber bei den Asiaten ist ja immer irgendwas größer.

Im Schluchten- und Olivenbaumbereich ist Montenegro weltweit führend.

BULGARIEN
Land mit Stempelkarte

Vorweg: Wer mit dem Auto nach Bulgarien fährt, muss eine Desinfektionsgebühr bezahlen – zumindest wenn Sie aus der Türkei einreisen. Dort grassiert – mehr oder weniger – die Maul- und Klauenseuche. Mit drei bis zehn Euro sind Sie dabei. Falls Sie über diese Gebühr nur mit dem Kopf schütteln können, ist das genau richtig. In Bulgarien bedeutet das horizontale Schütteln nämlich „Ja". Nicken Sie also, wenn man Ihnen vor dem Essen einen Schnaps anbietet, Sie aber keinen möchten – nicken bedeutet „Nein". In Bulgarien beginnt die Hauptmahlzeit nämlich meist mit einem Salat und einem Obstbrand. Diese sind mit 40 % Alkohol recht kräftig, bei selbst gebrannten können Sie mit bis zu 60 % rechnen. Die private Schnapsherstellung ist in Bulgarien übrigens nicht nur legal, sondern geradezu ein Volkssport.

Verrottendes Ufo aus alter Zeit
Wer bei Science-Fiction-Filmen schon immer mal die Perspektive der Aliens einnehmen wollte, sollte sich auf den Weg zum Buzlu-

Neben dem Denkmal (auf 1.441 m Höhe!) ist eine Zeitkapsel mit einer Botschaft an die Nachwelt vergraben. Der Architekt verfügte allerdings, dass die Nachricht erst im Jahre 2031 gelesen werden darf.

dzha-Monument machen. Das Bauwerk wird umgangssprachlich schlicht „Das Ufo" genannt, und in der Tat wirkt es schon aus der Ferne wie eine bedrohliche Kulisse aus Roland Emmerichs „Independence Day". Ähnliches hatte der Architekt vermutlich im

▶ *Das Buzludzha Monument befindet sich im Nirgendwo des Balkangebirges, nördlich von Kazanlak und ca. 12 km vom Dorf Shipka entfernt.*

Sinn, als er in den 1970er-Jahren das größte ideologisch motivierte Denkmal Bulgariens schuf, welches gleichzeitig auch als Hauptquartier der Kommunistischen Partei diente. Offiziell hatten die Architekten natürlich nichts mit Aliens im Sinn: Das runde Gebäude soll, so die offizielle Version, einen auf einem Berg liegenden Kranz darstellen und der Turm einen Fahnenmast samt Sternflagge symbolisieren (wobei der Stern deutlich größer als der auf dem Kreml ist!). Nach dem Fall der Sowjetunion 1989 zogen sich die Sternkrieger zurück, verriegelten alle Zugänge ihrer Kommandozentrale und überließen das „Heimdenkmal der Kommunistischen Partei Bulgariens" dem Schicksal. Es dauerte nicht lange, bis erste Plünderungen stattfanden, danach kamen die Graffiti-Künstler, und der Verfall des einstigen Sta-

„Enjoy Communism". Welcher Feingeist dieses Kunstwerk dem Bau hinzufügte, ist nicht bekannt. Fakt ist aber, dass Bulgarien der erste Ostblockstaat war, der ab 1965 Coca-Cola in Lizenz abfüllte.

Mehr als 18 Monate arbeiteten Dutzende Künstler daran, den Innenraum mit feinstem Marmor und bunten Glasmosaiken auszuschmücken.

tussymbols nahm seinen Lauf. Das Gebäude ist heute weiterhin verschlossen – wer hineinwill, muss ein wenig suchen, wo sich gerade das inoffizielle Eingangsloch befindet. Besucher sollten gut klettern können, eine Taschenlampe (am besten eine Stirnlampe) dabeihaben, festes Schuhwerk mitbringen und sich im Inneren mit großer Vorsicht bewegen, da das Dach und weitere Bauteile stark einsturzgefährdet sind. Wer den Einstieg gemeistert hat, sieht sich einem Schlachtfeld gegenüber: Auf dem Boden liegen Reste von zertrümmerten Statuen, von den marmornen Böden sind nur Bruchteile vorhanden, und von den ehemals mit rotem Samt ausgekleideten Decken hängen die Stoffbahnen in losen Fetzen herunter. Und wer von oben aus den

Löchern, wo einstmals Fenster waren, auf die karge Berglandschaft blickt, kann nachempfinden, was Aliens bei der Landung auf unserem Planeten empfinden müssen.

Die Liste und die Liste reloaded

Wer die Sehenswürdigkeiten Bulgariens der Reihe nach abarbeiten möchte, hat großes Glück. Seit 1966 gibt es die Organisation mit dem eleganten Namen „100 nationale touristische Objekte". Diese bewirbt – man ahnt es – 100 nationale touristische Objekte. Wer sportlichen Ehrgeiz hat, der erhält beim bulgarischen Tourismusverband ein Stempelheft, in das man sich an jedem der 100 Objekte einen Nachweis seines Besuches stempeln lassen kann. Die Vorliebe sozialistischer Staaten für Orden und Auszeichnungen schimmert dabei noch immer durch: Für den Besuch von 25, 50 oder gar aller 100 nationalen Objekte verleiht man Ihnen ein bronzenes, silbernes oder goldenes Abzeichen vom nationalen Organisationskomitee des Bulgarischen Tourismusverbandes – zudem können Sie an einem tollen Gewinnspiel teilnehmen! Wichtig zu wissen: Es gibt zwei Listen. Die aktuelle ist aus dem Jahr 1989 und wurde (leider) von einigen sozialistischen Errungenschaften entrümpelt. So flogen das Metallurgische Kombinat in Kremikovtzi (Bild unten), das Blei-Zink-Werk in Kardschali und das Petrochemische Werk in Burgas von der Liste. Sollte also die Grundstoffchemie zu Ihren touristischen Interessen gehören, arbeiten Sie doch einfach mal die alte Liste aus dem Jahr 1966 ab. Ob Sie damit noch am Gewinnspiel teilnehmen können, sollten Sie besser vorher erfragen.

> ▶ www.bgtourinfo.net
> *Hier gibt es die Infos über das Bulgarien-Stempelheft. Schaffen Sie alle 100 „Objekte"?*

Flog überraschenderweise von der Liste der 100 Sehenswürdigkeiten: das Metallurgische Kombinat in Kremikovtzi.

ALBANIEN
Eingebunkert

Man muss es einfach so sagen: Irgendwann ist Enver Hodscha paranoid und verrückt geworden. Und obwohl der ehemalige Diktator Albaniens seit über 30 Jahren tot ist, sind die Spuren seines Wahns noch heute überall zu sehen: rund 750.000 pilzköpfige Bunker. Im Gebirge, in Gärten, an Straßen, Uferpromenaden und an Meeresküsten. Hodschas Plan: Bei einer gegnerischen Invasion hätten alle drei Millionen Einwohner sich in die Bunker verkriechen können. Und weil mit einem Angriff jederzeit und aus jeder Richtung zu rechnen sei, standen die Bunker überall. Schließlich hatte sich Hodscha mit so gut wie jeder Regional- und Supermacht angelegt.

Der Despot regierte den bitterarmen Bauernstaat seit 1944. Nach dem Ende eines blutigen Partisanenkrieges träumte er den Traum vom sozialistischen Paradies – wie so viele Diktatoren und Despoten im damaligen Ostblock. 1948 schlug die Paranoia dann zum ersten Mal zu: Sein Nachbar und einst treuer Sozialistenfreund Josip Tito habe vor, Albanien zur Teilrepublik Jugoslawiens zu machen. Nichts lag Tito ferner – zumal dieser gerade mit Stalins Sowjetunion

Mit Aussicht: typischer Bunker im Valbona-Tal in den Albanischen Alpen.

im Clinch lag (was ihn für Hodscha allerdings nur noch verdächtiger machte). Mit dem Tod Stalins – Hodschas großem Idol – war dann auch die albanische Freundschaft mit der Sowjetunion vorbei. Die entstalinisierte Sowjetunion war für Hodscha wohl zu lasch und irgendwie nicht die reine Lehre. Kurzerhand erklärte er den Maoismus zur offiziellen Linie seiner Arbeiterpartei und schmiedete eine vorübergehende Allianz mit China. Dummerweise näherte man sich dort ein paar Jahre später – ganz vorsichtig – den USA an, was Hodschas Paranoia von einer Weltverschwörung gegen ihn und sein Land nur weiter befeuerte. Zornig las er dem asiatischen Riesenreich die Leviten: Die Ideen der chinesischen Kommunisten seien ja wohl ein elender Mischmasch aus „konfuzianischen, buddhistischen, anarchistischen, trotzkistischen, titoistischen, chruschtschowianischen und eurokommunistischen Ideen", so die Kritik, die sich China aus dem 8.000 Kilometer entfernten Zwergstaat anhören musste. Unnötig zu erwähnen, dass Hodschas Zorn auch sämtliche blockfreien und neutralen Staaten traf, selbst wenn diese von seinem Land nur entfernt gehört hatten. Kurzum: Die einzige Lösung erschien Hodscha in der totalen Isolation und der Vorbereitung auf die Invasion durch totale Verbunkerung. Nach ausgiebigem Test der Bunker ging man in die Massenproduktion. Jedoch nicht ohne dass man das Misstrauen Hodschas in die Mini-Bunker auf spektakuläre Art und

Mit Kaltgetränken: das Restaurant „Bunkeri" in Durrës.

Weise zerstreute. Der Legende nach musste sich der Bunkerkonstrukteur Josif Zegali selbst in einem der Stahlbetonbauwerke verkriechen und sich mit einem Panzer beschießen lassen.

Beton und Stahl wurden in dem Land über Jahre hinweg knapp, trotzdem ließ Hodscha immer weiterbauen. Seinem Chefbunkerbauer Josif Zegali verlieh er 14 Medaillen für seine großartigen Dienste, nominierte ihn für den Titel des „Nationalhelden" und ließ ihn dann aber doch lieber ins Gefängnis sperren. Er beschuldigte ihn der Sabotage und dass er den Bau der Bunker um glatte zehn Jahre verschleppt habe. Die Paranoia war wieder da. Als Zegali nach acht Jahren wieder freikam, sah er, was er angerichtet hatte: ein total verbunkertes Land. Bewegt von den Eindrücken, schrieb er einen Brief an Hodscha und forderte ihn auf, „den Unsinn zu stoppen!". Drei Wochen später wurde Zegali erneut eingebunkert. Er sollte nicht der Letzte sein, der dem Wahn des Diktators zum Opfer fiel.

Aufseiten der Militärs hielt man nicht nur Hodscha, sondern auch seine Pilzbunkerstrategie für schieren Wahnsinn. Denn wie im Kriegsfall eine derartig weggepferchte Bevölkerung eine Invasionsarmee vom Invasieren abhalten sollte, blieb Hodschas Geheimnis. Der Verteidigungsminister traute sich sogar den zarten Hinweis, dass die Bedro-

Mit Gesicht: bemalter Bunker in Pogradec.

hung Albaniens in dieser weltumfänglichen Form möglicherweise leichte Panikmache sei. Der Minister und zwei Offiziere wurden daraufhin hingerichtet, Dutzende Militärs inhaftiert. Hodscha bestand darauf, dass sein völlig verarmter Eremitenstaat nach wie vor im direkten Visier der USA und der Sowjetunion stünde. (Selbst heutzutage darf bezweifelt werden, dass überhaupt eine größere Anzahl von US-Amerikanern weiß, wo Albanien denn nun liegt.)

Erst der Tod des Diktators beendete den Bunkerbau. Beton und Stahl gingen nun für den Bau unzähliger Enver-Hodscha-Statuen drauf, die alsbald misstrauisch auf die verpilzten Landstriche starrten. Versuche, die Bunker zu entfernen, scheiterten am nötigen Geld und der erstaunlich haltbaren Bausubstanz, sodass man sich bemühte, den unnützen Gebilden irgendeinen Sinn zu geben. Vorschläge des späteren Präsidenten Alfred Moisio, diese zur Pilzzucht zu nutzen, lösten ein erwartbar spöttisches Echo aus. Mittlerweile werden die Schutzräume für allerlei anderes gebraucht. Als Lagerräume, Unterstände für Vieh, Hundehütten, größere gar als Verkaufsläden, sogar Cafés oder Restaurants eröffnen in den militärischen Bauten. Wundervolle Ironie der Geschichte: Das, was einmal ausländische Mächte davon abhalten sollte, nach Albanien zu kommen, ist mittlerweile seine größte Touristenattraktion.

Mit Balkon: Bunker im Stadtzentrum von Shkodra.

RUMÄNIEN
Wer ist hier der Bösewicht?

Am Ende hat man mit den Film-Bösewichten ja immer ein bisschen Mitleid: Darth Vader („Star Wars") oder Biff („Zurück in die Zukunft") waren doch eigentlich ganz nette Kerle, die irgendwann nur falsch abgebogen waren. Rumänientouristen werden sich diese Frage auch beim berühmtesten aller Rumänen stellen: Dracula. War er wirklich so grausam, oder sollte sein historisches Vorbild womöglich der viel größere Schuft gewesen sein? Urteilen Sie selbst:

	Vlad III. Dräculea (der echte)	**Bram Stokers Dracula (die Romanfigur)**
Konnte die Wände hochkrabbeln	Nein	Ja (aber das ist ja wohl noch kein Verbrechen)
Ist gestorben ...	... durch Enthauptung. Sein Kopf wurde in Honig konserviert, Sultan Mehmed II. überbracht und auf einer Stange zur Schau gestellt.	... durch Enthauptung mit einem Khukuri (langes Messer). Zerfiel dann zu Asche.
Sein Erzfeind	Sultan Mehmed II. sowie alle Moslems	Die Sonne, die Kirche, Knoblauchfarmen
Seine grausamste Tat	Wählte aus einer Gruppe Zigeuner einen aus, ließ ihn braten und zwang den Rest der Gruppe ihn zu essen.	Eigentlich hat er nur Menschen gebissen, und die waren dann eigentlich auch nicht richtig tot.
Sein am weitesten entferntes Reiseziel war ...	... die Schwarzmeerküste	... England
Anzahl der Menschenleben, die er auf dem Gewissen hatte	Zwischen 40.000–100.000. (Opfer durch Zerstörung und Niederbrennen von Dörfern nicht mitgerechnet.)	Unbekannt, aber deutlich weniger als Vladdi
Sein größter Kampf	Kreuzzug gegen die Türken	Ließ andere für sich kämpfen. Die Romanfigur war eher träge.
Sein größter Fehler	Kreuzzug gegen die Türken	Verliebte sich in eine Engländerin.

SLOWENIEN
Der Olm ist der Star

Der Grottenolm ist für Slowenien das, was der Elch für Schweden ist: Beide sind die Nationaltiere ihres Landes, beide werden recht alt, man kriegt sie selten zu sehen, und wenn, dann in Souvenirshops, wo man sie als Plüschtiere erwerben kann. In den Tropfsteinhöhlen von Postojna haben Sie jedoch gute Chancen, einen echten dieser aalähnlichen Lurche zu erspähen. Dafür müssen Sie allerdings zuerst mit einer Höhlenbahn zwei Kilometer in die dunkle und feuchte Unterwelt eintauchen. Die Gleise winden sich dabei um monströse Stalakmiten und Stalaktiten, die entweder von unten nach oben oder von oben nach unten wachsen (Eselsbrücke: „Die Mi(e)ten steigen und die Tit(t)en hängen"). Eine fantastische 21 Kilometer lange unterirdische Welt, die in jeder Tolkien-Verfilmung einen Platz finden würde. Doch dafür hat Proteus anguinus keine Augen – die Grottenolme leben nämlich grundsätzlich auf Sparflamme, und sind blind wie die Nacht. Vermehrung findet nur rund alle zehn Jahre statt, und sie können – falls es hart auf hart kommt – genauso lange ohne Nahrung auskommen. Damit der Schreck beim ersten Anblick des Tieres nicht allzu groß wird, können Sie sich vorher im Souvenirshop schon einmal mit dem Höhlentier vertraut machen. Dort gibt es fast alles, was das Herz eines Grottenolmfans begehrt: Grottenolmseife (Lavendel), Grottenolmstofftiere, Grottenolmtassen und natürlich die sehr beliebten Grottenolmmagnete. Mit aufgestanzter Blindenschrift!

Grottenolme sind blind, haben aber eine lichtsensitive Haut. Blitzlichter können ihnen deshalb einen Schreck fürs Leben einjagen. Bitte kaufen Sie lieber Postkarten im Souvenirshop.

▶ *www.postojnska-jama.eu*
Für alle Zuhausegebliebenen gibt es im Online-Shop die Plüschgrottenolme in den Größen 25 cm, 35 cm, 50 cm und 90 cm zu kaufen.

MOLDAWIEN
Kapitol und Kommunismus

Die Zigeunerhauptstadt

Wer nach Soroca reist, kann sich so manchen anderen Städtetrip sparen. Das Bolschoi-Theater, der Petersdom oder das Washingtoner Kapitol – Soroca hat sie alle! Mit 37.000 Einwohnern galt die Stadt im äußersten Nordosten Moldawiens bisher eher als touristischer Außenposten – bis zu dem Tag, an dem sich einige ihrer Bewohner entschieden, ihren Reichtum und Wohlstand der Welt zu zeigen. Und wie könnte man das besser machen als mit Gebäuden, die in der ganzen Welt bekannt sind. Der politisch unkorrekte, aber in Moldawien so genannte Zigeunerhügel ist eine bizarre Skurrilität moldawischer Architektur.

Soroca gilt als „Zigeunerhauptstadt Moldawiens", die hier lebenden Roma sprechen gar von der „Zigeunerhauptstadt der Welt". Und wie in jeder Hauptstadt von Welt sind die Gebäude Spiegelbild der Macht, Kultur und wirtschaftlichen Stärke eines Landes und ihrer Bewohner. In dieser Hinsicht macht man in Soroca keine Ausnahme, man übt sich jedoch auch nicht gerade in Bescheidenheit. Protz und Prunk, Schmuck, Autos und Häuser sind Dinge, die – wenn man sie schon hat – auch gezeigt werden. Die in Soroca sesshaften und wohlhabenden

Das Original: das Kapitol in Washington.

Tigani (Zigeuner) zeigen ihren Reichtum, indem sie ihre als „Zigeunerpaläste" bekannten Villen in Form von Kopien weltweit bekannter Gebäude errichten. Dass dabei Maßstab, Material und architektonische Details nicht immer zu ihren berühmten Vorbildern passen, ist unverkennbar – was den Zigeunerhügel aber umso sehenswerter macht. Man stößt hier immer wieder auf Bauten, denen man ansieht, dass sie gerne das Bauwerk des Nachbarn höhenmäßig übertrumpfen möchten. Wer das US-Kapitol baut, muss sich also nicht wundern, wenn er eines Tages einen Petersdom vor die Nase gesetzt bekommt! Auch in anderer Hinsicht sind viele Gebäude in Soroca den historischen Sakralbauten des Abendlandes ähnlich: Gebaut wird nämlich immer dann, wenn mal wieder Geld da ist, und so kann alles ein bisschen dauern. Bei vielen Gebäuden fehlen schlichtweg die Fenster, sodass sie mehr durch ihren Sichtbeton und weniger durch einen Farbanstrich beeindrucken. Den meisten Häusern fehlen die Türen, manche Erbauer haben an den Zäunen gespart, und eigentlich niemand hat an eine Gartenanlage gedacht. Auf Grünes am Boden kann man vorerst verzichten, wenn das Gebäude doch in den Himmel wachsen soll. Einfache Häuser sind in dem Viertel für rund 20.000 Euro zu bekommen, für eine international bekannte Sehenswürdigkeit muss man schon zwischen 100.000 und 200.000 Euro auf den Tisch legen. Woher dieser Wohlstand kommt, bleibt dabei höchst spekulativ. Vielleicht deshalb wollen die Bewohner das touristische Potenzial ihres bizar-

Die Fälschung in Soroca: (fast) täuschend ähnlich, nur die Farbe fehlt noch.

ren Stadtteils nicht wirklich ausschöpfen oder haben dieses Potenzial einfach noch nicht erkannt. Irgendwie scheint es für sie nichts Ungewöhnliches zu sein, im Bolschoi-Theater zu wohnen. Kurios ist dabei, dass einige der eklektizistischen Prunkvillen gar nicht bewohnt sind, sondern durch ihre reine Präsenz den gesellschaftlichen Status ihrer Nichtbewohner darstellen sollen. Viele von ihnen wohnen in nahe gelegenen Hütten oder Wohnmobilen. Klingt erst einmal komisch, aber der Papst schläft ja schließlich auch nicht im Petersdom.

Russischer Klassizismus: das weltberühmte Bolschoi-Theater in Moskau.

Drei Pferde, es sind aber vier im Original! Ohne diesen bedauerlichen Fehler wäre diese Version des Bolschoi-Theaters vom Original kaum zu unterscheiden.

Der Operettenstaat Transnistrien

Für die Gründung eines Staates braucht man im Wesentlichen zwei Dinge. Zunächst einmal Menschen, die behaupten, einen neuen Staat gegründet zu haben. Und dann andere Menschen, die das dann glauben. Im Falle von Transnistrien glaubt das mit Ausnahme der Transnistrier momentan aber niemand.

Eigentlich hat der schmale Streifen Land am rechten Ufer des Flusses Dnister alles, was man für einen Staat so braucht. Eigene Pässe, eigene Währungen, eine Haupstadt mit Strom und fließend Wasser und nicht zuletzt eine Armee, die all das im Zweifelsfalle verteidigen würde. Wer wissen will, in welchem Jahrzehnt die Zeit in Transnistrien stehen geblieben ist, für den reicht ein Blick auf die Straßenschilder bei einer Fahrt durch die Hauptstadt Tiraspol: Von der Karl-Marx-Straße rechts auf die große Karl-Liebknecht-Straße, vorbei am Puschkin-Denkmal über die Leninstraße rein in die Rosa-Luxemburg-Straße, an deren östlichem Ende das Kino „Tiraspol" erstaunlich westliche Filme vorführt. Von außen betrachtet, wirkt der 500.000-Einwohner-Staat wie ein riesiges Freiluftmuseum des Kommunismus. Das Land hat keine Sehenswürdigkeit, es ist die Sehenswürdigkeit. Grenzsoldaten kontrollieren unter einem Wappen aus Hammer und Sichel die Einreise in einen Staat, der offiziell gar nicht existiert. (Trotzdem werden 40 Cent Einreisegebühr verlangt.) Die Polizisten der Hauptstadt könnten in jeder DDR-Retro-Komödie als Statisten anfangen. Auf der alljährlichen

Strammstehen mit Ordenslast. Auf der jährlichen Parade wird der militärischen Stärke alter Zeiten gedacht. Aus diesen stammen auch die Kraftwagen.

Militärparade paradieren gebrechliche Kriegsveteranen mit bedenklich schwerer Ordenslast in Fantasieuniformen vorbei an den Kriegsdenkmälern, die der gefallenen Sowjetsoldaten gedenken. Die staatlichen Medien hören nicht auf, vor dem „Imperialismus der USA" zu warnen, und loben die kühnen Pläne ihres Präsidenten und seiner umtriebigen Regierung („200 Prozent Wachstum binnen fünf Jahren"). Eine Regierung, die weiter Pässe ausstellt, mit denen man nirgendwohin reisen kann, und transnistrische Rubelscheine drucken lässt, mit denen man außerhalb des Operettenstaates rein gar nichts kaufen kann.

Das surreale Theaterstück dauert nun schon 25 Jahre, und es ist kein wirkliches Ende in Sicht. Moldawien erkennt Transnistrien nicht an, Transnistrien erkennt Moldawien an, nur eben ohne Transnistrien. Eine Wiedervereinigung scheint in weite Ferne gerückt, zumal man sich in Transnistrien am liebsten zurück in den Schoß der guten alten Sowjetunion legen möchte. Dass diese sich mittlerweile geschichtlich erledigt hat, das haben auch die transnistrischen Führer eingesehen, schließlich ist man ja selber ein Mini-Rudiment der atomisierten Weltmacht. Deshalb schlägt man sich in dem Separatistenstaat auf die Seite Russlands. Leider hat man selbst dort Transnistrien nicht anerkannt, was schon ein bisschen auf die transnistrische Volksseele drückt, schließlich tut man ja so ziemlich alles, um Ruhm und Ehre der ehemaligen Weltmacht zu preisen. Immerhin: Russland greift wirtschaftlich unter die Arme. Man verzichtet dort schon mal auf die Bezahlung ausstehender Gasrechnungen und ist wichtigster Handelspartner des Kleinstaates, weshalb ganz Transnistrien treu an Russlands Seite steht! Ganz Transnistrien? Nein! Denn den Gipfel des Wahnsinns der Kleinstaaterei bildet das Städtchen Dorotcaia. Das Dorf liegt zu 85 Prozent in Moldawien, die Felder der Bauern aber in Transnistrien. Dort vergammelt nun die Ernte, weil transnistrische Polizisten den illegalen Grenzübertritt von Pferdefuhrwerken und Mähdreschern verhindern. Das (transnistrische) Nachbardorf Grigoriopol wiederum schickt viele der Kinder in die Schule des moldawischen Dorotcaia. Denn hier zeigt man sich kooperativer. Vormittags werden die einheimischen moldawischen Kinder beschult, Nachmittags sind dann die transnistrischen Kinder dran. Der Hintergrund: In transnistrischen Schulen darf Moldawisch nur in kyrillischen Buchstaben gelehrt werden. Eine sprachliche Spezialkompetenz, mit der man außerhalb Transnistriens allerdings bei keinem Bewerbungsgespräch Pluspunkte wird sammeln können. Auch das Angebot moldawisch-kyrillisch gedruckter Medien hält sich in sehr engen (transnistrischen) Grenzen. Weshalb viele Eltern an der reinen Lehre der sozialistischen Bildungsideale zweifeln. Ob in Grigoriopol, Dorotcaia oder in anderen Grenzorten – nach 25 Jahren unter Hammer und Sichel wünschen sich immer mehr Menschen ein Ende des bizarren Zustandes. Alle Versuche scheiterten jedoch – außer im Fußball. Um weiterhin an den Spielen der UEFA-Champions-League und des UEFA-Pokals teilnehmen zu können, spielen drei transnistrische Vereine in der moldawischen Fußballliga! So besitzen viele transnistrische Sportler auch einen der verhassten, aber dann doch ganz praktischen moldawischen Pässe – beim Sport hört eben die Feindschaft auf!

Tiraspol: die Hauptstadt des Operettenstaats

Zwei junge Frauen gehen vor einem Haus mit der Propagandainschrift: „Wir errichten eine lebenswerte Stadt". Noch ist nichts zu sehen.

Plakat auf hässlichem Haus, das zeigt, wie schön einmal alles aussehen wird.

Transnistrien ist dreisprachig: Russisch, Ukrainisch und Moldawisch.

SERBIEN
Drunter und drüber

Der merkwürdige Friedhof von Smoljinac

Nähert man sich den Gebäuden am Rande der kleinen Stadt Smoljinac, könnte man sie zunächst für eine ganz normale Siedlung mit kleinen Bungalows oder Ferienhäusern halten – Fenster, Terrassen, eine Bank vor der Tür, manchmal ein kleiner Zaun um das Gelände. Ein genauer Blick verrät jedoch: Man befindet sich auf einem der merkwürdigsten Friedhöfe Europas. Smoljinac ist eigentlich ein Gastarbeiterdorf mit recht luxuriösen Häusern, Villen und gar burgähnlichen Eigenheimen mit gewöhnungsbedürftiger Architektur. Gebaut wurden die meisten von Gastarbeitern, die im Ausland wohlhabend geworden sind und nun ihr Kapital in der Heimat investieren.

Im Laufe der Jahre entwickelte sich ein Trend, dem sich in Deutschland jede Friedhofsordnung entgegenstellen würde. In Smoljinac begann man Ende der 1960er-Jahre mit dem Bau opulenter Grabstätten aus ganz pragmatischen Gründen. Die ersten wurden errichtet, um Angehörige beim Friedhofsbesuch vor Wind, Regen und Kälte zu schützen. Doch was für die Häuser der Gastarbeiter gilt, sollte auch auf dem Friedhof Anwendung finden: Das eigene Haus (oder

Ferienhaussiedlung? Nein, Friedhof!

eben Grabmal) darf ruhig ein bisschen größer sein als das des Nachbarn. Und so entstanden möblierte Häuschen, manche mit protzigen Säulenvorbauten, manche tempelartig bis hin zu begehbaren Miniaturkirchen. Doch die sakrale Bauwut könnte bald ein trauriges Ende finden – so langsam werden die Grundstücke auf dem merkwürdigen Friedhof knapp.

Das merkwürdige Stadion von Voždovac
Egal in welcher Stadt, Einkaufszentren sehen doch eigentlich immer gleich aus: im Keller ein Supermarkt (mit Frischetheke), daneben ein Discounter (ohne Frischetheke). Im Erdgeschoss Klamotten, Kiosk und Konsumelektronik. Im zweiten Geschoss dann Geschäfte, in die man eigentlich überhaupt nicht wollte, aber doch „mal reinguckt", weil man sich ja nicht den ganzen Tag zwischen den Fruchtsaftständen im Erdgeschoss rumdrücken kann. Und auf dem Dach? Bestenfalls findet sich dort ein kostenpflichtiges Parkdeck, im Regelfall aber nur eine Konstruktion, die den Regen daran hindert, in die Erlebnisvitrinen des Einkaufszentrums zu tropfen. Im Belgrader Stadtteil Voždovac hat man stattdessen einfach ein Fußballstadion auf das Einkaufszentrum gesetzt. Feinster Kunstrasen und schicke Tribünen sind seit dem Jahr 2013 die neue Heimat des serbischen Fußballclubs FK Voždovac, dessen Aufstieg aus dem Fußballkeller in die erste Liga nun mit Spielen in 40 Meter Höhe belohnt wird.

Ein ganz normales Einkaufszentrum ...   ... mit einem ganz normalen Stadion.

V.
DIE ZWERGSTAATEN

„Sie waren vier Schwestern: Andorra, Liechtenstein, San Marino und Monaco – und Wir durften sie beim Roten in der Geographiestunde rasch aufsagen: Andorra, Liechtenstein ... und die Hauptstädte – und aus.

Die Täler sahen aus wie alle Pyrenäentäler dieser Gegend – aber als wir nach Andorra-la-Vella kamen der Hauptstadt, da sah ich den Unterschied. Die Hauptstadt hat fünfhundert Einwohner, und diese Belegschaft eines Berliner Ackerstraßenhauses verteilt sich in graubraunen, primitiv gebauten Häusern, die Feldsteine sind nicht übertüncht, sondern liegen nackt. Die Ritzen sind mit Erde verstopft.

Casa de la Val ist das Regierungsgebäude. Es war grade keiner drin. Es erschien ein riesiger Schlüssel mit einem Mann hinten dran, beide schlossen auf. Außen war ein bisschen Latein an der Tür, innen war ein Schulraum mit alten Fresken und nackten Bänken und einem Lehrertischchen. Daneben das Beratungszimmer des Rats. Es sind vierundzwanzig Männer, die das Land verwalten, vier aus jeder der sechs Gemeinden. Dieser Rat wird alle zwei Jahre zur Hälfte erneuert; das ist seit Jahrhunderten so. Zwei Vögte führen die Verwaltungsgeschäfte, einer ist von den Franzosen, der andre von den Spaniern ernannt. Sie sind Chefs der Landesmiliz. Es gibt aber keine."

aus: Kurt Tucholsky: Ein Pyrenaenbuch, Berlin 1927

Die Zwergstaaten

„Drum grüße jeden Zwerg auf Erden, er könnt' mal dein Direktor werden."

SPRICHWORT

ANDORRA
Raucherparadies

Anreise
Weltweit gilt es unter Piloten als lebensgefährlich, in Andorra zu landen, was daran liegen mag, dass Andorra keinen Flughafen hat. Auch ein Eisenbahnnetz gibt es nicht – versuchen Sie es also gar nicht erst. Aus Richtung Frankreich nehmen Sie am besten die Autobahn E9, um den symphatischen Zwergstaat zu besuchen. Bitte rechtzeitig bremsen – es gibt nur eine Ausfahrt.

Andorianer oder Andorraner?
Es heißt Andorraner. Die Andorianer sind eine außerirdische Spezies, die auf dem Planeten Andoria beheimatet ist und zu den Gründungsmitgliedern der Vereinigten Föderation der Planeten gehört. Ihre Haut ist blau, und auf dem Kopf tragen sie zwei insektenartige Fühler, was eine Verwechslung nahezu ausschließen sollte.

Raucher
Sie rauchen gerne? Und viel? Willkommen in Andorra! Hier ist man stolz auf sein Anti-Nichtraucher-Gesetz. Sofern Sie Andorra nicht wegen seiner Schulen, Krankenhäuser und Busse besuchen, können Sie sich überall eine anstecken. Bitte bedenken: Mehr als 300 Zigaretten dürfen nicht eingeführt werden – was aber angesichts der Zigarettenpreise auch überhaupt keinen Sinn machen würde (ca. 1,90 € pro Packung!).

Sport
Ein Muss für Fußballromantiker: ein Besuch im Camp d'Esports d'Aixovall – dem Nationalstadion Andorras und Spielort einer der schlechtesten Nationalmannschaften der Welt. (FIFA-Rangliste Platz 202 von 206.) Die erhabene Kulisse des Stadions mit der spektakulären Bergwelt im Hintergrund wird im Normalfall durch nicht mehr als 100 Zuschauer gestört. Das Stadion ist zudem Heimstatt des FC Andorra (und auch aller anderen Mannschaften der Liga). Schauen Sie doch einfach mal rein – irgendwer spielt immer.

Doppelspitze
Andorra ist das einzige Land der Welt mit zwei Staatsoberhäuptern. Es wird von zwei „Fürsten" regiert: dem amtierenden französischen Präsidenten sowie dem spanischem Bischof von Urgell.

VATIKANSTADT
Der kleinste Staat der Welt

Glauben, ja – aber bitte keiner Statistik!
Rein statistisch gesehen, gibt es in Vatikanstadt zwei Päpste pro Quadratkilometer. Rein theologisch gesehen ist in dem 0,5 Quadratkilometer großen Staat jedoch nur einer zulässig. Was wieder einmal beweist, dass man keiner Statistik wirklich trauen kann, gerade nicht denen, die sich mit dem Vatikan beschäftigen. So ist zum Beispiel die Kriminalitätsrate im Vatikan nachweislich die höchste der Welt. Auf rund 800 Einwohner kommen jedes Jahr zwischen 400 und 600 Verbrechen. Diese werden jedoch hauptsächlich von italienischen Taschendieben begangen, die einige der beseelten Vatikantouristen um etwas irdischen Besitz erleichtern. Den meisten Kleinkriminellen gelingt allerdings die Flucht nach Italien. Das vatikanische Gefängnis bietet deshalb auch nur Platz für zwei Personen und wird in belegungsfreien Zeiten (also fast immer) auch als Lagerraum genutzt. Richtig ist hingegen die statistische Erkenntnis, dass der Vatikan mit 100 Prozent den weltweit höchsten Katholikenanteil (alles andere wäre überraschend) und mit null Prozent die geringste Geburtenrate (alles andere wäre noch überraschender) hat. Spontane Geburten aus Kreisen der 18 Millionen Touristen werden in Krankenhäusern im italienischen Ausland abgewickelt, was vor allem daran liegt, dass der Vatikan kein eigenes Krankenhaus hat. Ganz nüchtern muss man folgende Zahl betrachten: Nirgendwo auf der Welt wird mehr gesoffen als im Vatikan. Zumindest in Sachen Wein. Rund 54 Liter werden pro Jahr getrunken – das Doppelte des Weinverbrauchs eines Durchschnittsitalieners! Wer jetzt eine statistische Verzerrung durch den Messweinverbrauch vermutet, der irrt. Die Zahl ist messweinbefreit und bezieht sich ausschließlich auf den tatsächlichen Konsum.

Grenzprobleme
Das Reich Gottes mag unendlich sein, sein irdischer Vorposten platzt jedoch aus allen Nähten. Wer die Stadtmauer des Kirchenstaates entlangflaniert, der sei gewarnt: Sie deckt nicht zu 100 Prozent das Staatsgebiet ab, einige Gebäude liegen auf italienischem Staatsgebiet – dummerweise auch ein Teil der päpstlichen Audienzhalle. Der Thron des Papstes steht noch auf vatikanischem Hoheitsgebiet. Sollten Sie zu einer Audienz vorgelassen werden, dann seien Sie bitte nicht enttäuscht: Sie selbst stehen auf italienischem Grund und schauen dem Spektakel aus dem Ausland zu!

ZYPERN
Geteilte Insel

Was gibt es zu beachten?
Linksverkehr! Es herrscht Linksverkehr! Man kann es nicht oft genug betonen. Auch in Nordzypern!

Warum ist Zypern immer noch in Nordzypern und Zypern geteilt?
Der Konflikt zwischen den beiden Staaten gilt in Kreisen der Vereinten Nationen als der nervigste, ödeste und kindischste Konflikt der letzten 40 Jahre – immerhin stirbt keiner mehr, weshalb man kaum noch diplomatisches Spitzenpersonal zur Konfliktlösung schickt bzw. findet. Die einzige Nation, die Nordzypern als Staat anerkennt, ist die Türkei – die Landesflaggen ähneln sich deshalb auch recht deutlich. Die größte ihrer Art besteht aus rot und weiß getünchten Steinen und spannt sich auf 425 Meter Breite über den Südhang des Kyrenia-Berges – sie ist damit sogar die größte Fahne Europas! Tipp: Sie können mit dem Auto direkt in die Steinfelder fahren und einen der kleineren Steine mopsen. Schließlich könnte die monumentale Fahne bei einer Wiedervereinigung eingeholt bzw. eingesammelt werden. Der Wert eines Steines könnte rasant steigen – denken Sie an die heutigen Preise für ein Stück der Berliner Mauer!

Europas größte Fahne ist von Zyperns Wiedervereinigung bedroht. Schauen Sie vorbei, solange sie noch steht bzw. liegt!

MALTA
Volle Insel

Malta ist das kleinste Land der Europäischen Union, muss sich dafür aber nicht schämen. Immerhin ist die Mittelmeerinsel der Flächenstaat mit der weltweit höchsten Bevölkerungsdichte. Rund 1.300 Malteser und Malteserinnen drängeln sich pro Quadratkilometer auf dem zauberhaften Eiland. (In Deutschland sind es nur 230. Also Deutsche, nicht Malteser.)

Die Atlantis-Theorie
Einige „Experten" der aktuellen Atlantisforschung behaupten, Malta sei eigentlich eben jene versunkene Stadt. Dass Malta allerdings immer noch über dem Meeresspiegel liegt, ist den Experten scheinbar noch nicht aufgefallen.

Popeye Village
Für alle, die sich nicht mehr an den Film **„Popeye – Der Seemann mit dem harten Schlag"** erinnern können (und das werden ziemlich viele sein), hier zur Erinnerung: **„Popeye – Der Seemann mit dem harten Schlag"** war in den 1980er-Jahren ein kinomäßiger Vollflop. Die Filmkulisse im äußersten Norden der Hauptinsel erwies sich jedoch als überraschend robust und hat sich zu einer merkwürdig-obskuren Touristenattraktion für jung und nicht mehr ganz so jung entwickelt.

Ganz real besuchbar: die Traumwelt des Kult-Regisseurs Robert Altman.

MONACO
Bloß nicht!

Um die Größe Monacos bildhaft zu veranschaulichen, gibt es mehr Vergleiche als Monegassen. „Passt zehnmal in den Frankfurter Flughafen", „Hat die Fläche vom Berliner Tiergarten", „Ist kleiner als Bielefeld, aber größer als das Legoland". Deshalb hier die harten Fakten: Monaco ist 1,95 Quadratkilometer groß und hat damit exakt 0,00577 % der Landesfläche von Moldawien.

Gibt es überhaupt Sehenswürdigkeiten in Monaco?
Nein. Geben wir diesen dauergebräunten Steuerflüchtlingen nicht auch noch das Gefühl, sie bewohnten etwas Besonderes. Vielmehr bewohnen sie etwas besonders Enges: den dichtbesiedelsten Stadtstaat der Welt. Bei einer Bevölkerung von 32.000 Monegassen und -gassinnen hat jeder rechnerisch nur eine Fläche von rund 60 Quadratmetern für sich – was im Normalfall gerade einmal für ein einfaches Gästeklo reichen sollte.

Lohnt überhaupt ein Besuch?
Nein! Wirklich nicht.

Wird Monaco für immer ein versnobtes, verblödetes und langweiliges Steuerparadies bleiben?
Nein. Sollte die monegassische Königsfamilie mangels Nachwuchs irgendwann einmal aussterben, fällt das Fürstentum Monaco an die Republik Frankreich zurück. „Lassen Sie es wie einen Unfall aussehen." – „Jawohl, Monsieur le President!"

Gibt es denn gar nichts Gutes über Monaco zu sagen?
Die Arbeitslosenrate liegt bei null Prozent. Die Lebenserwartung ist die höchste der Welt. Der durchschnittliche Monegasse stirbt erst mit 90 Jahren, die Hälfte der Einwohner als Millionäre, der Rest sicher auch nicht gerade arm. Durch Landgewinnung ist das Fürstentum in den letzten Jahren um rund 40 Hektar gewachsen. Trotzdem gibt es im Land der Superreichen nicht einen einzigen Golf- oder Poloplatz!

Aber der Formel-1-Grand-Prix lohnt doch sicher für einen Besuch?
Nein. Es sei denn, Sie haben vor, ihn zu gewinnen.

SAN MARINO
Die Steinmetzenrepublik

San Marino ist ein durchweg sympathischer Zwergstaat. Bei einem Besuch wird man Ihnen bei jeder sich bietenden Gelegenheit erklären, dass San Marino die älteste Republik der Welt ist. Zur Untermauerung dieser (durchaus umstrittenen) Behauptung wird meist auch das genaue Datum genannt: Am 3. September 301 rief ein dalmatinischer Steinmetz die Republik aus. Seitdem hat San Marino weder einen Krieg begonnen noch sich an einem beteiligt. Sogar die Todesstrafe wurde bereits 1848 abgeschafft – noch lange bevor einige Länder sie überhaupt einführten.

Für Museumsfreunde
Dafür, dass es ungefähr nur so viel San Marinesen in San Marino gibt wie Pinneberger in Pinneberg, sind die Museen erstaunlich zahlreich und erstaunlich bizarr. Unter dem griffigen Namen „Museo Creature della Notte – Vampiri e Licantropi" firmiert in etwa das Vampir- und Werwolfmuseum. Trotz oder gerade wegen seiner friedlichen Vergangenheit zeigt man in San Marino erstaunliches Interesse an aller Art von Militärtechnik (Kriegswaffenmuseum). Hinzu kommt ein Wachsfiguren- und Kuriositätenkabinett, ein Ferrari-Museum sowie ein Foltermuseum.

Für Tunnelfreunde
Wer genug von den zahlreichen fantastischen Aussichten vom Burgturm hat, dem sei ein Spaziergang unter Tage empfohlen. Tief im Berg gibt es 17 verlassene Eisenbahntunnel. Die Bahnstrecke wurde – kurz nach ihrer Fertigstellung – im Zweiten Weltkrieg bombardiert und einfach nicht wieder aufgebaut. Manche Gänge sind wegen Einsturzgefahr gesperrt, andere wurden asphaltiert und als Fußwege hergerichtet. Welche genau, bleibt an dieser Stelle einmal unerwähnt – ein guter Urlaub braucht ein bisschen Spannung.

Was können wir von San Marino lernen?
Wie man Letzter in der FIFA-Weltrangliste ist und trotzdem seine Würde bewahrt. Ein Spiel der Nationalmannschaft ist immer ein Erlebnis – vor allem wenn man gerne mal ein paar Tore fallen sieht. Schon nicht zweistellige Niederlagen gelten als Siege, und falls es doch mal mehr werden sollten, erzählt man sich unter San Marinesen halt noch einmal die Geschichte von der ältesten Republik der Welt.

LIECHTENSTEIN
Steueroase ohne Hafen

Das Fürstentum liegt eingeklemmt zwischen Österreich und der Schweiz. Weder das Land selbst noch seine Nachbarländer haben einen Zugang zum Meer. Das ist in Europa so einmalig wie die Steuergesetzgebung Liechtensteins, die durchaus den Bau einer hochmodernen Hafenanlage für Luxusjachten rechtfertigen würde – wenn man nur könnte.

Weltpolitik: kein Interesse an Alaska und langer Streit mit Russland
Einmal gab es die Chance auf einen Zugang zum Meer. Bevor der Zar Alexander II. im Jahr 1867 Alaska an die USA verscherbelte, klopfte man von russischer Seite auch mal beim Liechtensteiner Fürsten an. Dort zeigte man aber wenig Neigung, sein Staatsgebiet um das Zehntausendfache zu vergrößern – am Ende hat man ja nur Scherereien mit den neuen Nachbarn. Nach diesem Ereignis wurde es in der Liechtensteiner Geschichte noch genau einmal spannend – erstaunlicherweise wieder unter russsischer Beteiligung: Am 3. Mai 1945 tauchten wie aus dem Nichts 500 Soldaten der „Ersten Russischen Nationalarmee" auf und begehrten Asyl im militärisch recht unbeteiligten Zwergstaat. Man habe als „echte Russen" zusammen mit Deutschland gegen die Sowjetunion gekämpft und wolle nun nicht in Gefangenschaft der Westalliierten gelangen. Trotz zweifelhafter Motive des Kampfverbandes akzeptierte man und lehnte alle späteren Auslieferungsgesuche der Sowjetunion strikt ab. In der Gemeinde Schellenberg (gleich bei der „Wirtschaft zum Löwen") steht deshalb heute das sogenannte Russen-Denkmal – wobei fraglich ist, wer bei der ganzen Angelegenheit eigentlich Held und wer der Schurke war.

Das Russen-Denkmal in Schellenberg. Im Hintergrund: die Außenterrasse der „Wirtschaft zum Löwen".

Abgeschlossenes Schloss
Das durchaus imposante Domizil des Fürsten thront hoch auf einem Felssockel. Leider kann es nicht besichtigt werden. Am Staatsfeiertag (15. August) lädt der Monarch aber zu einem Aperitif ein – im Schlossgarten. Näher kommt das Volk an den Prachtbau nicht heran.

VI.
FRANKREICH UND DER BENELUX

„Einige Ratschläge mögen für den Aufenthalt in Frankreich noch am Platze sein. Ohne eine oberflächliche Kenntnis der Sprache ist es nicht möglich, seine Selbstständigkeit zu wahren. Auf der Straße kann man nicht damit rechnen, sich anders als französisch verständlich zumachen. Allzu laute Unterhaltung wird für einen groben Mangel an gesellschaftlicher Bildung gesehen. Man gewöhne sich an die französischen Formen der Höflichkeit, die selbst Kellnern und Kutschern gegenüber ein »s'il vous plaît« bei Aufträgen für erforderlich hält. Anreden sind stets mit »Monsieur«, und »Madame« und »Mademoiselle« zu schließen. Dagegen ist es allgemein üblich, im Café und in Kaufläden, sowie im Theater bis zum Beginn der Vorstellung den Hut aufzubehalten.

Paris ist die hohe Schulde der Kochkunst, die Pariser Küche ist die erste der Welt. An der *Table d'Hôte* (Aushang der Tageskarte) der Gasthöfe lassen sich ihre Feinheiten nur ahnen. Zur Gewissheit kommt man in den vornehmen Restaurants, deren Preise allerdings nicht selten die kühnsten Vorstellungen übersteigen.

Auf der Straße erteilen die Schutzmänner bereitwilligst Auskunft; einige von ihnen sind fremder Sprachen mächtig und tragen Armbinden in den betreffenden Landesfarben. Fragen an andere Leute sind besser zu unterlassen."

aus: Karl Baedeker: Paris nebst einigen Routen durch das nördliche Frankreich, Leipzig 1909

Frankreich

„Wie soll man ein Land vernünftig regieren,
das 246 Käsesorten hat?"

CHARLES DE GAULLE

ALLGEMEINE REISEINFORMATIONEN

À votre sanitär!

Um die Frage gleich zu beantworten: **„In einem Taxi nach Paris"** zahlen Sie am besten Festpreis. Von – sagen wir mal – Cottbus nach Paris sind es nach Auskunft einer Taxizentrale rund **1.300 Euro.** Frankreich hat übrigens auch eine Grenze zu den Niederlanden, die sich auf der Karibikinsel **St. Martin** befindet. Sie können also direkt über die Niederlande ins Land einreisen – die Taxikosten dürften allerdings astronomisch sein.

Auf welchem Wege auch immer – jedes Jahr besuchen rund **78 Millionen Touristen** das Land**,** um Käsesorten falsch auszusprechen oder genießerisch ein „Gordon Blö" zu bestellen. Doch keine Angst – die Franzosen sind sehr tolerant. Egal aus welchem Land Sie kommen – in Frankreich werden alle Menschen **gleichermaßen arrogant** behandelt. Mit ein paar einfachen Gebrauchshinweisen werden Sie viel Freude an dem Land haben:

1. Die meistbesuchte Sehenswürdigkeit in Frankreich ist das **Disneyland**. Auch wenn das kein Franzose jemals zugeben würde.

2. Die Gerüchte, dass die **Musik der Marseillaise** von einem deutschen Organisten aus Meersburg komponiert wurde, sollten Sie besser nicht zur Sprache bringen. Auch die Behauptung, dass die Engländer den Franzosen **„in zwei Weltkriegen den Arsch gerettet haben"**, hat in der „Grande Nation" den Beliebtheitsgrad von altem Schwarzbrot.

3. Immer wieder wird auch folgende Geschichte erzählt: In den 1950er-Jahren wurden in Paris schlanke, **struppelige Rauhaardackel** durch die engen Röhren der Kanalisation gejagt, um diese zu säubern. Das ist natürlich eine urbane Legende. In Wirklichkeit waren es **Pudel**.

4. Falls Sie mal Ihre Klamotten waschen wollen, wundern Sie sich nicht: Das Waschmittel Persil heißt in Frankreich „Le Chat" (= die Katze). Persil bedeutet auf Französisch nämlich Petersilie, und die gehört ja nun wirklich nicht in die Waschmaschine.

5. Das Dorf von Asterix und Obelix existiert nicht wirklich! Im Übrigen hat es in den Comicheften nicht einmal einen Namen.

VERKEHR

Im Kreisel gehts rund!

Die Promillegrenze für Autofahrer liegt in Frankreich genau wie in Deutschland bei 0,05 Prozent. Doch aufgepasst: Auch Radfahrer dürfen maximal 0,05 Prozent Alkohol im Blut haben. Andere Mittel wie z. B. Epo, Amphetamine oder Steroide gelten als offiziell verboten, werden jedoch insbesondere auf längeren Fahrradtouren immer wieder gern genommen.

Achtung Verkehr! Ob es daran liegt, dass sich die Franzosen beim Küssen so sehr konzentrieren, dass sie alles um sich herum vergessen, oder ob ein französischer Kuss die Teilnehmer schlicht aller Sinne beraubt (siehe auch „Voulez-vous knutscher avec moi"), man weiß es nicht: Das Küssen auf Bahnübergängen ist jedenfalls gesetzlich verboten. Die Gesetzesgeber möchten mit dieser Vorschrift verhindern, dass Küssende von herannahenden Zügen überrollt werden.

Zirkeltraining: In der Weltrangliste der Kreisverkehre liegt Frankreich mit rund 30.000 „rondspoints" auf Platz eins. Achtung: Die Vorfahrtsregel ist vom Grundsatz her anders als beispielsweise in Deutschland, denn in Frankreich haben die Fahrzeuge, die in den Kreisverkehr einfahren wollen, Vorfahrt. Es gilt also standardmäßig „rechts vor links" – eine Vorfahrtsregel, welche die Franzosen erfunden haben und die auf Napoleon zurückgeht, der seine Truppen immer nach rechts marschieren ließ. Im modernen Praxistest zeigt sich der Verkehrsfluss allerdings etwas anders als zu Zeiten des großen Heerführers und führt

Auf Frankreichs Straßen gilt: Finger weg vom Alkohol! Hände ans Lenkrad! Oder doch lieber mit dem Taxi nach Hause?

in Stoßzeiten dazu, dass immer mehr Leute in den Kreis hineinfahren, jedoch kaum noch ein Fahrzeug hinauskommt. Aus diesem Grunde wird die Rechts-vor-links-Regel heutzutage an vielen Kreiseln ausgesetzt. Das Schild „Vous n'avez pas la priorité" zeigt an, dass der auf den Kreisverkehr zufahrende *keine* Vorfahrt hat. Bei mehrspurigen Kreiseln haben Fahrzeuge auf den Innenspuren gegenüber dem außen Fahrenden Vorrang. Wem das alles ein wenig spanisch vorkommt, macht es am besten wie in den alten Louis-de-Funès-Filmen und bahnt sich mit großen Gesten und unter Zuhilfenahme der Hupe den Weg.

Nie wieder ohne

Jahrelang hatte die südfranzösische Gemeinde Condom ohne Ortsschild dagestanden, weil Souvenirjäger neu ersetzte Schilder immer wieder innerhalb kürzester Zeit mitgehen ließen. Der örtlichen Polizei nach steckten zumeist britische und auch deutsche Touristen hinter den Diebstählen, da das Schild für Franzosen keinerlei Reiz habe. Hintergrund: Die französische Bezeichnung für das Verhütungsmittel lautet nicht etwa „condom", sondern „préservatif". Dass die Schilder heute nicht mehr mitgenommen werden, liegt vor allem daran, dass die Leute das Schild jetzt lieber als Selfie-Motiv nutzen. Anstatt mühsam das Blechteil abzuschrauben, wird einfach schnell ein Foto gemacht und am besten gleich ins Netz gestellt.

Bereits vor Erfindung des BHs ein beliebtes Fotomotiv: das Ortsschild von Condom.

Do it your Selfie! Gegen langweilige Selfies hilft nur springen. Gegen das „Paris-Syndrom" gibt es bisher kein Heilmittel.

REISEWARNUNG

Achtung Kulturschock: das Paris-Syndrom

Die französische Hauptstadt genießt einen sagenumwobenen Ruf. Kulturelle Superlative gemischt mit französischer Lebensart lassen die Herzen der Paris-Besucher seit jeher höherschlagen. Doch Achtung: Bevor Sie Paris besuchen, sollten Sie sich fragen, ob Sie wirklich bereit für diese Stadt und ihr einzigartiges Flair sind. Denn nicht jeder ist den Vibrations der Stadt der Liebe gewachsen, und gerade Touristen aus kulturkargen Gegenden (z. B. Dithmarschen, Ostfriesland oder dem Thüringer Wald) und fernen Ländern (z. B. Japan) erleben in Paris mitunter einen regelrechten Kulturschock. Dieser hört offiziell auf den Namen Paris-Syndrom („syndrome de Paris") und bezeichnet eine vorübergehende psychische Störung, die durch einen Aufenthalt in Paris ausgelöst wird. Geprägt wurde der Begriff von dem in Paris arbeitenden japanischen Psychiater Hiroaki Ota, der 1986 erstmals eine Person mit dem Syndrom diagnostizierte. In seinem Buch „Pari shōkōgun" führt er die psychische Störung auf die Aufregung zurück, die ein Besuch in Frankreichs Hauptstadt auslöst. Als Symptome zeigen sich eine Erhöhung der Herzfrequenz, die wiederum zu Kurzatmigkeit und Schwindelgefühlen führt, wodurch Halluzinationen und Wahnzustände entstehen.

Ein eindeutiges Krankheitsbild lässt sich nicht immer festmachen, da sich die Ausprägungen der Fälle mitunter sehr unterscheiden. Yoshikatsu Aoyagi, Konsulatschef der japanischen Botschaft in Paris, berichtete im Oktober 2006 von zwei Frauen, die sich im Zentrum einer Verschwörung glaubten und annahmen, ihr Hotelzimmer sei verwanzt. Als weitere Fälle führte er einen Mann an, der sich für Ludwig XIV. hielt, sowie eine Frau, die sich von Mikrowellen attackiert glaubte.

Wer jetzt verunsichert ist und überlegt, ob er die Hauptstadt lieber meiden solle, kann anhand der unten aufgeführten Faktoren abwägen, wie wahrscheinlich eine Erkrankung am Paris-Syndrom für ihn ist. Die Kriterien wurden in dem Fachartikel „Les Japonais en voyage pathologique à Paris: un modèle original de prise en charge transculturelle" als Hauptauslöser genannt, und auch wenn der Artikel hauptsächlich an japanische Leser gerichtet war, lassen sich einige Erkenntnisse problemlos auf andere Länder übertragen. Faktoren, die das Paris-Syndrom hervorrufen können:

Sprache: Nur wenige Japaner sprechen Französisch, und nur wenige Franzosen sprechen Japanisch.

Kulturelle Unterschiede: Auch in Gestik, Mimik und generellem Auftreten gibt es große Unterschiede: So legen Japaner zumeist strenge, betont höfliche Umgangsformen an den Tag, wohingegen die Franzosen oft locker und ungezwungen daherkommen.

Andere Idealvorstellung von Paris: Es besteht die Gefahr, dass Besucher unfähig sind, das populäre japanische Bild von Paris mit der Realität in Einklang zu bringen.

Erschöpfung: Infolge von Jetlag und der Überbelegung der eigenen Zeit und Energie kommt es zur psychischen Destabilisierung einiger Besucher. Kommt jetzt noch der Anspruch hinzu, möglichst viel bei dem Aufenthalt in Paris zu sehen und zu erleben, kann es zu starken Erschöpfungserscheinungen kommen.

FRANKREICH

UMGANGSFORMEN
Voulez-vous knutscher avec moi?

Die Franzosen genießen den Ruf, sehr gute Küsser zu sein, und der French Kiss gilt als der berühmteste Kuss der Welt. Interessanterweise gibt es ausgerechnet im Französischen kein eigenes Wort für diesen sinnlichsten aller Küsse. Das Wort „baiser" bedeutet sowohl „Küssen" als auch „Sex haben", weshalb der Zungenkuss zumeist als „bise amoureux" umschrieben wird.

Die Suche nach der Entstehung der Bezeichnung „French Kiss" führt nach England. Die Briten sollen seinerzeit staunend beobachtet haben, wie die Franzosen als Erweiterung des normalen Kusses die Zunge mit ins Spiel gebracht haben. Voll Bewunderung wurde diese Art des Küssens unter dem Namen „französischer Kuss" in den englischen Sprachgebrauch übernommen. Im Deutschen hat sich die Kussart unter der eher pragmatischen Bezeichnung „Zungenkuss" durchgesetzt. Wer sich nicht sicher ist, wie der French Kiss idealtypisch ausgeführt wird, findet im Internet weiterführendes Anschauungsmaterial und hilfreiche Hinweise zum perfekten Gelingen.

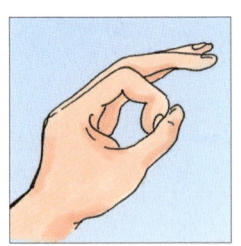 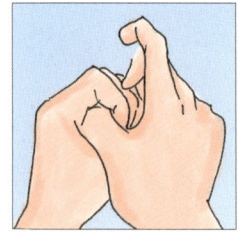 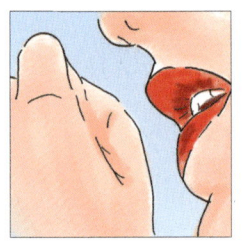

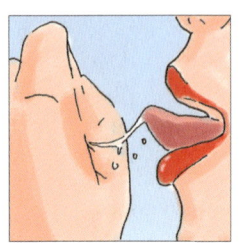 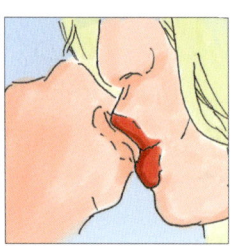

Macht zu zweit mehr Spaß, kann aber auch alleine geübt werden – der French Kiss.

DOS AND DON'TS
Gedrückt und nicht geschüttelt

Bei der Begrüßung fällt schnell auf: Die Franzosen haben ihre eigene Art, sich Hallo zu sagen. Fangen wir mit dem Einfachen an, dem Handgeben: In Frankreich wird die Hand des Gegenübers sanft gedrückt und nicht geschüttelt. Schwieriger wird es beim Küsschengeben, und das ist immerhin die am weitesten verbreitete Art, sich zu begrüßen. In der Regel haucht man seinem Gegenüber zwei Luftküsse („Bises") über die Schulter (bitte keine dicken Schmatzer auf die Wangen und: DIE ZUNGE BLEIBT DRIN), je nach Region können es auch drei oder vier sein, wobei sich stets die Frage stellt, auf welcher Seite man anfangen soll.

So gibt man in Marseille zum Beispiel zwei Bises und beginnt links, wohingegen man in der Bretagne zumeist dreimal küsst und rechts anfängt. In Paris wiederum gibt man zwei oder vier Küsschen, wobei man hier allerdings links anfängt. Generell fängt man im Norden zumeist rechts und im Süden eher links mit dem Küssen an, und normalerweise ist es der Mann, der mit dem Bises-Geben beginnt. Das ist für den Reisenden oft sehr verwirrend, sodass es sich gerade für den Ungeübten empfiehlt, einfach ruhig stehen zu bleiben und das französische Gegenüber den Ablauf der Zeremonie bestimmen zu lassen.

„Oh lala, Anschela, ast dü eine neue Düft?" Bei der französischen Begrüßung kommt man sich schnell näher.

FRANKREICH

Wer nicht unangenehm auffallen will, der läuft den Marathon du Médoc am besten mit einer atmungsaktiven Verkleidung.

MARATHON DU MÉDOC
Die wahrscheinlich längste Weinprobe der Welt

Es gibt wohl nur wenige Orte auf unserem Planeten, an denen ein Schlumpf, ein Klingone und Homer Simpson für ein Glas Château Lafite-Rothschild (700 € pro Flasche) gemeinsam an einer Weindegustation anstehen. Und mit Sicherheit gibt es keinen Ort, an dem diese drei das 20-mal nacheinander tun und dazwischen noch einen Marathon laufen – außer in dem französischen Städtchen Pauillac. Jedes Jahr pilgern Tausende Teilnehmer in den Ort und schreiben sich in die Starterliste des „Marathon du Médoc" ein. Teilnahmevoraussetzungen: ein ärztliches Attest und ein albernes Kostüm. Die Aufgabe: Die normale Marathondistanz von 42,195 Kilometern zu absolvieren. Das Problem: Entlang der Strecke bieten die besten Weingüter Frankreichs kostenlos ihre Weine an. Bereits nach 800 Metern lockt eine Weinverkostung die ersten Willensschwachen und Wirkungstrinker von der Strecke. Die meisten widerstehen, der nächste Probierstand ist ja zum Glück immer in Sichtweite. Ob mit Runners High oder Rotweinschwips: Für alle Teilnehmer gilt ein Zeitlimit von sechseinhalb Stunden, was im internationalen Marathonvergleich recht großzügig bemessen ist. Allerdings schleppen sich beim New York Marathon die Läufer ja auch nicht in Obelix-Kostümen (mit Hinkelstein!) über die Strecke. Zur Not kann man natürlich auch ein bisschen abkürzen, läuft dann aber Gefahr, den Austernstand mit Weißweinverkostung (circa bei Kilometer 38) links liegen zu lassen. Gerade Austern können auf den letzten Kilometern für einen anständigen Eiweißschub sorgen, und ein Glas Weißwein ist nach den ganzen roten Spitzenweinen immer eine willkommene Abwechslung.

Ob man sich beim Marathon du Médoc nun als laufender Säufer oder saufender Läufer betrachtet, ist eigentlich egal – hier geht fast jeder an seine ganz persönliche Promillegrenze. Insgesamt können sich die Teilnehmer zwischen 55 Weinprobierständen, 22 herkömmlichen Verpflegungsstationen und zehn Ambulanzzelten entscheiden. Meistens in dieser Reihenfolge.

> ▶ *Das Catering: Erfrischungsstände, Animationspunkte, Weinproben auf den Chateaus, Austern, Champagner, Tomaten, Käse, Eis. Für die Anmeldung nicht französischer Teilnehmer ist ein Gesundheitszeugnis notwendig. Rechtzeitige Startplatzreservierung ist für Teilnehmer unbedingt erforderlich!*
> *www.marathondumedoc.com*

Nur keine Zeit verlieren! Im Kampf gegen das Zeitlimit von sechseinhalb Stunden schüttet man den Bordeaux schon mal im Laufschritt runter.

GEHEIMNISVOLLER ORT
Nanü, was fliegt denn da?

Ende 2012 entwickelte sich das kleine Dorf Bugarach am Fuß der französischen Pyrenäen zu einem Magneten für Esoteriker, Sektenanhänger und Apokalypse-Freaks. Sie kamen zu Hunderten, führten seltsame Prozessionen im Wald auf und erhofften sich am Fuße des Berges *Pic de Bugarach* die Rettung vor dem Weltuntergang. Verantwortlich für den Ansturm war der Maya-Kalender, der für den 21.12.12 das Ende der Welt prophezeit hatte. Allein diejenigen, so die Annahme, die sich zu jenem Tag am Berge versammelten, würden überleben. Die Erklärung der Verschwörungstheoretiker liegt nahe: In dem Berg, so die einhellige Meinung, schlummern Außerirdische, die am 21. Dezember zum Leben erweckt werden. Und diese Aliens würden dann die Auserwählten – sprich all jene, die am Berg stehen – vor dem Inferno retten.

Nun gut, das Inferno fiel bekanntlich aus, und die Aliens schlummern folglich weiterhin im Berg. Die Esoteriker und Verschwörungstheoretiker haben sich wieder zurückgezogen, und außer dem Ortschild mit dem schönen Hinweis „Mayas Sucks" ist heute nicht mehr viel von dem Weltuntergangshype zu spüren. Wer Glück hat, kann anstelle von Ufos heute Adler über dem wunderschönen Pyrenäenvorland kreisen sehen. Der benachbarte Ort Rennes-le-Château hat übrigens seine eigene mystische Legende: Ende des 19. Jahrhunderts soll ein Pfarrer dort einen geheimnisvollen Schatz entdeckt, jedoch nie gehoben haben. Noch heute ranken sich mythische Geschichten um diesen Schatz, den einige gar für den Heiligen Gral halten. Aber das ist eine andere Geschichte.

Trotz Anwesenheit eines Sensenmannes glauben sich viele Verschwörungstheoretiker in ihren Alienoutfits am Berg Bugarach in Sicherheit.

GEHEIMNISVOLLES ÖRTCHEN
Plümps!

Es gibt viele Dinge, von denen Frankreich-Fahrer mit Begeisterung erzählen – die öffentlichen Toiletten auf Autobahnraststätten werden hingegen in den wenigsten Schilderungen erwähnt. So mancher blickte schon staunend auf das Loch im Boden und fragte sich, ob da ein verträumter Handwerker vergessen hat, die Toilette hinzustellen. Und seien wir ehrlich: Der Anblick einer Hocktoilette (toilette accroupie) ist in der Tat irritierend.

Vorteile der Hocktoilette	Nachteile der Hocktoilette
Hygiene: Wenn man alles richtig macht, kommt es zu keinerlei Kontakt zwischen der Haut des Benutzers und dem WC.	Hocken ist anstrengend! Tipp: Vor dem Urlaub Skigymnastik oder Yoga machen.
Hocktoiletten sind praktisch zu reinigen.	Stress: Aus Angst, das Gleichgewicht zu verlieren, geraten Nutzer unter „Druck" und werden zu ungesundem „Pressing" verleitet.
Vandalismus und Diebstahl sind nahezu ausgeschlossen.	Man kann keine Klodeckel als Souvenir mitnehmen.
Easy going: Proktologen schwören auf die anatomisch sinnvolle Streckung des letzten Darmabschnitts.	Erhöhte Gefahr der Verunreinigung von Kleidungsstücken.
Effizienz: Die Verweildauer auf Hocktoiletten ist geringer als auf vergleichbaren Sitz-WCs; Raststätten-Betreiber kommen daher mit weniger Toiletten aus.	Schlechte Bildungschancen: Keine Möglichkeit zum entspannten Lesen der Zeitung.

Bei Analyse der Vor- und Nachteile fällt auf, dass sich die Vorteile hauptsächlich aufseiten der Klo-Betreiber befinden, wohingegen die Nachteile im Wesentlichen bei den Klo-Benutzern liegen.

FRANKREICH

ABENTEUER
Für echte Wüstlinge: Dune du Pilat

Europas mächtigste Düne befindet sich im Departement Gironde im Südwesten Frankreichs am Eingang der Bucht von Arcachon, ca. 70 Kilometer südwestlich von Bordeaux. Die Dune du Pilat ist mit ihren rund 55 Millionen Kubikmetern Sand nicht nur eine wunderbare Sandkiste, sondern auch beliebtes Wanderziel für Wüstenfreunde. Die Düne ist sehr instagramy, und damit beim Posten rein rechtschreibmäßig kein Fauxpas unterläuft, erfolgt an dieser Stelle ein wichtiger Hinweis: Der Name der Düne schreibt sich korrekterweise „Dune du Pilat".

Da in Reiseführern, im Internet und merkwürdigerweise sogar auf französischen Straßenschildern oft die fälschliche Variante „Dune du Pyla" verwendet wird, kommt hier ein kleiner Spezialwissen-Exkurs: Das Wort „Pilat" leitet sich aus dem Gaskognischen ab und bedeutet so viel wie „Haufen". Die Dünenbezeichnung geht auf diesen Begriff zurück und lässt sich anhand von historischen Dokumenten bis auf den Beginn des 18. Jahrhunderts zurückverfolgen. Der sich im Norden an die Düne anschließende Badeort „Pyla sur Mer" hingegen wurde erst um 1920 herum gegründet. Die Namensgeber waren bei der Wahl des Ortsnamens nicht sonderlich sensibel und haben ob der phonetischen und geografischen Nähe zur Düne zur fälschlichen Verwendung der Schreibweise „Dune du Pyla" beigetragen.

Auch der mitunter verwendete Name „La Grande Dune du Pilat" („Die große Düne von Pilat") ist irreführend, insbesondere vor dem Hintergrund, dass es gar keine „kleine Düne du Pilat" gibt!

> ▶ **Tipps für eine Dünenwanderung**
> *Gut zu wissen: Die Düne wandert pro Jahr zwischen einem und fünf Meter nach Osten. Langsame Wanderer und Leute, die ein ausgiebiges Schläferchen am Dünenfuß machen wollen, platzieren sich daher besser an der Westseite der Düne.*

FÜR DIE DÜNENTOUR

Soundtrack

This is the end
The Doors

Sandy
Warren Casey / Jim Jacobs

Spiel mir das Lied vom Tod
Ennio Morricone

Es gibt kein Bier auf Hawai
Paul Kuhn

Wanderlektüre

Durch die Wüste
Karl May

Lawrence von Arabien
Peter Thorau

Das tanzende Kamel
Zamyat M. Klein

Der lange Weg zum Wasser
Linda Sue Park

Filmtipp: Hunde, wollt ihr ewig leben?

ESSEN UND TRINKEN
Jedes Jahr: Fête des Crêpes

Ob mit Apfelmus (Crêpe au jus de pomme), Nutella (Crêpe au chocolat) oder schlicht mit Zucker (Crêpe au sucre): Die Franzosen verstehen sich auf das Eierpfannkuchen-Handwerk wie keine andere Nation. Jedes Jahr am 2. Februar wird in Frankreich der nationale Crêpefeiertag begangen („La Chandeleur") und dem goldenen Pfannküchlein gehuldigt. Der Name La Chandeleur rührt vom christlichen Fest (Mariä) Lichtmess, welches wiederum heidnische Ursprünge im sogenannten Lichtfest hat, einem Fest, welches das Ende des Winters markiert. An dieser Stelle schließt sich der Kreis zum Crêpe, der aufgrund seiner Form (rund) und Farbe (goldgelb) symbolisch die Sonne und damit das Licht verkörpert.

Reich werden mit Eierkuchen

Pfannkuchen-Fans und Glücksjäger aufgepasst! Einer Legende nach lässt folgendes Crêpe -Ritual Reichtum und Glück erhoffen:

1. ein Goldstück in der linken Hand halten
2. Pfanne in die rechte Hand nehmen
3. den Crêpe von der Pfanne aus in die Luft werfen und genau eine Umdrehung machen lassen
4. den Crêpe wieder mit der Pfanne auffangen
5. NICHT essen
6. Crêpe für ein Jahr auf einen Schrank legen

Betreten verboten!

Dieser geheimnisvolle Ort liegt mitten in Paris nur drei Kilometer vom Eiffelturm entfernt. **„La petit Ceinture"** *ist eine verlassene Ringeisenbahn rund um das Stadtzentrum. Sie wurde 1934 stillgelegt, und es gleicht einem urbanen Wunder, dass sie noch nicht dem unersättlichen Flächenbedarf des modernen Paris zum Opfer gefallen ist. Betreten ist zumeist verboten, gucken aber erlaubt!*

Die Beneluxländer

„Belgien ist eine wunderschöne Stadt!"

DONALD TRUMP

EIN BISSCHEN ALLGEMEINE REISEINFORMATIONEN
Drei Länder, (k)eine Marke

Die **Benelux-Union** ist **die Milz unter den Staatenverbünden**: Man weiß, dass es sie gibt, hat aber eigentlich keine Ahnung, warum. Dabei geben sich die Mitgliederländer Belgien, Niederlande und Luxemburg (aus deren Anfangsbuchstaben der Name gebaut wurde) alle Mühe, ihre politische Union auch außerhalb ihrer Länder bekannt zu machen – wofür wir an dieser Stelle einen **kleinen Beitrag** leisten möchten.

Die ganze Geschichte begann mit einer handfesten Sensation: Im Jahr 1581 erklärten die damaligen Provinzen des heutigen Beneluxraumes ihren Herrscher – den König von Spanien – für abgesetzt. **Einfach so.** Es war das erste Mal in der Weltgeschichte, dass ein von Gott inthronisierter König durch einen bürokratischen Akt abgewählt wurde. Dazu muss man wissen: Die Niederländer freuten sich damals ähnlich über die spanische Herrschaft, wie sie es heutzutage über eine 0:5-Heimniederlage gegen die **Deutsche Nationalmannschaft** tun würden. Wobei der spanische König Philipp II. wirklich nichts ausließ, um sich bei seinen Vasallen unbeliebt zu machen. Einmal verurteilte er sogar die gesamte Niederlande faktisch zum Tode. **Einfach so.** Um genau zu sein, verurteilte er im Jahr 1568 alle drei Millionen Niederländer zum Tode abzüglich einer handvoll bekannter Persönlichkeiten, die begnadigt wurden. Streitpunkt war mal wieder und wie immer die kirchliche Glaubenslehre.

So richtig auftrumpfen konnte die Idee der Benelux-Länder dann nach dem Ende des Zweiten Weltkriegs. Gegenüber den Befreiern und Befehlsgebern aus den USA sprach man nun mit einer gemeinsamen „Benelux-Stimme". Böse Zungen aus Regierungskreisen bezeichneten allerdings die Union als **ein pfiffiges „Reklameprojekt"**, um leichter an das nicht ganz so locker sitzende Geld der USA zu kommen – was ja auch ganz gut klappte.

Schiefgegangen ist dann jedoch die Bewerbung um die Fußball-Weltmeisterschaft unter der gemeinsamen Benelux-Marke. Die für **Bier** und **Pommes frites** bekannten Länder boten mit **Bier** und **Pommes frites** eigentlich alles, was man für ein vergnügliches Fußballfest braucht. Die Herren von der FIFA vergaben die Weltmeisterschaften dann aber nach Russland und Katar. **Einfach so.**

GRENZERFAHRUNG
Wo bin ich, und wenn ja, wie lange?

Wer glaubt, die Grenzziehung dieser beiden Ortschaften sei irgendein vom Tourismusverband organisierter Unfug, um Aufmerksamkeit zu bekommen, der irrt gewaltig. Die meinen das ernst in Baarle-Nassau und in Baarle-Hertog! Das verrückteste Grenzdrama Europas spielt sich im Süden der Niederlande ab. Dort liegt das niederländische Dorf Baarle-Nassau (auf der Karte rechts dunkelblau). Innerhalb des 6.688-Einwohner-Dorfes liegen Dutzende belgische Enklaven (auf der Karte hellblau). Insgesamt wohnen 2.306 Menschen auf diesem (belgischen) Staatsgebiet. Wer eines der Dörfer besucht, kann sich deshalb nie sicher sein, in welchem Land er nun eigentlich ist. Bei geschickter Tourenplanung kann man innerhalb einer Minute locker fünf nationale Grenzen überschreiten. Doch wie konnte es so weit kommen? Auslöser war der belgische Pferdehändler Sooi van den Eynde. Dieser kaufte von der niederländischen Bahn ein kleines Gelände, von dem er im Jahr 1959 schlankweg behauptete, es läge eigentlich auf belgischem Staatsgebiet – er hatte da wohl in alten Karten ein paar Ungereimtheiten ausgemacht. Der Fall landete dort, wo alle internationalen Grenzstreitigkeiten am Ende landen können: Beim Internationalen Gerichtshof in Den Haag, und dieser entschied, dass der Pferdehändler recht habe und

Belgisch-holländische Nachbarschaft.   *Kleiner Grenzverkehr.*

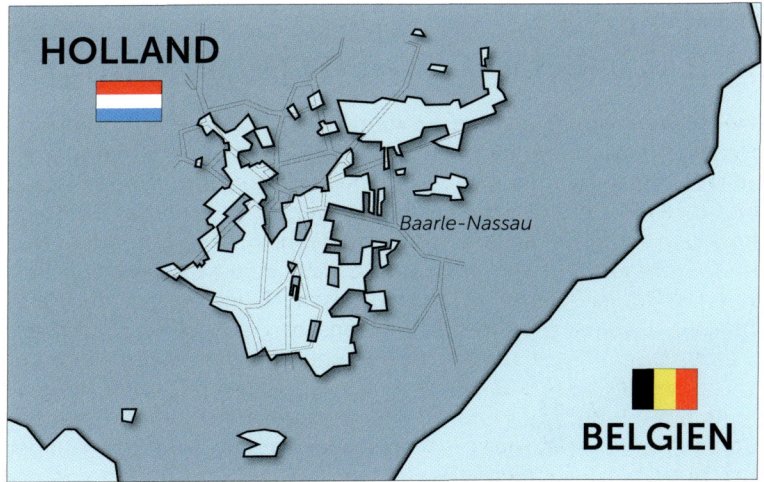

Die verrückte Grenzziehung hat dafür gesorgt, das sich von den weltweit 260 Enklaven zwöf Prozent im niederländischen Dorf Baarle-Nassau befinden. Herzlichen Glückwunsch! Belgien = Hellblau, Holland = Dunkelblau.

dass die ganze Angelegenheit nun bitte schön einmal geregelt werden müsse. Kaum 35 Jahre später verkündete im Jahr 1995 eine Kommission, dass man nach 15 Jahren akribischen Kartenstudiums die Grenzen von Baarle nunmehr endgültig festgelegt habe. Der Pferdehändler war während der karthografischen Fleißarbeit verstorben und Belgien und Holland mittlerweile EU-Mitglieder mit gemeinsamem Binnenmarkt, sodass die neue Grenzziehung nicht wirklich Probleme bereitete. Mit kleinen Ausnahmen. Ging eine Grenze mitten durch ein Haus, dann galt die Regel: Die Lage der Eingangstür bestimmt, in welchem Land das Haus liegt. Was wiederum bedeutet, dass man auch dort seine Steuern zu entrichten hat. Angeblich verschoben einige Einwohner ihre Türen in das jeweils steuergünstigere Land. Bleibt nur eine Frage: Wie konnte es zu einer derartig atomisierten Landkarte kommen? Blickt man auf die Grenzziehungen Mitteleuropas im 18. Jahrhundert, so hatte man es vielerorts mit einem Geflecht und Gewirr aus territorialen Gebietsansprüchen unzähliger Fürstentümer und Staaten zu tun. Im Laufe der Zeit begradigte und vereinfachte man diese allerdings – zur Not durch Eroberung. Anders gesagt: Baarle war offensichtlich nicht wichtig oder störend genug, als dass man die Grenzen hätte begradigen müssen. Man hatte es scheinbar schlicht vergessen – alle, außer dem Pferdehändler Sooi van den Eynde.

MUNDANEUM
Die Zettelsuchmaschine

Wie viel erdbeerverarbeitende Betriebe gibt es eigentlich in Kasachstan? Und wo kann man noch mal Ersatzteile für antike Einhandorgeln kaufen? Wer es wissen will, der googelt und bekommt Antwort. Manchmal so schnell, dass man sich fragt, ob Google wirklich richtig gesucht hat. Wer im Jahre 1912 etwas wissen wollte, hatte andere Möglichkeiten. Eine davon: Man schrieb einen Brief, in dem man seine Frage präzise, nicht zu ausführlich, aber dennoch mit ausreichend Details versehen, zu Papier brachte, frankierte diesen und schickte ihn an das „Mundaneum" im belgischen Brüssel. Dort forschten zahlreiche Bibliothekare in einem hochgradig komplexen und ausgeklügelten Karteikartensystem nach den gewünschten Fakten und antworteten. Wieder per Post, für 5 Cent pro Karteikarte. Das Mundaneum („Mundus" lat. für „Welt") war für viele Belgier die analoge Suchmaschine Anfang des 20. Jahrhunderts – eine Art Internet auf 3 x 5 Zoll großen Karteikarten, die in großen hölzernen Regalen auf Fragen warteten. Im Jahr 1912 wurden so rund 1.500 Anfragen gestellt und beantwortet. Das, was vom Internet der Zettel übrig blieb, können Besucher heutzutage im belgischen Mons bewundern – dem „neuen Mundaneum", das dem Bibliothekar Paul Otlet und seinem Werk ein

Zettelwirtschaft: Statt in Serverfarmen sammelte man im Mundaneum Wissen auf Karteikarten, die per Post verschickt wurden.

Denkmal setzt. Der Industriellensohn stellte bereits während seines Jurastudiums fest, wie schlecht sortiert sein Lehrstoff in den Bibliotheken doch war. Er träumte von einer Auskunftei des Weltwissens und entwickelte ein für die damalige Zeit revolutionäres und universelles Ordnungssystem. Sein Mundaneum überstand den Ersten Weltkrieg unbeschadet, Otlet hingegen verlor seinen Sohn an der Front. Zum glühenden Pazifisten konvertiert, teilte er der Welt seine Vision mit: ein Archiv des Menschheitswissens, das helfen sollte, den Frieden zu sichern und die Vernunft des aufgeklärten Menschen zu fördern (der Mann hatte noch Träume!). Im Jahr 1934 endete jedoch seine Tätigkeit im Mundaneum – Otlet hatte begriffen, dass man die moderne Informationsgesellschaft wohl doch nicht mit Zetteln entstehen lassen könnte. Er setzte seiner Vision deshalb noch einen obendrauf. In einer seiner Veröffentlichungen spekulierte er über die Möglichkeit, dass man Fernsehapparate mit Radios, Büchern und Telefonen verbinden könne, um ein weltweites Wissensnetz für alle zur Verfügung zu stellen. Nicht wenige halten Otlet aufgrund dieser Veröffentlichungen für einen Pionier und Vordenker des heutigen Internets. Glauben Sie nicht? Dann googeln Sie das doch mal. Oder schicken Sie uns eine Postkarte.

▶ *Das Mundaneum liegt im belgischen Mons. Hier kann man das „Papier Google" bestaunen.*
www.mundaneum.org

Der Vorläufer des Personal Computers? Diese „Mondothek" sollte nach den Plänen Paul Otlets eine Art Mini-Mundaneum für zu Hause sein.

SPORT

Excalibur!

Berge sind im Norden der Niederlande bekanntermaßen Mangelware. Mit dieser Kletterwand kann man sich in Groningen dennoch in der Vertikalen austoben. „The Excalibur" – die größte künstliche Kletterwand der Welt. 37 Meter gehts in den holländischen Himmel, mit einem maximalen Überhang von elf Metern. Warum das krumme Gerüst nach dem ziemlich geraden Schwert von König Artus benannt ist, bleibt wohl Geheimnis der Erbauer. Vermutlich ist es nur eine billige Masche, um Aufmerksamkeit zu erzeugen. Hat ja mal wieder geklappt.

SPORT

Aus Sand gebaut

Wer von den sich ewig wiederholenden Berichten über Eis-Hotels in Lappland gelangweilt ist – hier kommt mal was Neues. Ein Hotel, das aus Sand gebaut ist. Im niederländischen Sneek findet man inmitten der friesischen Seenplatte diese Herberge. Besser gesagt, man fand sie. Das Hotel wurde speziell für das Sandskulpturenfestival aufgebaut, bewohnt und dann wieder entsorgt – allzu haltbar ist die Gesamtkonstruktion nicht. Für alle Sandfans besteht aber Hoffnung, dass es beim nächsten Festval wieder errichtet wird. Und keine Angst: Sanitäre Anlagen, WLAN-Router oder Fernseher sind ganz herkömmlich gefertigt. Eine Nacht im Sandhotel kostete rund 150 Euro. Nicht ganz billig, wer aber die paar Wochen durchbuchte, konnte sicher sein, dass in seinem Hotelzimmer nie wieder jemand schlafen würde.

KUNST
Jeanneke Pis

Mal wieder typisch. Das weltberühmte „Manneken Pis" steht an prominenter Stelle in Brüssel. Und sein weibliches Pendant? Jeanneke Pis, ein im Hocken urinierendes Mädchen, befindet sich in einer kleinen Sackgasse nahe der Rue des Bouchers in einer vergitterten Nische gegenüber dem „Délirium Café". Immerhin hat sie eine Website: www.jeannekepisofficial.com

VERWIRREND
Kinder sind das Größte!

Im Amsterdamer „Escher Palais" kann man mit eigenen Augen sehen, was man eigentlich nicht sehen sollte: Optische Täuschungen und verwirrende Grafiken des Künstlers M. C. Escher.

▶ escherinhetpaleis.nl

BENELUXLÄNDER

WETTSTREIT
Wer hat das höchste?

Das ist das heißeste Derby Hollands. Nicht etwa im Fußball, sondern bei der existenziellen Frage: Wer hat das höchste Silvesterfeuerwerk von Scheveningen? Seit Jahren kämpfen zwei holländische Teams um den Titel, und ganz Holland kann dabei zuschauen. Wohlgemerkt: Geld kann man mit der Sache nicht gewinnen, aber für die Jungs und Mädels aus Scheveningen (dem Nordstrand) und aus Duisdorf (dem Südstrand) geht es ausschließlich um die Ehre. Wer gewinnt, hängt von zwei Dingen ab: Wer kann genügend Holzpaletten organisieren, und wer hat die meisten Helfer, die sich trauen, über eine waghalsige Palettentreppenkonstruktion die Dinger zum mittlerweile größten Silvesterfeuerwerk der Welt aufzutürmen? Angefangen hat die Tradition mit dem Sammeln und Verbrennen von Weihnachtsbäumen. Allerdings verfeuerte die Jugend Scheveningens so ziemlich alles, was in der Gegend als brennbares Material zusammenzuklauben war. Autoreifen, Schränke, Stühle und alles, was entzündbar war oder auch nur danach aussah. Bis die Stadtverwaltung einschritt und ausschließlich das Abfackeln von Paletten erlaubte, in der Annahme, den Spuk damit zu beenden. Man irrte gewaltig. Die zahlreichen Feuerteufel organisierten sich ganz geordnet in zwei Gruppen und professionalisierten das Palettenstapeln. Am Ende des Jahres stellt sich dann für viele nur eine wichtige Frage. Für welchen Stapel schlägt beim Feuerderby mein Herz: Scheveningen oder Duisdorf?

Der überdimensionale Scheiterhaufen wird bis zu 20 Meter hoch. Wo die über 60.000 Paletten herkommen, ist Betriebsgeheimnis der Wettbewerber.

Fragen Sie nicht nach einer Baugenehmigung.

Was beim Pyramidenbau geklappt hat, muss doch auch mit Paletten funktionieren. Über eine aus Paletten konstruierte Treppe werden Paletten auf die Palettenhaufenspitze manövriert. Alles Paletti?

VII.
DER SÜDEN

„In Italien und Spanien hält das Volk den Vergnügungsreisenden für einen Menschen von ungemessenen Reichtum. In der Hoffnung auf raschen mühelosen Gewinn drängen sich daher namentlich an Orten mit stärkerem Fremdenverkehr Leute aller Art, Führer, Dolmetscher, Hausierer, Kutscher, Eseltreiber und dgl. an den Fremden heran. Der Fremde vermeide es im eigenen Interesse, Leuten, die ihm keinerlei Dienste geleistet haben, Geld zu schenken; Almosen verabreiche man höchstens an Greise oder Krüppel, niemals an Kinder. Geld unter die Leute zu werfen, bloß um sich der darauf folgenden Balgerei zu erfreuen, ist eine Verhöhnung der Armut, deren sich niemand schuldig machen sollte.

Daß man bei besonderen Dienstleistungen außer dem Lohn Trinkgeld gibt, ist wie bei uns selbstverständlich; man sei daher bei jedem Ausgang reichlich mit kleiner Münze versehen. Bescheidene Reisende geben weniger; wer anspruchsvoll auftritt, erregt größere Hoffnungen. Im übrigen wäre es verkehrt, den mit steigenden Fremdenverkehr fortwährend wachsenden Forderungen der Leute nachzugeben. Sie werden umso unverschämter, je freigiebiger man sich zeigt.

Zuviel Mißtrauen verbittert die Reise. Man vergesse nicht, daß man es mit Menschen zu tun hat, die in mancher Beziehung völlige Kinder sind. Bei den Verhandlungen läßt sich mangelnde Sprachkenntnis, wie in Italien, durch Fingerzeichen ersetzen."

aus: Karl Baedeker: Das Mittelmeer, Leipzig 1909

Italien

„Italiener denken immer nur an zwei Dinge.
Das andere sind die Spaghetti."

CATHERINE DENEUVE

ALLGEMEINE REISEINFORMATIONEN
Ciao Bella!

Das Wichtigste vorweg: Italien ist seit 1962 offiziell **malariafrei**. Sollten Sie im **Flugzeug anreisen**, werden Sie vielleicht feststellen, dass die Sitzreihe 17 fehlt. Die **17 gilt als Unglückszahl** und weckt beim stolzen Italiener eine Reihe unschöner Assoziationen. (So war es zum Beispiel die 17. römische Legion, die in der **Varusschlacht** von den Germanen restlos ausgelöscht wurde.) Historisch gesehen, passierte nach dem **Römischen Reich** nicht mehr viel. Die Italiener erfanden die **Banken**, das zweisitzige Fahren auf der Vespa und die **Vierer-Abwehrkette**. Ach ja, in Südtirol wurden im Jahr 1519 Feldmäuse vor Gericht gestellt. Ihnen wurde vorgeworfen, die Ernte geschädigt zu haben. Sie bekamen einen Rechtsbeistand und wurden anschließend vom Richter des Ortes verwiesen.

Als Otto Normalverbraucher treffen Sie in Italien übrigens auf das entsprechende Pendant **Mario Rossi**. Dieser klaut einer Statistik zufolge im Supermarkt am liebsten Parmesankäse. Außerdem gibt es in Italien nicht eine einzige Starbucks-Filiale. Schon dafür (und für alle Bud-Spencer-Filme – besonders **„Buddy haut den Lukas"**) sollten wir den Italienern auf ewig dankbar sein. Noch etwas: Die Begrüßung **„Ciao"** stammt vom italienischen Wort „Schiavo" (Sklave) ab. Warum, ist eigentlich egal, wichtig ist nur eines: **Grüßen Sie als Deutscher nicht bei jeder Gelegenheit** mit einem lang gezogenen „Ciiaaaaaaaaooo" – 20-mal am Tag reichen völlig aus. Das war in Kürze das Wichtigste, mehr müssen Sie für Ihren Italien-Aufenthalt wirklich nicht wissen. Bei **Beschwerden** wenden Sie sich einfach an das örtliche Touristenbüro oder gleich direkt an den **Papst**. Seine Adresse lautet: Seine Heiligkeit Papst Franziskus, I-00120 Città del Vaticano.

Bitte laut klopfen.

Die Vokuhila-Frisur heißt auf Italienisch merkwürdigerweise „capelli alla tedesca" (= Haare nach deutschem Stil).

DOS AND DON'TS
Bella Figura, auch wenn's schwerfällt!

Der Deutsche gilt in Italien als zahlungskräftiger Tourist und ist fast überall gern gesehen – obwohl viele Deutsche immer noch zielsicher in die zahlreich aufgestellten Fettnäpfchen tapsen. Das italienische Konzept der „Bella Figura" sollte Ihnen deshalb ein Vorbild sein. Dieses beschränkt sich nicht nur auf ein gepflegtes Äußeres, es ist vielmehr eine grundsätzliche Lebenseinstellung. So ist es in Italien absolut undenkbar, sich in der Öffentlichkeit im Zustand völliger Trunkenheit zu bewegen, während eben dieses ja meist das Ziel vieler deutscher Urlaubsbemühungen ist. Seien Sie also kompromissbereit.

1. Die einfachste Möglichkeit, sich ins gesellschaftliche Nirwana zu katapultieren, ist es, nach dem Essen einen Cappuccino zu bestellen. Tun Sie das wirklich NIEMALS. Bestellen Sie maximal einen Caffé macchiato – einen mit Milchschaum gekrönten Espresso. Am einfachsten: Trinken Sie einen Espresso, der in Italien übrigens Café heißt.

2. Was ist das Vorurteil Nr. 1 über uns Deutsche? „Deutsche tragen dicke weiße Socken in Sandalen." Stimmt ja auch. Modisch gibt es in Italien jedoch nichts Schlimmeres als Socken zu Sandalen. Laufen Sie lieber in einer Wehrmachtsuniform durch Monte Cassino als mit weißen Socken durch Palermo!

3. Betreten Sie ein Restaurant nicht vor 20:30 Uhr. Sie könnten ebensogut morgens um sieben beim lokalen Ordnungsamt eine Fischereierlaubis beantragen – man wird Sie komisch anschauen. Und steuern Sie bitte nicht den erstbesten freien Tisch an, das gilt als extrem unhöflich. Sie sind Gast in dem Land, keine Besatzungsmacht!

4. Der Italiener an sich ist sehr gesprächig und freut sich über jeden Restbestand Ihres Italienisch-Volkshochschulkurses. Interessant ist, welche Themen als tabu gelten und welche nicht. Zum Mussolini-Faschismus hat man beispielsweise eine entspannt-südländische Haltung. Forcieren Sie das Thema nicht unbedingt. Falls es dennoch zur Sprache kommt, werden Sie feststellen, dass ALLE Italiener Widerstandskämpfer waren. Wie alles rund ums Essen ist auch die eigene Verdauung ein salonfähiges Thema bei Tisch. Absolutes Tabu hingegen ist die Frage nach

dem Einkommen. Und in Sizilien sollten Sie das Thema Mafia vermeiden (es langweilt die Bewohner mittlerweile oder hat wiederum etwas mit der Frage nach dem eigenen Einkommen zu tun ...).

5. Nicht auszurotten ist das Gerücht, dass man in Geschäften oder auf Märkten um Preise feilschen kann. Italien ist nicht der Orient! Wenn die Sitzbanane für den Pool 250 Euro kosten soll, dann zahlen Sie mit einem Lächeln. Sie ist es wert!

Öffentliche Nacktheit

Während es im italienischen Fernsehen jeden Tag barbusige Schönheiten als Bildschirmdekoration zu bestaunen gibt, gilt öffentliche Nacktheit als verpönt. Es gibt zwar einige FKK-Strände, doch ist die Freikörperkultur in Italien ansonsten so stark verbreitet wie die sortenreine Mülltrennung. Sie werden deshalb viele Italiener beobachten, die unter einem Handtuch mit großer Akrobatik die Klamotten wechseln. Für weniger Gelenkige stehen an den Lidos (meist kostenpflichtige Strände) zahlreiche Umkleidekabinen zur Verfügung.

FALSCH!

Bis zu 500 Euro Strafe werden in Italien fürs Nacktbaden fällig. Diese Dame wird sicherlich schnell von einem besorgten Cavaliere nach Hause gebracht werden.

RICHTIG!

So ist es richtig, wenn Sie als Deutscher nicht unangenehm auffallen wollen. Wichtige Grundregel: Primäre Geschlechtsmerkmale müssen an italienischen Stränden auf jeden Fall vollständig bedeckt werden.

ITALIEN

„Isch abe ga keine Auto!"

ESSEN UND TRINKEN

Wenn schon Latte, dann richtig!

Sie sitzen in Ihrem weißen Hard-Rock-Café-T-Shirt in einem dieser „kleinen Restaurants" Venedigs abseits der „großen Touristenströme" und haben mit nichts als einer Gabel eine Bolognese fleckenfrei überlebt? Herzlichen Glückwunsch – jetzt sind Sie fast ein halber Italiener, sofern Sie nun keinen Fehler mehr machen. Bestellen Sie sich als Belohnung bitte keinen „Tschianti", sondern einen „Kianti". Wie bei vielen italienischen Wörtern erhärtet nach „c" das h, so wie bei Pinocchio, der ja auch nicht Pinotschio heißt. Auch sonst gibt es viel falsch zu machen:

Produkt	Falsch	Richtig
Bruschetta	Bruschedda, Brüschetta,	Brusketta
Espresso	Expresso	Esspresso
Gnocchi	Gnokki, Gnotschi, Nokki	Njokki
Chianti	Tschianti	Kianti
Latte macchiato	Latte mattschiato	Latte makkiato
Prosecco	Prosätscho, Prosedschio	Prossekko
Tagliatelle	Tackliatelle	Taljatelle

▶ *Da der Vater des Maggi-Erfinders Michael Maggi Italiener war und auch der Name italienisch ist, müsste man eigentlich „Madschi" sagen: „Hömma, tu mir ma dat Madschi röbba!" Ja, klingt gar nicht schlecht.*

DOS AND DON'TS
Italienische Handarbeit

Italiener verwenden bis zu 300 Handzeichen, um ihre Konversation zu unterstreichen. Aber Achtung! Manche Handzeichen, die in Deutschland eine harmlose Bedeutung haben, können in Italien zu bedauerlichen Mißverständnissen führen. Fuchteln Sie also mit Ihren Händen nicht unnötig rum, sonst haben Sie möglicherweise eine andere im Gesicht. Und „Duä Äsprässo" werden Sie ja wohl noch ohne Handzeichen bestellen können.

	Italienische Bedeutung	**Deutsche Bedeutung**
	Arschloch!	Die Spagetthi (oder etwas anderes ...) sind Spitze!
	Nein! Schluss! Es ist vorbei!	Zwei Bier Bitte!
	Deine Frau geht fremd! Diese Geste ist in Italien überall bekannt und vergleichbar mit unserem „Stinkefinger".	Wackäääääään!

▶ Tipp: Die App „Italian Gestures" ist ein guter Wegweiser für die unterschiedlichen Bedeutungen der einzelnen Handzeichen.

ITALIEN

ARCHITEKTUR
Tipps für Turmfreunde

Was schief stehen kann, steht schief. Wem schon bei der Anreise zum Schiefen Turm von Pisa langweilig wird – hier sind ein paar Alternativen!

Laaaaaaaangweilig! Hier zahlen Sie 15 Euro Eintritt, nur um den zweitschiefsten Turm der Welt zu sehen, ...

... während Sie hier freien Eintritt haben und den – laut Guinnessbuch – schiefsten Turm der Welt bestaunen können. Mit einem Neigungswinkel von 5,19 Grad ist der schiefe Turm von Suurhusen ein Eldorado für alle Freunde von Spannungsrissen und Setzungen. Einziger Nachteil für den Italien-Touristen. Er steht in Ostfriesland, deshalb ...

... machen Sie doch mal lieber ein Selfie vor der Chiesa di San Michele – mit dem offiziell zweitschiefsten Turm von Pisa, und wem ...

... das noch nicht reicht, der besucht die Chiesa di Santo Stefano. Sie hat den zweitschiefsten Turm Italiens. Nicht ganz so schief wie der in Pisa, aber mit freiem Eintritt, den Sie ...

... hier nur im Erdgeschoss haben. Höher gelegene Zimmer gibt es ab 120 Dollar – im schiefsten Gebäude der Welt, dem „Capital Gate", das absichtlich nicht in Italien, sondern in Dubai mit 18 Grad Neigung gebaut wurde.

Selfie Tipp

Sie haben gerade eine Schönheits-OP hinter sich und ein Gesicht wie ein Feuermelder, wollen aber trotzdem ein Selfie machen? Dieses Motiv dürfte im Hintergrund genügend Ablenkung bieten. Und wenn Sie das Gespräch über Ihre Schlauchbootlippen in eine andere Richtung lenken wollen, dann erzählen Sie einfach folgende Geschichte: Das kurioseste Bauwerk Südtirols steht mitten im Reschensee nahe der österreichischen Grenze. 1950 fiel der Ort Graun einem Stausee zum Opfer, 1.200 Bewohner mussten ihre Heimat verlassen. Alle Häuser wurden damals weggesprengt – nur der Kirchturm stand dummerweise unter Denkmalschutz und blieb verschont. Im Jahr 2007 wurden dann Risse im Mauerwerk entdeckt, 2013 wurde der Turm deshalb renoviert – OP geglückt, Patient ist wieder wohlauf!

ITALIEN

MERKWÜRDIGE GESETZE

Baden verboten, oder so ...

Italien besitzt nicht gerade ein Image der unbedingten Gesetzestreue, ist aber Vorreiter bei der Verkündung abstrus wirkender regionaler Verbote – vor allem für Touristen.

Trapani	In der westsizilianischen Stadt ist seit zwei Jahren Schluss mit dem Eisschlecken auf der Straße.
Eraclea	Im venezianischen Eraclea ist es untersagt, am Strand Löcher in den Sand zu buddeln oder gar Burgen zu bauen.
Venedig	In der Lagunenstadt selbst so wie auch im toskanischen Lucca kostet es bis zu 500 Euro Strafe, wenn man die Tauben füttert.
Capri	Auf der beliebten Urlaubsinsel ist es tabu, auf der Straße mit Holzlatschen zu klappern.
Eboli	In der kampanischen Stadt Eboli kann es stolze 500 Euro kosten, wenn sich zwei Menschen im Auto küssen.
Palermo	Im eigentlich recht sittenstrengen Palermo dürfen Frauen sich nackt am Stand zeigen. Männern ist dieses jedoch verboten. (Es ist zu vermuten, dass ein Mann die Verordnung geschrieben hat.)
Rom	Wer als Tourist in Rom sein Pausenbrot auspackt, der sollte dabei besser nicht erwischt werden. Essen in den Altstadtstraßen wird mit einem Bußgeld bis zu 500 Euro bestraft. So soll verhindert werden, dass zu viel Müll auf historischen Gemäuern landet.

ITALIEN

Auch der Italiener verbietet gerne mal etwas. Nur was genau? Gesehen in Pescara.

An dieser italienischen Steilküste wird knallhart durchgegriffen! Gesehen in Forio.

PASTAWISSEN
Von Schweinen und Eisbären

1. Jeder Italiener verputzt pro Jahr rund 28 kg Pasta, was lebenslang ungefähr dem Gewicht von 2,5 ausgewachsenen Eisbären entspricht. Der Deutsche kommt in Sachen Pastakonsum auf das Gegengewicht von 4 Schweinen (600 Kilo), was aber kaum auffällt, da er in seinem Leben zusätzlich noch 46 echte Schweine, aber keine Eisbären verdrückt. Nun gilt es zu beachten, dass der Italiener nur 28 Schweine auf seinem lebenslangen Gewissen hat, man jedoch bedenken sollte, dass der Wildschweinkonsum in Italien mehr als doppelt so hoch ist wie in Deutschland. Das wiederum führt zwangsläufig zu folgender Erkenntnis: Eisbären werden in beiden Ländern nur im absoluten Notfall gegessen, sind hier aus unerklärlichen Gründen aber trotzdem ausgestorben.

2. Am 1. April 1957 strahlte die BBC eine Reportage über die Spaghetti-Ernte in der Schweiz aus. Zu sehen waren Bauersfrauen, die liebevoll Nudeln aus den Büschen pflückten und zum Trocknen aufhängten. Starmoderator Richard Dimbleby kommentierte: „Viele von Ihnen – da bin ich sicher – haben schon einmal die weiten Spaghetti-Plantagen der Poebene gesehen." In der Schweiz dagegen sei der Nudelanbau noch nicht so weit verbreitet. Viele Tausend Briten glaubten das und informierten sich in Reisebüros über entsprechende Reisen – nach Italien und auch in die Schweiz.

TELEFONIEREN IM STIEFELSTAAT
Wenn der Italiener einmal klingelt

Pro 100 Einwohner gibt es in Italien 154 Mobilfunkanschlüsse (zum Vergleich: In Deutschland sind es 120, in Somalia 52). Der Italiener verehrt sein Handy, das er liebevoll „Telefonino" nennt. Vor lautstark Telefonierenden sind Sie eigentlich nirgends sicher, außer vielleicht in Gottesdiensten. Was aber nicht heißt, dass man während der Predigt nicht mal kurz nach draußen verschwinden könne, um allen zu erzählen, dass man mal kurz nach draußen verschwunden ist. Eine besondere Art des Telefongebrauchs ist der Squillo, ein Anruf mit sofortigem Auflegen nach nur einem Klingeln: „Gib mir einen Squillo, wenn du losfährst!" Zudem wird ein Squillo abgesetzt, um jemandem zu zeigen, dass man gerade an ihn denkt oder möglicherweise amouröses Interesse an der Person hat. Überlegen Sie also genau, wenn Sie einmal zurückquillen!

Penne mit Tomatensoße

Sie besteht nur aus wenigen Zutaten, und wenn sie dann noch nach traditioneller Rezeptur vakuumverschlossen in Gläsern konserviert wird, dann wird aus echter Tomatensoße echte Liebe!

ITALIEN

KOMISCHE KÄUZE
Internet zum Anfassen

17 Millionen Besucher. In Worten: Siebzehnmillionenbesucher. So viele Menschen klickten bisher das YouTube-Video „Lovely Owl", bei dem sich eine dösende Mini-Eule voller Wonne über den Kopf streicheln lässt. Soooooo cute!!!!! Wesentlich weniger Besucher hat die „Falconieri delle Orobie" im kleinen Örtchen Catremerio-Zogno nördlich von Bergamo. Eigentlich erstaunlich, denn hier können Sie Ihren YouTube-Stars ganz nah kommen. Der kleine Familienbetrieb ist Heimat von Steinkauz „Molla" (der Mini-Eule) und einer Reihe weiterer nicht minder putziger Eulenvögel (ja, es gibt auch Falken, aber die lassen sich so schlecht streicheln, und NEIN, es gibt dort keine niedlichen Katzen oder Hamster).

Franca di Boro ist die Eulenmutter. Alles begann mit einer Schleiereule, die ihre Tochter geschenkt bekam.

Er hier heißt „Roccia" und ist eine europäische Zwergohreule. Etwas „schüchtern und anhänglich, aber sehr neugierig".

Er hört auf den Namen „Google" und ist ein afrikanischer Uhu. Schaut recht grimmig, hat aber bestimmt ein gutes Herz!

Anleitung zum Glücklichsein

In unserer technokratischen, kommerzialisierten, verkopften, anonymen, egoistischen, kriegerischen, komplizierten, postmodernen, hungernden, konsumfixierten, dekadenten Welt liegt viel Trost im Streicheln einer Eule. Und so geht's: Einfach mit der flachen Hand und ganz leichtem Druck über die seidensamten Kopffedern streichen. Können Sie es schon spüren? Der gesamte Trost der Welt liegt in den glücklichen, halb geschlossenen, manchmal blinzelnden Augen eines kleinen Steinkauzes!

▶ *Weitere Info über die Falconieri delle Orobie unter ifalconieridelleorobie.it*

YouTube-Star
Was ist das Schlimmste an einem Streichelzoo? Richtig, man stinkt danach immer nach Ziege. Nach einem Besuch der „Falconieri delle Orobie" duften Sie maximal nach Steinkauz. Dieser hier heißt „Molla" und freut sich auf Ihren Besuch!

Spanien

„Fehlt das Brot, dann sind die Torten gut."

SPANISCHES SPRICHWORT

SEHR ALLGEMEINE REISEINFORMATIONEN

Land der Kaninchen

Die Bedeutung des Wortes „Spanien" ist ein bedauernswertes Missverständnis. Verursacher: Der **Klippschliefer** – ein murmeltiergroßes Säugetier aus dem Gebiet des früheren **Phoeniziens**. Die Phoenizier galten in der Antike als die besten Seefahrer ihrer Zeit – hatten allerdings von **landlebenden Kleinsäugern** überhaupt keine Ahnung. Unglücklicherweise stolperten sie bei der Besiedlung von Spaniens Küsten massenhaft über Kaninchen, hielten diese jedoch für Klippschliefer. So tauften sie das unterjochte Land kurzerhand auf **Ishapan** („Land der Klippschliefer"). Die in Kaninchenfragen ebenso unwissenden **Römer** glaubten den Unsinn und übersetzten das Wort in **Hispania**. Obwohl sie mehr als 200 Jahre zur endgültigen Eroberung des Landes brauchten, ist ihnen der Fehler niemals aufgefallen.

Spanien litt schon früh unter den Folgen des **unkontrollierten Massentourismus.** Die iberische Halbinsel war über Jahrhunderte eines der beliebtesten Reiseziele der europäischen Völker. Kaum ein Gebiet hatte zur **Hochsaison der Völkerwanderung** so viele Besucher: Kelten, Westgoten, Sueben, Vandalen, Langobarden, Kimbern, Teutonen und Mauren verfielen dem Zauber des Landes und vermischten sich schließlich zur spanischen Nation. Diese sorgte im weiteren Verlauf der Geschichte für **zwei Vorkommnisse von weltweiter Bedeutung:**

1. Im Jahr 1492 entdeckte **Christoph Kolumbus** Amerika, wodurch Spanien zur Weltmacht aufstieg, indem es den Kontinent zu großen Teilen in Besitz nahm. Die Rechtmäßigkeit dieser Eroberungen ist – zumindest unter den über 400.000 Todesopfern der Besatzungsmacht – äußerst umstritten, die **Goldfunde** sanierten allerdings den spanischen Staatshaushalt.

2. Im Jahr 2010 ließ sich die Gerichtsgutachterin **Ángeles Durán** aus Galizien eine Besitzurkunde auf die Sonne ausstellen. Die Rechtmäßigkeit ist ebenfalls umstritten, trotzdem verklagte sie die **Solarindustrie** auf die Zahlung von Nutzungsrechten, mit deren Hilfe sie den spanischen Staatshaushalt sanieren möchte.

DOS AND DON'TS
Buenas dias, tardes oder noches?

Spanien als Fettnäpfchenparadies für deutsche Touristen zu beschreiben wäre übertrieben. Trotzdem gibt es viele Möglichkeiten, zielsicher in eines zu treten, und viele Reisende machen davon ausgiebig Gebrauch. Deshalb ein paar freundlich gemeinte Hinweise:

Grüßen – aber richtig
Mit einem „Hola" („Hallo") liegt man nie verkehrt, es kann aber irgendwann langweilig werden. Faustformel für fortgeschrittenes Grüßen: Wenn Essenszeit ist, dann ist ein Gruß-Wechsel fällig. Bis 14 Uhr (Mittagessen) ist ein „buenos dias" gerne gehört, danach gilt „buenas tardes" („Guten Tag") bis zum Abendessen – also bis circa 22.00 Uhr. Ab dann „buenas noches", was nicht gleich gute Nacht heißen muss, sondern auch „schönen Abend noch" bedeuten kann.

Unterhalten – ja bitte, aber nicht über alles
Sie haben Sprachkenntnisse? Der Spanier freut sich über jedes Wort in Landessprache. Drei Themen sollten Sie allerdings tunlichst vermeiden. 1. Den ETA-Terrorismus. Der ist zwar seit 2009 vorbei, spukt aber immer noch in den Köpfen. 2. Den Stierkampf. Der ist zwar nicht vorbei, die Diskussion kann aber kein Spanier mehr hören. Zu diesem Thema geben weltweit Millionen Menschen ihre Meinung ab – Ihre ganz persönliche braucht es da nicht auch noch. 3. Die Franco-Diktatur. Die ist vorbei – wenn es nach den Spaniern ginge, schon seit gefühlten zweihundert Jahren – in Wahrheit aber erst seit 1975. In dem Jahr tat der Diktator Franco seinem Volk den Gefallen zu sterben.

Einkaufen – alles einpacken, nichts anpacken
In Spanien wird *alles* eingepackt. Selbst beim Kauf einer Tüte wird man diese noch in eine Tüte stecken. Knipsen Sie in solchen Situationen einfach Ihren ökologischen Heiligenschein aus und bedanken Sie sich – das Einpacken ist ein liebevolles Ritual des Verkäufers. Zwei weitere Dinge gilt es im Supermarkt zu beachten. 1. Die akkuraten Warteschlangen, die sich mithilfe von Zettelausgabeautomaten organisieren. 2. Obst sollte *niemals* mit der bloßen Hand angefasst werden, sofern Sie es nicht kaufen wollen. Das manische Gegrapsche deutscher Supermarktkunden ist den Spaniern ein absolutes Gräuel.

Alkohol – ja bitte, aber ohne Umfallen
Während ein Vollrausch in Deutschland durchaus zu den folkloristischen Eigenheiten des Landes zählt, gilt er in Spanien als peinlicher Kontrollverlust. Der aufrechte Gang wird in Spanien als evolutionäre Leistung gesehen – und daran sollen auch die rund 40.000 (!) Bars nichts ändern. Sie werden hier kaum Betrunkene an oder unter den Tischen finden – und wenn doch, dann besteht eine hohe Wahrscheinlichkeit, dass er der deutschen Sprache mächtig ist (oder war). Und noch etwas: Die 0,5-Promillegrenze gilt auch für Radfahrer!

Flamenco – nur gucken, nicht klatschen
Klatschen Sie bei einer Flamencovorführung keinesfalls mit! Noch schlimmer: An passenden oder unpassenden Stellen „olé" rufen – das tun ausschließlich die Musiker und Tänzer. Der Tanz ist eine KUNSTFORM, die als solches respektiert werden sollte. Er bedarf keinerlei Ergänzungen seitens eines deutschen Touristen – Sie malen ja auch nicht auf einem Gemälde von Miró herum, nur weil es Ihnen so gut gefällt.

Taxifahren – nur hinten, nie vorne
Spanier legen viel Wert auf Privatsphäre. An vielen Wohnungen stehen deshalb nicht einmal die Namen der Bewohner, und ein Spanier würde sich niemals mit Namen am Telefon melden – ein Telefonat ist zunächst einmal immer ein Einbruch ins Private. Das gilt auch beim Taxifahren – zumindest dann, wenn Sie sich neben den Fahrer setzen sollten. Der vordere Sitz ist ein ausgelagerter Wohnbereich des Fahrers und fungiert als Büro, Stauraum, Mülleimer oder alles drei zusammen.

Lautes Land

Laut einer OECD-Studie ist Spanien das lauteste Land Europas. Das wirft zwei Fragen auf. 1. Sollte die OECD nicht lieber den Hunger in der Welt bekämpfen, als Dezibel-Messungen in Tapas-Bars zu machen? Und 2. Was bedeutet das für Sie als Reisenden? Im Wesentlichen, dass es recht aussichtslos ist, sich wegen Lärms zu beschweren. So fährt die Müllabfuhr grundsätzlich nachts durch die Gegend, um tagsüber nicht die Verkehrsstaus zu behindern. Zudem lässt sie alle Anwohner an den lautstarken Kommandos der Müllarbeiter teilhaben. Vorteil des Lärm-Landes: Spanien ist ein Paradies für Eltern mit Kindern. Selbst in Bars wird man das schrille Geplärre von Babys mit einem liebevollen Tätscheln auf den Kopf kommentieren.

FÜR IMMER BLAU

Das andalusische Schlumpfdorf

Für diesen Marketing-Gag gingen 9.000 Liter Farbe drauf! Das schlumpfblaue Panorama des Dorfes Júzcar ist das Ergebnis einer Idee, die man in der PR-Abteilung von Sony Pictures ausgebrütet hat. Um den Film „Die Schlümpfe in 3D" zu bewerben, tünchte man das Dorf komplett in Blau. Balkone, Treppen, Wände, Häuser, Rathaus, ja sogar die Kirche wurden Teil des spanischen Schlumpfhausens. Erstaunlicherweise kam es zu keinen größeren Protesten, obwohl Júzcar zu einer Gruppe von Dörfern gehört, die man auch als „Pueblos Blancos" bezeichnet: Schneeweiße Häuser, rote Dächer, enge Gassen machen sie zu einer typisch spanischen Sehenswürdigkeit. Doch über einen Mangel an Touristen kann sich auch Júzcar nicht beklagen. Während sich zuvor nur ein paar Hundert Touristen in das weiße Dorf verirrten, lockte das blaue mittlerweile fast 100.000 Touristen an. Ursprünglich hatte man bei Sony Pictures vorgesehen, das Dorf wieder in das sattsam bekannte Weiß umzufärben. Doch davon will man im andalusischen Júzcar nun nichts mehr wissen. Bei einer Abstimmung votierten nur 33 Bewohner gegen das Blau, 141 waren dafür – Schlumpfimage hin oder her. Denn inzwischen entwickelt man Aktionen rund um die Schlümpfe. Der Mercapitufo („Schlumpfmarkt") lockt Schlumpffans ins Dorfzentrum, es soll sogar bereits zu ersten Schlumpfhochzeiten gekommen sein.

Sommerreifen oder Winterreifen?

Europas größte Altreifendeponie taucht nicht unbedingt in den Reiseführern auf, bietet aber trotzdem eine schöne Fotokulisse, wenn man den Gummiberg aus 75.000 Tonnen Reifen erst mal erklommen hat. Die Halde ist allerdings illegal und soll in den nächsten Jahren allmählich abgetragen werden. Schauen Sie also noch einmal schnell in Seseña Nuevo in der Nähe von Madrid vorbei!

ESSEN UND TRINKEN
Hallo, Herr Ober... !?

Sie sind überzeugter Vegetarier, lieben nahrhaftes Vollkornbrot und bevorzugen die Ruhe eines gediegenen Restaurants, in dem Sie am frühen Abend Ihr Essen zu sich nehmen möchten? Dann kann man Ihnen die größten Teile des Landes nur eingeschränkt empfehlen. Grundsätzlich gelten folgende Reisehinweise für Restaurantbesucher:

1. Das Abendessen wird zwischen neun und zehn Uhr abends eingenommen und zieht sich gerne mal bis Mitternacht. Erst ein anschließender Barbesuch rundet den Abend für den Spanier so richtig ab. Deshalb ist es auch nicht verwunderlich, dass Sie in Madrid oder Barcelona nachts um zwei in respektable Verkehrsstaus gelangen können.

2. Erobern Sie keine freien Tische, der Ober geleitet Sie gerne. Falls Sie etwas bestellen oder sich sonst gegenüber dem Ober aufmerksam machen möchten, rufen Sie am besten „Por favor!". Das von Deutschen gerne benutzte „Hola!" (Hallo!) versteht ein Ober allenfalls als freundlich gemeinten Gruß, den er vielleicht mit „Hola!" beantworten und dann weiter seiner Wege ziehen wird.

3. Thema Alkohol. In Bars wird zu alkoholischen Getränken *immer* eine Kleinigkeit gegessen. Oliven, Chips, Mandeln – ganz egal, Hauptsache feste Nahrung. Exzessives Wirkungstrinken wird in Spanien nicht unbedingt geschätzt. Noch immer ist es für Spanier unerklärlich, wie sich auf dem Oktoberfest Menschen literweise Bier runterkippen können, *ohne etwas gegessen zu haben.*

4. Brot wird unaufgefordert und kostenlos zu allen Gerichten gereicht. Man genießt dieses aber immer stückchenweise zum Essen und belegt es nicht etwa mit Wurst oder Käse. Sie sind im Restaurant nicht auf einem Freiluft-Picknick!

5. In Restaurants und vor allem bei privaten Einladungen gilt es als unfein, alles aufzuessen und stolz einen blank geputzten Teller als Erledigung Ihrer Nahrungsaufnahme zu präsentieren. Bei privaten Einladungen wird das teutonische Konzept des „Alles-Aufessens" übrigens nur dazu führen, dass man Ihnen ständig neues Essen auf den Teller manövriert. Fangen Sie also keinen Krieg an, den Sie nicht gewinnen können!

6. Rund zehn Prozent der Deutschen sind Vegetarier – in Spanien sind es rund 0,5 Prozent. Als Vegetarier heißt es deshalb: Augen auf bei der Nahrungsbeschaffung! Lassen Sie sich nicht von dem Namen eines Gerichts täuschen. Wenn etwas „Reis mit Gemüse" heißt, ist das eher als Warnung an alle Fleischesser zu verstehen, dass in dem Gericht mit Gemüse zu rechnen ist. Gleiches gilt für das „sandwich vegetal", das immer Schinken enthält, und auch der „ensalada mixta" wird in aller Regel mit Thunfisch verfeinert.

7. Die wichtigste Aufgabe des Kellners ist es, dem Gast Speisen und Getränke aller Art zu empfehlen, zu erklären, zu bringen und sich ganz dem Wohlergehen des Gastes zu widmen. Der Bezahlvorgang gilt den meisten Kellnern dagegen als notwendiges Übel ihrer Tätigkeit. Die Rechnung wird deshalb diskret auf einem Tellerchen serviert, das Geld abgeholt und das Wechselgeld zurückgebracht. Fertig – komplizierter sollte es nicht sein. Zahlen Sie deshalb *niemals* getrennt. Es gibt keinen spanischen Kellner, der ein Interesse daran hat, die einzelnen Gerichte mithilfe mehrstufiger Divisionsverfahren auf die Teilnehmerrunde aufzuteilen. Kurzum: Es gehört zum Berufsethos eines spanischen Kellners, alles, was mit Geld zu tun hat, möglichst schnell hinter sich zu bringen. Das gilt auch für das Trinkgeld – darüber will ein Kellner nicht mit Ihnen reden müssen, es wäre ihm regelrecht peinlich. Außerdem gibt es in der spanischen Sprache kein Idiom, das unserem deutschen „Stimmt so" entspricht. Legen Sie das Trinkgeld einfach auf den Teller!

Gespräche bei Tisch

Spanier sind sehr direkt und halten sich in einer Unterhaltung nicht mit Höflichkeitsfloskeln auf – schon gar nicht bei Tisch. Wenn Sie einmal mit Spaniern zusammen essen sollten, werden Sie das erkennen. Man sagt „Me pasas la sal" („Gib mir das Salz") und nicht etwa: „Du Schätzilein, wärst du so freundlich, mir bitte mal das Salz herüberzureichen?" Derartige Wortgebilde sehen Spanier als Zeitverschwendung an, die Gespräche nur unnötig ins Stocken bringen. Wer einmal versucht hat, bei einem deutschen Raclette-Essen eine Unterhaltung zu führen, der weiß, warum die Spanier recht haben. Zwischen „Brigitte, gibst du mir bitte mal die Gürkchens" und „Ach, reichst du mir mal die Mixed Pickles und, wo du gerade dabei bist, die Lammstreifen" gibt es schlichtweg nicht genug Platz für ein Gespräch über Brigittes neue Haartönung.

ARCHITEKTUR
Alles Schrott: die Müllkathedrale des Justo Gallego

Irgendwie ist man sich in Mejorada del Campo nicht ganz sicher, was man von der Sache halten soll. Seit mehr als einem halben Jahrhundert erbaut der ehemalige Mönch Don Justo eine Kathedrale aus Schrott, Ausschuss und anderen Materialien, die keiner mehr benötigt. In alten Benzinkanistern gießt er Betonteile für die Säulen, manche Pfeiler bestehen aus Konservendosen, die Ziegelfabrik liefert ausrangierte Ziegel, der Schrottplatz alte Eisenteile. 91 Jahre ist Don Justo über seiner Arbeit geworden, die manche für ein Wunder, andere als Folge seines Wahnsinns betrachten. In Wahrheit ist es einfach die Arbeit eines einzelnen Mannes, der eine 50 Meter lange, 25 Meter breite und 35 Meter hohe Kathedrale errichtete, die alles hat, was eine Kathedrale so braucht: Krypta, Kreuzgang, Sakristei, eine ausgelagerte Taufkirche und eine imposante Kuppel. Mittlerweile hat man Don Justo sogar eine Fotoausstellung gewidmet – im Museum of Modern Art in New York. Nur im eigenen Land gilt der Prophet offenbar nichts: In Mejorada del Campo findet sich keinerlei Hinweis auf die größte Sehenswürdigkeit des Ortes. Auch deshalb dürfte es wenig verwundern, dass Don Justo in seiner Heimatstadt als harmloser, aber etwas verwirrter Sonderling durchgeht. Vor allem, weil er „den ganzen Tag in seiner Kirche verbringe". Kein Wunder, der Mann muss ja auch eine Kathedrale bauen. Und wenn man bedenkt, dass man an Spaniens berühmtester Sehenswürdigkeit – der „Sagrada Familia" – bereits seit dem Jahre 1882 baut, dann liegt Don Justo eigentlich gar nicht so schlecht im Zeitplan. Nach aktueller Planung wird die Sagrada Familia zudem erst im Jahr 2026 zum 100. Todestag Gaudís eingeweiht. So alt wäre Don Justo dann auch.

Die Ein-Mann-Kathedrale in Mejorada del Campo

Don Justo – der Mönch, der sich seine eigene Kathedrale baut.

TABERNAS WÜSTE
Großes Kino

Spanien hat zwei europaweite Einmaligkeiten. Die einzige Nationalhymne ohne Text und eine echte Wüste – was erst mal nichts miteinander zu tun hat, an dieser Stelle aber einfach mal Erwähnung finden soll. In der Wüste Tabernas im Südosten Andalusiens brennt die Sonne an mehr als 3.000 Stunden im Jahr auf die Ödnis aus Kakteen, Steinen und sonstigem Gerümpel. Die Temperaturen von bis zu 50 Grad Celsius sind schlichtweg unerträglich. Mit 280 Quadratkilometern ist die Tabernas im internationalen Wüstenvergleich zwar recht klein, bietet aber trotzdem großes Kino: Über 500 Filme wurde hier gedreht. Neben „Spiel mir das Lied vom Tod" schwitzten auch die Darsteller von „Zwei glorreiche Halunken", „Winnetous Rückkehr" oder „Indiana Jones und der letzte Kreuzzug" unter Spaniens Sonne. Fort Bravo, die letzte originalgetreue Kulissenstadt der Wüste, wird zwar als „Vergnügungspark" angepriesen, ist aber der Wüste eigentlich recht ähnlich: ziemlich öde – aber irgendwie doch einzigartig.

In Europas einziger Wüste drehte Sergio Leone seinen Western „Spiel mir das Lied vom Tod", ...

... dessen Kulissen noch stehen, für die Lynchjustiz aber keine Verwendung mehr finden. Wer im Urlaub ...

... trotzdem gemütlich abhängen will, kann das in der Filmstadt Fort Bravo tun.

Erste Hilfe

Wer kennt es nicht aus dem Urlaub: Man findet einen halbseitig gelähmten Steinkauz und befindet sich gerade nicht in der Nähe einer auf Akupunktur spezialisierten Eulenauffangstation. Madrid-Touristen müssen sich ihren Urlaub dadurch nicht mehr vermiesen lassen! Das **Brinzal-Zentrum** behandelt jedes Jahr rund 1.200 Eulen – das Spezialgebiet: Akupunktur. „Wir bieten den Vögeln körperliche und psychologische Pflege", erklärt die Brinzal-Direktorin. Toll!
▶ www.brinzal.org

Zum Teufel!

Wer das hochgradig katholische Spanien besucht, wird auf jede Menge Statuen mit göttlichem Hintergrund treffen. Nicht so im Madrider **Retiro-Park**. Hier findet sich die weltweit einzige Statue, die man zu Ehren des Teufels baute. Kein Witz: Die Statue steht auf exakt 666 Höhenmetern. Six, six, six – it's the Number of the Beast!

Fußgänger auf dem Meeresboden. Die Skulpturen in 14 Meter Tiefe sind aus speziellem Beton gefertigt und sollen eine Lebensdauer von 300 Jahren haben.

LANZAROTE

Versenkte Kunst

Das Museum für alle, die schon alle Museen gesehen haben. Das „Museo Atlantico" liegt auf beziehungsweise 14 Meter unter dem Meeresspiegel von Lanzarote. Bereits im Jahr 2016 standen die ersten Skulpturen des Künstlers Jason deCaires Taylor auf dem Meeresgrund. Mittlerweile sind alle 300 von ihm erschaffenen lebensgroßen Skulpturen versenkt. Die verstörend lebendig wirkenden Betonmenschen stehen, sitzen oder liegen im kalten Atlantikwasser. Darunter ein Banker in Schlips und Anzug, der den Kopf verzweifelt in den Sand steckt, oder ein fettleibiger Fast-Food-Junkie, der sich auf seinem Sofa vor dem Fernseher lümmelt. Den untoten Meeresbewohnern kommt man mit einem Glasbodenboot näher, mit eigener Taucherausrüstung oder Schnorchelausrüstung wirkt alles natürlich umso mehr. Ein Selfie mit den Gestalten zu machen ist durchaus erlaubt, berühren, umarmen oder Ähnliches sollte man die Werke aber nicht. Der poröse Beton soll Korallen anlocken und die Skulpturen einer gewollten Metamorphose unterziehen. Bereits wenige Tage nach dem Untertauchen siedelten sich die ersten Algen an, Seesterne pappten auf passenden und unpassenden Stellen, und je nach Strömung streifen Fischschwärme durch die skurile Gemeinschaft. Die Kunstwerke thematisieren nicht nur Alltagssituationen, auch Klimawandel oder die Flüchtlingskrise werden eindrucksvoll dargestellt. In der „Balsa de Lampedusa", einem Flüchtlingsboot, kauern verzweifelte Menschen. Jason deCaires Taylor hat nach eigenen Aussagen damit ein Denkmal für all die geschaffen, denen die Flucht zwar glückte, aber „deren Träume und Hoffnungen am Boden des Meeres geendet haben".

▶ *Der Unterwasserteil des Museums kann auch von Tauchern oder Schnorchlern bewundert werden. Der „Eintritt" für volljährige Taucher liegt bei zwölf Euro, Schnorchler bekommen vier Euro Rabatt. Besucher dürfen sich für maximal eine Stunde im Wasser aufhalten. Für deren Sicherheit sind zertifizierte Tauchführer vor Ort.*

FUNSPORT

Im Skaterhimmel

Als man vor ein paar Jahren in der nordspanischen Stadt Llanera eine neue Bestimmung für das ehemalige Gotteshaus suchte, standen mehrere Investoren auf dem Plan. Doch die spanische Wirtschaftskrise ließ alle Pläne scheitern. Nur der Hobby-Skater Fernández Rey machte das Gotteshaus zu seiner persönlichen Mission. Bei 200 Regentagen in seinem Heimatdorf hielt er den Bau einer Indoor-Skateanlage für eine gute Idee. Crowdfunding finanzierte die Halfpipes und der Madrider Street-Art-Künstler Okuda steuerte ein paar grandiose kaleidoskopische „Fresken" bei.

▶ *www.laiglesiaskate.com*

Portugal

„Der Fuchs weiß viel, doch der ihn fängt, weiß mehr."

PORTUGIESISCHES SPRICHWORT

EINIGERMASSEN ALLGEMEINE REISEINFORMATIONEN
Very british!

Portugal und England streiten sich seit Jahrzehnten um die Frage, wer den **Portwein** erfunden hat. Immer wieder behauptet England, man sei selber auf die Idee gekommen, hochprozentigen Alkohol in vergärenden Wein zu kippen. Die Portugiesen sind da natürlich **ganz anderer Meinung**, können das aber irgendwie nicht richtig beweisen. Recht sicher ist jedoch, dass es eine Portugiesin war, die den **Tee** nach England brachte. Als die Tochter des portugiesischen Königs, **Katharina von Braganza**, dem englischen **König Karl II**. einen Besuch abstattete, bat sie um eine Tasse Tee. Die überlieferte Antwort Karls II.: „**We don't drink tea in England. But maybe some ale will do?**" Es kam, wie es kommen musste: Der alte Charmeur und Katharina heirateten. Daraufhin ließ die junge Königin größere Mengen an Tee nach England importieren, wodurch der vitalisierende Aufguss in den feinen Salons salonfähig wurde. Umgekehrt half England den Portugiesen bei gelegentlichen **Stockfischengpässen** aus. Nachdem Spanien im Jahr 1580 mal wieder Portugal besetzt hatte, beschlagnahmten die Eindringlinge neben hochseetauglichen Schiffen auch die **portugiesische Kabeljaufischflotte**, um sie für die spanische Armada umzubauen. Die Kutter wurden Teil der größten Flotte, die die Welt bis dahin gesehen hatte – was die Engländer nicht daran hinderte, sie (und damit auch die portugiesischen Schiffe) zu versenken. Zum Glück waren Englands Stockfischdepots gut gefüllt, und so trug man seinen Teil zum großen Stockfischbedarf der Portugiesen bei.

Doch die englisch-portugiesische Fanfreundschaft hatte auch härtere Zeiten zu überstehen. Im gemeinsamen Kampf gegen Napoleon kam es zur Besetzung Lissabons, woraufhin man weltgeschichtlich Einmaliges unternahm: Man verlegte seine Hauptstadt kurzerhand in eine Kolonie. Der portugiesische Hochadel siedelte – natürlich unter dem Schutz der Royal Navy – nach **Rio de Janeiro** um, das von 1808 bis 1821 die Hauptstadt Portugals war. Auch wenn die beiden Kolonialreiche in den folgenden Jahrzehnte zerbröselten, hielt man weiter zusammen. Ein kleiner Rückschlag deutete sich jedoch an, als Portugal 1928 vom **Linksverkehr auf Rechtsverkehr** umschwenkte. Als im Jahr 1978 dann noch der portugiesische Textilkaufmann Mário Marques während eines Schwedenurlaubs die Idee für die Entwicklung eines **Spannbetttuchs** hatte, schien die Emanzipation vom treuen Gefährten perfekt.

SPRACHE

Das kommt mir Spanisch vor!

„Es gibt zwei sehr schwere Sprachen in Europa, die eine ist Portugiesisch und die andere ist Ungarisch. Aber Ungarisch ist so schwer, dass nicht einmal die Portugiesen es verstehen" – das behauptete einst Friedrich Dürrenmatt. Zumindest was das Portugiesische angeht, so übertreibt die Schweizer Edelfeder ein bisschen. Immerhin sprechen rund 100 Prozent der Portugiesen Portugiesisch. Deutschen hingegen fällt die portugiesische Sprache mitunter recht schwer. Falls Ihnen also beim Plaudern mit einem Portugiesen mal etwas „spanisch" vorkommen sollte, sagen Sie einfach: „Isto é chinês", was übersetzt so viel heißt wie: „Das kommt mir chinesisch vor." Die Ungarn sagen in solchen Fällen übrigens: „Ez nekem kínai", was übersetzt ebenfalls „Das kommt mir chinesisch vor" heißt. Und wo wir gerade dabei sind: Auch die Spanier nutzen das Chinesische („Esto me suena a chino") als sprachliche Illustration ihrer Verwirrtheit. Die deutsche Sprache dient dazu weltweit nur in einem einzigen Land: auf den Philippinen, genauer gesagt bei den spanischbasierten Kreolsprachen. Dort heißt es: „Das kommt mir deutsch vor." („Aleman ese comigo".) Und weil es an dieser Stelle schon längst nicht mehr um das Portugiesische geht, klären wir noch eine letzte Frage. Was sagen eigentlich die Chinesen, wenn ihnen etwas chinesisch/spanisch/deutsch vorkommt? Kommt drauf an. Auf Kantonesisch gibt man sich eher unfein: „Klingt wie Töne aus dem Darm." Auf Hochchinesisch gibt sich die Weltmacht dann entsprechend interplanetarisch: „Klingt wie Sprache vom Mars." Was die Marsianer sagen ist nicht bekannt.

Lost in translation

Es gilt als eines der unübersetzbarsten Wörter der Welt und gleichzeitig als eines der schönsten. Für das portugiesische Wort „Saudade" gibt es im Deutschen keine Entsprechung. Es beschreibt ein universelles Gefühl aus Melancholie, Sehnsucht, Schmerz, Einsamkeit oder auch Nostalgie. Dabei kann man sowohl einen geliebten Menschen, eine Sache oder einen Ort mit dem Wort beschreiben. Einfacher zu erklären ist das Wort „Cafuné", für das es ebenfalls keine deutsche Entsprechung gibt. Es beschreibt die Geste, mit der man einer anderen Person liebevoll durch die Haare streicht. Wie nett!

Mundart

Ob Portugiesisch nun eine schwere oder leichte Sprache ist – zumindest die Übersetzung ins Deutsche gelingt nicht immer hundertprozentig – wie diese Fundstücke aus Portugal beweisen.

Ou / or / oder / ou

Trio de gelados e sorbets caseiros
Trio of home made ice creams and sorbets

Trio des Heims hat Eis und sorbets gemacht
Trio de glace et sorbets à la maison

€35,00 p. p.

Die drei Jungs von der Heimleitung sind aber auch die Wucht in Tüten. Haben die doch glatt Eis UND Sorbets für die ganze Mannschaft gemacht! (Gefunden auf Madeira.)

Sala de Provas
Este Espaço destina-se à comercialização dos produtos que aqui se fabrica a aguardente de cana, mais conhecida como Rum, o bolo de mel; ente que poderà provar e adquirir neste bar

Tasting Room
This space ist destined to the commercialization of the product that are manufactured; cane liquor, more known as rum and the honey cake; among others that can be tasted and yout may acquire in this bar

Probieren Raum
Dieser raum wird zu kommerzialisierung von den produkten, die hier hergestellt wied, zu spazierstock - alkohol, beabsichtigt bekannter des komisch, der honig - kucken,unter die es kann dieser erwerben.

Es ist nur eine Vermutung: Hier kann man lokale Produkte verkosten. Alkohol, Honig und Spazierstöcke. Lecker! (Gefunden auf Madeira.)

Komischer Vogel: Im Luftfahrtmuseum von Sintra hängt einer der größten Träumer (manche sagen Wahnsinnigen) der Luftfahrtgeschichte.

FLUGVERSUCHE

Einfach irre: der Flug des João de Almeida Torto

Was João de Almeida im Juni des Jahres 1540 verkündete, war nichts anderes als eine Weltsensation: „Ich tue den Einwohnern dieser Stadt kund, dass sie, noch bevor dieser Monat sich dem Ende neigt, ein großes Wunder sehen werden. Dann wird nämlich ein Bürger dieser Stadt mit künstlichen Flügeln von der Spitze der Kathedrale bis zum St.-Matthäus-Platz fliegen. Dies verspreche ich euch mit meinem Wort." In den frühen Morgenstunden des 20. Juni 1540 konnte sich eine riesige Menschenmenge von der Ernsthaftigkeit eines scheinbar Wahnsinnigen überzeugen: Auf dem Dach der Kathedrale der Stadt Viseu breitete eine merkwürdige Gestalt ihre Flügel aus, die heutzutage an die Doppeldeckerflügel eines Propellerflugzeuges erinnern würden. Almeida hatte allerdings keinen Propeller, dafür trug er einen albernen Helm mit einem riesigen gelben Vogelschnabel, der in wenigen Momenten seinen Flug von der Kathedrale entscheidend beeinflussen sollte. Dass man den Hobbyflieger überhaupt von dem riesigen Gotteshaus starten ließ, verdankte er dem schrulligen Kardinal Miguel da Silva. Dieser lernte damals im Vatikan einen nicht weniger schrulligen Mann kennen. Sein Name: Leonardo da Vinci. Der schraubte zu dieser Zeit gerade an einem muskelbetriebenen Flugapparat und beeindruckte den Kardinal mit seiner wissenschaftlichen Genialität und Weisheit (der es zu verdanken war, dass er mit seinen eigenen Flugapparaten niemals irgendwo runtersprang). Der Traum vom Fliegen war beim Kardinal geweckt! Nachdem er in seine portugiesische Heimat zurückkehrte, konnte er dann auch kaum glauben, was man ihm erzählte: Ein gewisser Joao de Almeida Torto plante, sich mit künstlichen Flügeln von seiner Kathedrale zu stürzen. (Man hatte dem Abenteurer mittlerweile den Zusatz „Torto" verpasst – was in etwa „der Dumme" bedeutete.) Dennoch: Die Fluggenehmigung wurde durch den Kardinal erteilt. Offenbar gab er – getragen von den genialen Fantasien seines Bekannten Leonardo da Vinci – die Starterlaubnis in der Hoffnung auf ein avionisches Wunder.

Und so sprang Alemeida. Und flog. Bis sein alberner Vogelkopfhelm verrutschte, sich das Guckloch im Schnabel verdunkelte und er orientierungslos auf das Dach der angrenzenden Kapelle krachte, aber wundersamerweise unversehrt blieb. So etwas hatte die Menge noch nicht erlebt! Sie grölte, jubelte und feuerte Almeida an, seinen Stopover sogleich abzubrechen und – wie versprochen – hinüber zum bedenklich weit entfernten St.-Matthäus-Platz zu flattern.

> *„Als Naturwesen bleibt der Mensch an den Körper gebunden, als Geisteswesen aber hat er Flügel."*
> PLATON

Almeida, der leider weder Angst noch die Werke Platons kannte, flog und fiel wie ein Stein in Richtung seiner Fans. Ein paar Stunden später erwachte er in einem Hospital noch einmal kurz aus dem Koma und starb in den Armen seiner Frau, die sein Testament kurz vor dem „Flug" noch ändern ließ – im Todesfall wären sonst die Brüder Alleinerben gewesen. Vielleicht war Almeida verrückt, dumm oder naiv. Bestimmt war er ein Träumer, der es vielleicht zum portugiesischen Nationalhelden geschafft hätte – wenn er nur nicht ständig diesen albernen Vogelkopfhelm aufgehabt hätte. Dafür hängt er jetzt immerhin im Luftfahrtmuseum von Sintra. Erweisen Sie ihm Ihre Ehre und grüßen Sie ihn bitte ganz, ganz herzlich!

▶ *Das Luftfahrtmuseum zeigt kuriose Flugzeuge und erzählt allerlei Geschichten über Portugals Helden der Luftfahrt. Mehr Infos hier: www.emfa.pt/www/po/musar*

PORTUGALS BUCHHANDLUNGEN
Mit Eintritt in Hogwarts Zauberschule

Buchhandlungen gehören nicht zu den bekanntesten Reisezielen in Portugal, obwohl einige von ihnen stark rekordverdächtig sind.

Die älteste Buchhandlung der Welt
Die 1732 in Lissabon eröffnete „Livraria Bertrand" hat einiges überstehen müssen: Das verheerende Erdbeben im Jahr 1755, Revolutionen, Bürgerkriege, Brände und nicht zuletzt das Internet. Trotz alledem ist sie immer noch geöffnet. Die insgesamt 600 Quadratmeter großen Räume ziehen sich mit ihren alten Gewölbedecken tief in einen Altbau hinein. In den maßangefertigten Holzregalen nutzt man jede Ecke und Nische, um die rund 70.000 Bücher unterzubringen.

Die schönste Buchhandlung der Welt
Bekanntlich liegt die Schönheit ja immer im Auge des Betrachters, weshalb auch der Superlativ über die „Livraria Lello" in Porto natürlich keine offizielle Bestätigung bekommen kann. Sicher ist jedoch, dass es wohl in den meisten deutschen Fußgängerzonen deutlich unschönere Buchhandlungen gibt. Und mit Sicherheit zahlt man in keiner deutschen Fußgängerzone drei Euro Eintritt, um in eine zweckmäßig ausgestattete Buchhandlung zu gelangen. Die Livraria Lello hingegen ist eine Kathedrale für Bücher: eine neogotische Außenfassade, im Inneren Jugendstil-Holzvertäfelungen und eine geschwungene Treppe, deren Statik so kompliziert ist, dass es neben Architekten auch Ingenieure bedurfte, um sie zu errichten. Die Eröffnung der Buchhandlung geriet im Jahr 1908 dann auch zum nationalen Ereignis. Touristen kamen in den letzten Jahrzehnten immer mal wieder vorbei, meist aber nicht mehr als ein paar Dutzend pro Tag – bis zu der Sache mit Harry Potter. Die „Livraria Lello" soll Joanne K. Rowling zu den beweglichen Treppen in Hogwarts Zauberschule inspiriert haben, immerhin lebte die Autorin drei Jahre lang in Porto und besuchte währenddessen auch den Büchertempel. Grund genug für viele Harry-Potter-Fans, einmal einen kostenlosen Blick ins historische Gemäuer zu werfen. Bei diesen Besuchen wird viel geknipst und wenig gekauft, was den Eigentümer leicht ge-

Die „Livraria Lello" soll J.K. Rowling als architektonische Inspiration für Hogwarts Zauberschule gedient haben.

nervt veranlasste, Eintritt zu verlangen. Tipp: Den Eintrittspreis erhält man bei Kauf eines Buches erstattet – auch wenn es sich dabei um einen Harry Potter handelt.

▶ *Eintrittskarten für die Livraria Lello gibt es auch online unter www.livrarialello.pt*

Die kleinste Buchhandlung der Welt

Dass die „Livraria do Simão" mit der Bezeichnung „kleinste Buchhandlung der Welt" für sich selbst wirbt, kann man ihr nicht wirklich übel nehmen – für großflächige Außenwerbung fehlt dem Geschäft in Lissabon einfach der Platz. Obwohl es keine offizielle Bestätigung für den Negativrekord gibt, eine noch kleinere Buchhandlung kann man sich schwerlich vorstellen. Bei einer Größe von ein mal vier Metern muss der Ladenbesitzer sein Geschäft verlassen, wenn mehr als ein Kunde eintritt. Trotz Kleiderschrankgröße hat man es irgendwie geschafft, rund 4.000 Bücher unterzubringen. Das Sortiment kann man dabei als durchaus speziell bezeichnen. Von „Zeppelin Weltfahrten, Deutsche Originalausgabe 1933" bis hin zu Superheldencomics. Nach etwas Bestimmtem suchen sollte man hier nicht, finden tut man aber immer etwas.

Platz ist in der kleinsten Hütte: Auf vier Quadratmetern gibts 4.000 Bücher.

IN STEIN GEMEISSELT
Fred Feuerstein in Portugal?

Nur ein Internetfake oder ein echtes Haus? Das Bild des „Casa do Penedo" (deutsch „Haus aus Stein") kursierte lange Zeit im Internet, ohne dass man sicher sein konnte, ob es nicht vielleicht eine gut gemachte Fälschung ist. Alle Zweifel waren beseitigt, als sich ein portugiesischer Fernsehsender auf den Weg ins nordportugiesische Fafe machte und dem merkwürdigen Bau einen ausführlichen Bericht widmete. Ursprünglich war das Haus sogar einmal als „die etwas andere Ferienwohnung" zu mieten, die Eigentümer haben mittlerweile jedoch ein kleines Museum eingerichtet. Ein bisschen Steinzeitfeeling kommt dennoch auf: Zwar begrüßt einen nicht Barney Geröllheimer an der Tür, im Haus gibt es jedoch keinen Strom, und das, obwohl die skurrile Behausung inmitten eines Windkraftparks steht. Was man beim ersten Anblick allerdings nicht vermuten würde: Der Erbauer hat in den harten Granit einen kleinen Swimmingpool im Inneren des Hauses geschlagen.

Schade: Das „Casa do Penedo" wird leider nicht mehr vermietet.

Griechenland

„Wir haben die beste Regierung, die man sich kaufen kann!"

GRIECHISCHES BONMOT

RECHT ALLGEMEINE REISEINFORMATIONEN

Versunkener Bergstaat

Das sympathisch ausgefranste **Endstück Europas** ist völlig zu Unrecht nur wegen seiner „Schuldenproblematik" bekannt – weshalb diese hier nur zwei Erwähnungen finden soll. Viel spannender ist nämlich die geologische Entstehung des Landes: Die **3.054 Inseln Griechenlands** sind eigentlich die Spitzen von Bergen, die in der Ägäis versunken sind. Eine geologische Abwärtsfahrt, die auch heutzutage noch anhält und ungefähr mit Rückzahlung der griechischen Staatsschulden ihr Ende nehmen wird – also in rund **450 Millionen Jahren**. Die bisher nicht versunkenen Berge beherbergen (noch!) 21 Skigebiete. Das höchstgelegene befindet sich auf dem **2.455 Meter** hohen Parnass. Schneesicherheit kann nicht hundertprozentig vorausgesagt werden. Wenn Sie sicher gehen wollen, fragen Sie einfach das **Orakel von Delphi** – es liegt direkt am Fuß des Berges.

Das **antike Griechenland** produzierte eine Unmenge an Universalgenies, Philosophen, Wissenschaftlern und Dichtern. Man könnte meinen, dass man **vor dem endgültigen Versinken** noch möglichst viele Weisheiten in Stein meißeln wollte. Zu Recht, denn die Griechen gelten in Europa als Erfinder der Philosophie, Astronomie und lösten mit ihren mathematischen Kenntnissen zahlreiche Probleme. Erst jüngst gelang es ihnen, den **Staatshaushalt** derartig schönzurechnen, dass man sie in die Eurozone aufnahm. Insgesamt gibt man sich aber eher bescheiden. Die Hauptsehenswürdigkeiten sind **kaputte Tempel,** und von den **158 Strophen** ihrer Nationalhymne werden nur zwei gesungen.

Das zauberhafte **Blau und Weiß** der griechischen Häuser kann für Außenstehende schlumpfartige Züge haben, soll in Wahrheit aber böse Geister vertreiben. Eine eher wankelmütige Beziehung hat man zum **Blau** der Nationalflagge: Der erste griechische König wählte als Farbvorlage das **Bayernblau** des bayrischen Landeswappens (wenig verwunderlich – **König Otto I.** kam aus Bayern). Unter der Militärdiktatur von 1967 bis 1974 wurde das **Blau** dann **Dunkelblau**, das jetzige Flaggengesetz spricht von einem **Hellblau**, in der Praxis ist es aber eher ein **Ultramarinblau**. Egal wie man das **Blau** nun nennen mag, beliebt machen Sie sich, wenn Sie einen Griechen als **Hellenen** bezeichnen. Das funktioniert im Urlaub und hierzulande – wenn Sie mal wieder ein lecker Bifteki bei Ihrem Lieblingshellenen verputzen!

DOS AND DON'TS
Niemand erhebe die Hand!

Handfläche zeigen
In Griechenland wird praktisch jede Bewegung mit der offenen Handfläche, die gegen eine Person gerichtet wird, als Beleidigung verstanden. Als Reisender sollte man insbesondere beim Begrüßen, Verabschieden oder auch beim Heranwinken des Kellners sehr vorsichtig sein.

Nicht ohne meinen Umschlag
Laut Finanzamt gibt es in Griechenland weniger als 10.000 Menschen, die über ein Jahreseinkommen von mehr als 100.000 Euro brutto verfügen. Wer sich die Yachthäfen rund um Athen anschaut und einen Blick auf die bewachten Parkplätze der angesagten Clubs wirft, wird das schwer glauben können: Ferrari, Bentley, Maserati, so weit das Auge reicht, ein Porsche gilt hier als Normalo-Auto. Auf der Suche nach der Erklärung für dieses Phänomen gelangt man schnell zu der Erkenntnis, dass die Griechen beim Steuerzahlen eher scheu daherkommen und auch sonst in Sachen Korruption und Bestechung recht flexibel agieren. Wobei man bei diesen Themen sprachlich sehr sensibel ist. Wörter wie Korruption oder Bestechung weiß man zu vermeiden, da diese – so das allgemeine Empfinden – irgendwie einen kriminellen und mafiösen Beigeschmack haben. In ihrem Selbstbild empfinden sich die Griechen jedoch nicht als kriminell, zumindest nicht so richtig bzw. nicht im bösen Sinne. Vom Vokabular benutzt man daher gern Wörter wie „Fakelaki" und „Misa", wobei „Fakelaki" so viel wie „Umschlägchen" bedeutet (z. B. jenes, in welches sich Geld für eine Bestechung hineinlegen lässt). „Misa" leitet sich vom Franzö-

sischen ab, bedeutet übersetzt so viel wie „Anlasser" und kann Wunder bewirken, wenn es z. B. darum geht, etwa beim Arzt oder Bauamt die Wartezeit zu verkürzen. Oder die Führerscheinprüfung zu bestehen. Oder einen neuen Job zu finden.

Ouzo als Vorspeise
Anders als in Deutschland wird der Ouzo im Restaurant zumeist vor dem Essen getrunken. Und noch ein Unterschied: Während man das Nationalgetränk in Deutschland zumeist pur zu sich nimmt, wird es in Griechenland fast immer mit Wasser oder Eis getrunken.

KUNST
Gut abgeschirmt
Ob der griechische Künstler George Zongolopoulos bei Erschaffung der „Schirme" im Jahre 1997 Sonnenschirme, Regenschirme oder gar Rettungsschirme vor Augen hatte, ist unklar. Sicher ist jedoch, dass die Schirme, die in Thessaloniki vor dem Mazedonischen Museum für zeitgenössische Kunst stehen, weder vor Sonne noch vor Regen schützen. Was aber nicht weiter schlimm ist, denn es ist ja KUNST.

▶ *Selfie-Tipp: Die Schirme erzeugen je nach Tageszeit und Lichtverhältnissen die unterschiedlichsten Stimmungen und bieten eine gute Vorlage für putzige Fotos.*

ALTER GRIECHE!
Die Insel der Hundertjährigen

Heute blau und morgen blau: Ikaria. Der US-amerikanische Autor Dan Buettner hat gemeinsam mit einem Team des „National Geographic Magazine" erforscht, in welchen Gegenden der Welt die Menschen besonders alt werden. Er nennt diese Regionen „Blue Zones", und die blaueste von allen ist die Insel Ikaria in der nördlichen Ägäis. Ein Drittel der Bewohner wird hier 90 Jahre alt – die höchste Konzentration langen Lebens weltweit. Die Krebsrate liegt unter 20 %, Herzkrankheiten kommen kaum vor, und Demenz gibt es hier nicht. Auf der Suche nach dem Lebenselixier der Ikarianer erklärt Buettner, dass lediglich 20 % der Lebenserwartung genetisch beeinflusst sei. Viel wichtiger sei der Lebensstil, und da schwören die Insulaner neben viel Bewegung und frischer Luft vor allem auf zwei Sachen: Sex & drugs (Wein und Kaffee). So hat eine Umfrage unter 284 Ikarianern im Alter von 65 bis 99 ergeben, dass 80 % der Senioren regelmäßig sexuell aktiv seien. Zum Rotwein sei erwähnt, dass die Bewohner diesen zwar ausgiebig genießen, den totalen Absturz jedoch peinlichst zu vermeiden wissen. Denn schließlich hat die Insel eine Vorgeschichte zu diesem Thema, und auch wenn die Ereignisse schon ein paar Tage zurückliegen, schadet es nicht, wenn man als Reisender mit dem Mythos Ikarias vertraut ist.

Die Kurzfassung der Sage stellt sich wie folgt dar: Dädalus und sein Sohnemann Ikarus wurden auf Befehl von König Minos auf Kreta im Labyrinth des Minotaurus gefangen gehalten, weil Dädalus Hinweise zur Verwendung des Ariadnefadens an Theseus ausgeplaudert hatte. Da Minos die Seewege kontrollierte, überlegten die beiden, wie sie am besten von Kreta fliehen konnten. Dädalus hatte schon bald eine Idee und konstruierte flugs ein paar Flügel aus Federn, die er mit Wachs an einem Gestänge befestigte, auf dass die beiden sich fliegend aus dem Staub machen könnten. Vor dem Abflug ermahnte er seinen Sohn, nicht zu hoch zu fliegen, da sonst die Hitze der Sonne das Wachs zum Schmelzen bringen würde. Die Flucht gelang, doch als die beiden gerade die Insel Lebinthos passiert hatten, wurde Ikarus übermütig. Es kam, wie es kommen musste: Er flog zu hoch hinaus, das Wachs schmolz, die Federn lösten sich, und Ikarus stürzte ins Meer. Dädalus begrub seinen Sohn auf der nächstgelegenen Insel und benannte diese nach seinem Kinde *Ikaria*. Die Moral von der Geschicht wird zumeist dahingehend gedeutet, dass derjenige, der zu hoch hinauswill, am Ende tief fallen wird.

> ▶ *Selfietipp: Wer möchte, kann sich neben einer der unzähligen Ikarus-Statuen fotografieren (stehen auf Ikarus an diversen Orten, zum Beispiel im Hafen von Kythira, und sind auch in Griechenland allgemein und auch sonst überall auf dem Erdball verteilt) und das Foto mit dem passenden Spruch posten. Hier paar passende Weisheiten zur Inspiration:*
> *Ein Klassiker:*
> *„The higher they fly, the harder they fall!"*
>
> *Etwas konservativ:*
> *„Hochmut kommt vor dem Fall!"*
>
> *Kreativ und aus Nigeria:.*
> *„Die Termite, die sich beim Fliegen überschätzt, wird als Krötenfutter enden!"*

MYSTERIUM
Die geheimnisvollen Schlangen der Jungfrau Maria

Es ist ein Mysterium: Einmal im Jahr, am 15. August zu Mariä Himmelfahrt, kommen Hunderte von Schlangen vor und in die Kirche von Kefalonia. Sie kommen am Abend, sind am nächsten Morgen wieder verschwunden und lassen sich dann exakt ein Jahr nicht mehr blicken. Die Tatsache, dass die Schlangen nur einmal jährlich und immer zur genau gleichen Zeit am Kloster erscheinen, wurde bereits von verschiedenen Forschern untersucht, wobei noch keine plausible wissenschaftliche Erklärung für das Phänomen gefunden werden konnte. Das ist aber nicht weiter schlimm, da es eine sagenumwobene kirchliche Überlieferung gibt, die keine Fragen offenlässt. So erzählen die Annalen des Klosters, dass die Schlangen erstmals vor etwa 475 Jahren erschienen sind, als Piraten auf die Insel kamen und das Kloster plündern wollten. Der Legende nach hätten die Nonnen die heilige Maria um Hilfe gerufen und kurz darauf Hunderte von Schlangen das Kloster umgeben, sodass die Piraten die Flucht ergriffen und den Ort verschonten. Seit diesem Ereignis warten die Gläubigen Jahr für Jahr auf die Schlangen der Jungfrau Maria und öffnen das Kirchentor, damit die Tiere über die Bänke, den Altar, die Öllampen und auch über die Menschen schlängeln. Es gab allerdings zwei Jahre, in denen die Schlangen ausblieben: 1940 und 1953 – in beiden Jahren wurde die Insel von einem schweren Erdbeben heimgesucht. Das Fernbleiben der Schlangen wird deshalb als ein Zeichen für ein drohendes Unheil gedeutet. Heute wird das Kloster zu Mariä Himmelfahrt regelrecht zur Pilgerstätte vieler Gläubiger, welche die Schlangen sehen und berühren wollen, auf dass sie Krankheiten heilen und ein gutes Jahr versprechen.

Bevor das Schmugglerschiff „Panagiotis" an einem griechischen Traumstrand auf Grund lief, wurde es jahrelang von der griechischen Marine gejagt.

KURIOSE ORTE

Schmugglerbucht

Ein Reiseziel der besonderen Art ist die Navagio-Bucht auf der Insel Zakynthos. In dieser nur vom Meer zugänglichen Bucht liegt das Wrack des Küstenmotorschiffs „Panagiotis" und rostet wunderbar kontrastierend zum strahlend weißen Strand in aller Ruhe vor sich hin. Das Schmugglerschiff strandete im Herbst 1980, voll beladen mit illegalen Zigaretten und Alkohol. Als Ursache für den Schiffbruch kursieren unterschiedliche Versionen. Während die einen behaupten, dass das Schiff, in stürmischer See und von der Küstenwache verfolgt, einen Maschinenschaden erlitt und auf Grund lief, erzählt eine andere Version, dass die Mannschaft des Schmugglerschiffs in Panik geriet und ihr Schiff in Brand setzte, als ein Schiff der Küstenwache in Sichtweite kam. Darüber hinaus ranken sich verschiedene Verschwörungstheorien um das Wrack. In einigen von ihnen wird behauptet, dass das Schiff schon vor längerer Zeit gestrandet sei und damals einen Schatz an Bord gehabt hätte.

▶ *Anreise: Die Bucht ist nur per Schiff erreichbar; die Touren starten täglich vom nahe gelegenen Hafen in Zakynthos. Wer sich die Schifffahrt sparen möchte, kann das Wrack auch von einer Aussichtsplattform aus bewundern, welche sich auf einer Felswand am Rande der Bucht befindet.*

FRAUEN MÜSSEN DRAUSSEN BLEIBEN

Mönchsrepublik Athos

Was haben die Herbertstraße auf der Reeperbahn in Hamburg und der griechische Berg Athos gemein? Richtig: Frauen müssen draußen bleiben. Kleiner Unterschied: In der Herbertstraße gibt es durchaus Frauen, die dort in den Schaufenstern bzw. den Zimmern dahinter ihrer Profession nachgehen und die schlicht keine „Konkurrenz" in ihrem Revier dulden. Auf dem heiligen Berg Athos hingegen sind Frauen komplett verboten, das Terrain ist sogar für weibliche Tiere tabu, mit Ausnahme von Hennen und Katzen. Begründet wird die Sperrzone mit der Legende von der Jungfrau Maria, die hier auf ihrem Weg nach Zypern an Land gegangen sein soll. Der liebe Gott persönlich habe ihr daraufhin den Berg als Geschenk vermacht, und da dieser seither der „reinsten aller Frauen" gehört, dürfen andere Frauen ihn nicht betreten.

Die Mönchsrepublik ist halb autonom und untersteht der griechisch-orthodoxen Kirche und dem Patriarchen von Konstantinopel. Sie befindet sich auf der östlichen Landzunge der Halbinsel Chalkidiki und hat ein Ausmaß von etwa 50 km in der Länge und 8 km in der Breite. Die Anreise erfolgt per Schiff zu den Häfen in Ierissos und Ouranoupoli oder über den Landweg auf der Straße aus Richtung Stratoni.

Gut zu wissen

1. Für die Einreise wird ein Pilgervisum (Diamonitirion) benötigt.

2. Es werden lediglich 15 Pilgergäste pro Tag zugelassen, die nicht der griechisch-orthodoxen Kirche angehören.

3. Je Kloster ist nur eine Übernachtung erlaubt (was einem längeren Aufenthalt aber nicht im Wege stehen sollte, da es insgesamt 20 Klöster gibt).

4. Auf Athos gilt der julianische Kalender, der gegenüber dem ab 1582 in Westeuropa eingeführten gregorianischen Kalender mittlerweile um 13 Tage nachläuft. Achtung: Der Tag beginnt in allen Klöstern mit dem Sonnenuntergang (= null Uhr). Einzige Ausnahme ist das Kloster von Iviron, hier beginnt der Tag handelsüblich mit Sonnenaufgang.

5. In den Klöstern gibt es täglich zwei Mahlzeiten: Das Mittag- und das Abendessen. Das Frühstück fällt aus, was aber dank der byzantinischen Zeitmessung nicht schlimm ist, da das Mittagessen schließlich bereits morgens nach Beendigung der göttlichen Liturgie eingenommen wird.

ORAKEL

Zukunft mit Ansage

Wir wissen die alten Griechen für vieles zu schätzen: Die Demokratie, die Olympischen Spiele, den Satz des Pythagoras, Olivenöl – alles Errungenschaften aus alter Zeit, die noch heute unser Leben prägen. Diese ruhmreiche Liste könnte jetzt um eine Erfindung erweitert werden: das Notebook. Gut, es erscheint zunächst ein wenig unglaubwürdig, dass bereits in der Antike mit Laptops hantiert wurde, wären da nicht die EINDEUTIGEN Beweise. So zeigt nämlich ein alter griechischer Grabstein (eine sogenannte Stele) eine sitzende Frau, die den Deckel eines Objektes hochhält, welches von einem Sklaven gehalten wird. Konservative Interpretationen vermuten, dass es sich um ein Schmuckkästchen handelt und die Frau vermutlich gerade überlegt, welche Ohrringe sie anlegen soll. Verschwörungstheoretiker sind sich jedoch ganz sicher, dass es sich um einen Vorläufer des modernen Notebooks handelt, denn ganz deutlich sind an der Seite zwei Öffnungen zu erkennen, wobei noch Unsicherheit darüber herrscht, ob es sich hierbei um Kopfhöreranschlüsse oder um Vorläufer der USB-Buchse handelt. Dass Zeitreisen möglich sind, so die Überzeugung, wissen wir nicht erst seit Filmen wie „Bill und Teds verrückte Reise durch die Zeit", in welchem die beiden Abenteurer ja unter anderem auch auf Sokrates treffen (noch so ein ZEICHEN!). Wer sich für Wahrsagen, Zeitreisen, Gott-Mensch-Gespräche, einen Blick in die Zukunft und Co. interessiert, sollte sich die griechischen Orakel (von lat. oraculum: „Weissagungsstätte, Götterspruch" von orare „sprechen, beten") einmal aus der Nähe anschauen. Die berühmtesten noch heute erhaltenen griechischen Orakel finden sich in Delphi und Dodona.

In dem griechischen Städtchen Tyrnavos ist man sich doch ganz sicher: Es kommt auf die Größe an!

LAND UND LEUTE
Dickes Ding: Das Fest der Riesenpenisse

Das Fest der Riesenpenisse wird jährlich am ersten Montag der Fastenzeit in der Stadt Tyrnavos zelebriert. Es handelt sich hierbei um eine Art Karnevalsumzug, bei der es im Wesentlichen darum geht, sich gegenseitig mit Riesenpenissen zu verhauen und sich dabei Schimpfwörter an den Kopf zu werfen. Dieser bizarre Brauch gilt als die Party des Landes und trägt den Namen „Burani", genau wie die Gemüsesuppe, die auf dem Marktplatz in einem großen Kessel gekocht wird. Die Einwohner und Besucher kommen am Festtag zusammen, um gemeinsam zu essen, zu trinken, sich mit Penissen aller Couleur zu schmücken (z. B. Ohrringe, Hüte, Ketten etc.) und Lieder voller Kraftausdrücke zu singen.

GRIECHENLAND

KUNST
Beim Zeus: Warum sind die Statuen untenrum so schwach bestückt?

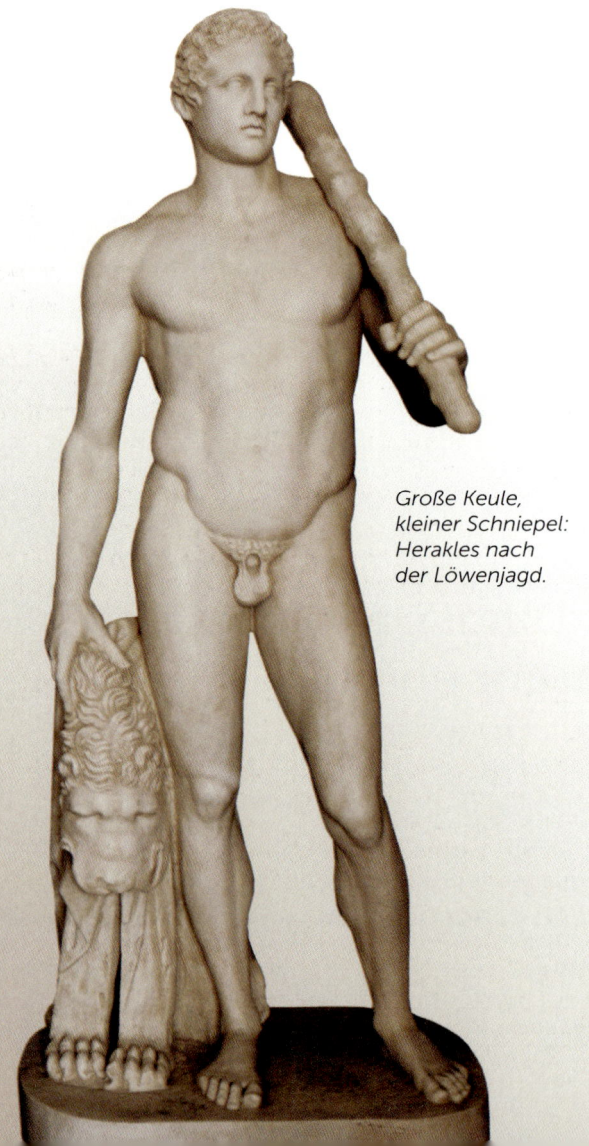

Große Keule, kleiner Schniepel: Herakles nach der Löwenjagd.

Die Frage hat es natürlich in sich, doch bevor dieses wichtige Detail geklärt werden soll, lohnt ein kurzer Blick auf die allgemeine Gesamtsituation. Wer sich die griechischen Statuen anschaut, wird schnell feststellen, dass zwar viele von ihnen nackt sind, aber eben nicht alle. Die Systematik: Götter sind immer nackt, normale Menschen nie, es sei denn, es sind Sportler. Gute Unterscheidungshilfe: Götter erkennt man oft an der Zusatzausstattung. So hält Göttervater Zeus meist einen Blitz in der Hand, während Weingott Dionysos gern ein paar Trauben mit sich herumträgt. Nackte Statuen mit Helm und Schild stellen keine Götter, sondern Menschen dar, und Obacht: Es handelt sich hierbei nicht um Krieger (wer würde schon nackt in den Krieg ziehen!), sondern um – genau – Sportler. Etwas unübersichtlich wird das Ganze, wenn es um Helden geht, denn diese waren in der Hierarchie irgendwo zwischen Göttern und Menschen angesiedelt und wurden größtenteils ebenfalls nackt dargestellt. Man muss mitunter also genau hinschauen, um die richtige Einordnung vornehmen zu können. Ebenfalls genau hinschauen muss man zumeist beim Schniepel, der in der Antike immer sehr klein dargestellt wurde. Hintergrund ist das damalige Verständnis von Schönheit und Attraktivität, welches der griechische Dramatiker Aristophanes mit den Attributen „glänzende Brust, breite Schultern, kleine Zunge, kräftige Pobacken und ein kleiner Penis" umschreibt. Ein großes Geschlecht galt bei den Griechen damals als lächerlich, dumm und barbarisch. Die amerikanische Kunsthistorikerin Ellen Oredsson beschreibt den perfekten Griechen wie folgt: „Der ideale Grieche war rational, intellektuell und Respekt einflößend. Natürlich mag er auch viel Sex gehabt haben, aber das hatte nichts mit seiner Penisgröße zu tun; sein kleiner Penis erlaubte ihm jedoch, kühl und logisch zu bleiben."

Als Beispiel führt Oredsson den Fruchtbarkeitsgott Priapus an, der als Statue immer mit einem großformatigen Gemächt dargestellt wurde. Dieser Anblick ist den anderen Göttern dermaßen auf den (winzigen) Sack gegangen, dass sie Priapus seinerzeit glatt vom Olymp warfen. Auch beim weiblichen Körper bevorzugte man kleine Proportionen. Neben kleinen Brüsten waren ein wohlgeformter Po sowie ein gebärfreudiges Becken en vogue.

▶ *Die Statue „Herakles mit Löwenfell und Keule" ist im archäologischen Museum Münster zu sehen, bei der es sich um einen Gipsabguss einer römischen Marmorstatue handelt, die im J.-P.-Getty-Museum in Malibu zu sehen ist. Diese ist wiederum ein Gipsabguss einer Bronzeskulptur des Bildhauers Skopas von Paros. Die Welt ist kompliziert.*

VIII.
DIE BERGSTAATEN

„Äusserlich ist an einem Paar Ski nichts besonders Heimtückisches zu entdecken. Es sind zwei Pantoffeln aus Ulmenholz, 8 Fuss lang und 4 Zoll breit, mit einem viereckigen Absatz, aufgebogenen Zehen und Riemen in der Mitte zur Befestigung des Fusses. Niemand würde beim blossen Ansehen an alle die Möglichkeiten denken, die in ihnen lauern. Aber du ziehst sie an und wendest dich mit einem Lächeln nach deinen Freunden um, um zu sehen, ob sie dir auch zuschauen – und dann bohrst du im nächsten Augenblick deinen Kopf wie verrückt in einen Schneehaufen hinein und strampelst wahnsinnig mit beiden Füssen, um, halb aufgestanden, von neuem wieder im gleichen Schneewall unrettbar zu ertrinken; so gibst du deinen Freunden ein Schauspiel, dessen sie dich niemals für fähig gehalten hätten. Wenn du das erste Mal das Umwenden versuchst, glauben deine Freunde, es sei einer deiner schlechten Witze.

Zugegeben jedoch, dass jemand Ausdauer genug und einen vollen Monat zur Verfügung habe, um alle diese ersten Schwierigkeiten zu überwinden, so wird er dann finden, dass Skifahren ihm ein Vergnügen gewährt, das, wie ich glaube, einzig ist. Das wird zwar jetzt noch nicht anerkannt; aber ich bin überzeugt, dass die Zeit kommen wird, wo Hunderte von Engländern im März und April, der Skisaison, sich nach der Schweiz begeben werden."

Arthur Conan Doyle im Jahr 1894 über das Skifahren, das er mit seinen Schilderungen in England populär machte.

aus: Arthur Conan Doyle: Ein Alpenpass auf Ski, in: Jahrbuch des Schweizerischen Ski-Verbands, Bern 1911

Österreich

„Österreich ist ein seltsames Land. Man muss hier unbedingt schon gestorben sein, damit einen die Leute leben lassen."

GUSTAV MAHLER

AUSSERORDENTLICH ALLGEMEINE REISEINFORMATIONEN
Die Größe im Kleinen

Österreich war mal sehr groß, ist es jetzt aber nicht mehr. Dafür gibt es wohl zwei Gründe. Der Erste: Historiker glauben beim ehemaligen Kaiserreich eine **„politische Anomalie"** diagnostiziert zu haben, die es in den vergangenen Jahrhunderten von allen anderen Monarchien Europas unterschied. Danach habe ihre „strukturelle Schwäche zu einem ständigen Zustand der Krise und des drohenden Verfalls geführt". Anders gesagt: Die ganzen Länder, die man sich angelacht hatte, stellten sich als **geografischer Flohzirkus** heraus, in dem einer dem anderen auf der Nase rumtanzte. Zweiter Grund: **Pech mit dem Gegner.** Die Armeen der Habsburgmonarchie trafen dummerweise immer wieder auf Feldherren, die taktisch und strategisch als klare Favoriten ins Rennen gingen – **Napoleon Bonaparte oder Friedrich II. von Preußen** ganz vorneweg.

Kleiner Trost: Österreich ist beileibe nicht mehr das größte Land Europas, dafür aber **das schwerste**. Ein Quadratkilometer österreichischer Landmasse wiegt 112 Milliarden Tonnen, insgesamt bringt das Land 9.400.000 Milliarden Tonnen auf die Waage. Etwas Bewegung könnte also gut tun, was sich zumindest die Alpen zu Herzen genommen haben. Sie bewegen sich jedes Jahr um 1,5 Millimeter in Richtung Osten – beeilen Sie sich also besser mit dem Besuch!

Alles in allem hat man sich mit seiner jetzigen „Größe" aber arrangiert. Man konzentriert sich weniger auf die Weltpolitik und rächt sich bei seinen ehemaligen Vasallenstaaten mit **Sissi-Filmen** und dem zwangsweisen Verkauf von **Maut-Plaketten**. Mit Letzteren kassiert man jährlich rund 1,8 Milliarden Euro. Mit Wiener Schnitzeln werden im gleichen Zeitraum allerdings 2,5 Milliarden Euro umgesetzt, und das auf rein freiwilliger Basis! Ansonsten schmückt sich das Land mit allerlei Schrullen und Eigenarten. So änderte man im Jahr 2012 eine Textzeile der Nationalhymne: Aus „**Heimat bist du großer Söhne**" wurde „**Heimat großer Töchter und Söhne**". (Politisch korrekt, man kann vom Thema „Größe" aber scheinbar nicht lassen.) Außerdem verbot man mit einer Pilzschutzverordnung das Pilzsammeln **an ungeraden Tagen.** Wer deshalb in die österreichischen Wälder einreist, kann sich an ungeraden Tagen einfach ein paar der imposanten **Alpensteinböcke** anschauen. Davon gibt es rund 4.500 Tiere – der weltweit **drittgrößte** Bestand. Immerhin.

AUF SINNSUCHE
Die Weltmaschine

23 Jahre schraubte und schweißte der Bauer Franz Gsellmann an einer merkwürdigen Maschine. Bis heute weiß niemand warum. Hier einiges von dem, was man weiß: Als Gsellmann es wagte, seine Apparatur erstmalig an das Stromnetz anzuschließen, wurde es stockdunkel. Nicht nur in seinem Haus, auch im Rest seines kleinen Heimatdorfes Edelsbach. Offenbar war das Stromnetz in diesem abgelegenen Winkel der Oststeiermark auf einiges ausgelegt, aber nicht auf den unangekündigten Strombedarf von einer Trockenhaube, sieben Lichtmaschinen, 18 Ventilatoren, etlichen Motoren, 200 Glühlampen und einer holländischen Mini-Windmühle. Bis zu diesem Moment, an dem er das blinkende, dröhnende, leuchtende, schwingende Monstrum zum ersten Mal in Betrieb nahm, vergingen acht Jahre. Niemand hatte in dieser Zeit Zutritt zu dem Raum auf dem einsamen Bauernhof – nicht einmal seine Frau. Immer wieder beobachtete man Gsellmann, wie er von seinen Streifzügen mit vollgestopftem Rucksack zu seiner fantastischen Maschine zurückkehrte. Wenig verwunderlich wurde er zum Gespött des Dorfes, um das sich Gsellman jedoch nicht scherte. Unverdrossen baute er zwei Jahrzehnte weiter an seiner Maschine. Hula-Hoop-Reifen, 64 Vogelpfeifen, einen Porzellanadler, 14 Glocken und ein Orgelgebläse wollten verbaut werden, alles angetrieben von 25 Elektromotoren und nur zu starten, wenn man zwölf Schalter in der richtigen Reihenfolge umlegt.

Der Schöpfer Franz Gsellmann. Nur er kannte den Sinn seiner Maschine – verriet ihn aber nicht.

Dabei konnte die Maschine eigentlich nichts – besser gesagt, nichts wirklich Sinnvolles. Hunderte Lämpchen blinken, es summt, quietscht und knarzt. Im Inneren sieht es aus, als hätte man einen Jahrmarkttrummel mit einem Spielautomaten gekreuzt und das Ergebnis mit erstaunlich nutzlosen mechanischen Fähigkeiten ausgestattet. Oder wie es

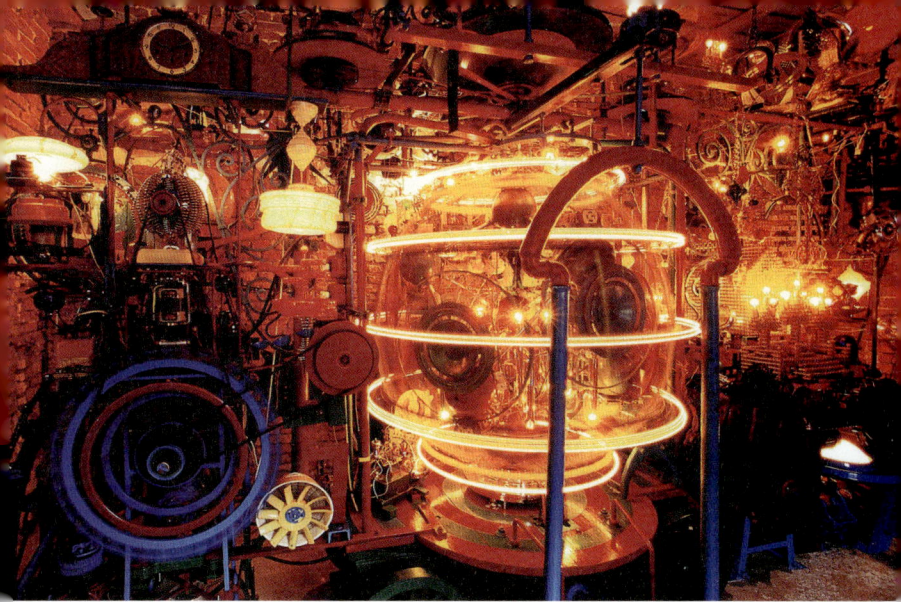

Erbauer Gsellmann gab seiner Maschine keinen Namen. Ein Kärntner Landeshauptmann nannte das Ding irgendwann respektvoll „Weltmaschine".

der österreichische Schriftsteller Gerhard Roth angesichts der Aussichtslosigkeit einer sinnhaften Beschreibung ausdrückte: „Ein Zufallsgenerator, der Selbstmord begangen hat." Eigentlich drohte seine Familie, das merkwürdige Ding zu zerstören, für das Gsellmann immer wieder die Feldarbeit unterbrach, nur um noch einen Auto-Luftfilter mit einem Christbaumständer zu verdrahten. Und vielleicht hätte die Familie ernst gemacht, wären nicht einzelne Künstler und Schriftsteller auf das absurde Maschinenwesen aufmerksam geworden. In deren Gefolge erschienen Zeitungs-, Radio-, und Fernsehreporter. Gsellmann wurde zu einem kleinen Star, vergessen war all der Spott, den man über ihm ausgeschüttet hatte. An seiner „Weltmaschine", wie man sie mittlerweile nannte, baute er dennoch weiter. Bis ins Jahr 1981. Eines Abends schlurfte Franz Gsellmann in die Küche zu seiner Frau, um ihr etwas Wichtiges mitzuteilen. Die Maschine sei nunmehr fertig und die Familie könne mit ihr machen, was sie wolle. Dann legte er sich in sein Bett und starb.

▶ Nach dem Tod von Franz Gsellmann fand sich zunächst niemand, der es verstand, die Maschine funktionsfähig zu halten. Zwölf Jahre später gelang der Neustart. Die Maschine ist in Edelsbach zu besichtigen!
www.weltmaschine.at

HALLSTADT
Die Welt ist ein Dorf

Sie wollten schon immer einmal nach China reisen? Dafür müssen Sie eigentlich nur bis nach Österreich, genauer gesagt in das malerische Städtchen Hallstatt im Salzkammergut. Dessen leidlich korrekte Kopie steht nämlich wiederum im chinesischen Guadong. Dort hat man auf einem Quadratkilometer das Alpenidyll mit Kirche und See einfach mal komplett nachgebaut – für schlappe 650 Millionen und immerhin innerhalb nur eines Jahres. Der chinesische Kitschklon soll Touristen und neue Käufer für Luxusimmobilien in der chinesischen Boomregion anlocken. Schöner Nebeneffekt: Mit Eröffnung der Kopie in China stiegen die Buchungen chinesischer Touristen in Hallstadt sprunghaft an. Am Ende ist das Original eben doch unerreicht!

Beim Nachbau von Hallstadt in China machte man nur kleinere Fehler.

BÜRGERWILLE
Energiewende

Die Geschichte des Atomkraftwerkes Zwentendorf ist eigentlich schnell erzählt. Man baute es, und als es fertig war, ließ man das Volk 1978 in einer Volksbefragung darüber abstimmen, ob es denn überhaupt ein Atomkraftwerk an dieser Stelle haben wollte. Es wollte nicht – was für ein Schlamassel. Man hatte insgesamt 14 Milliarden Schilling (entspricht in etwa einer Milliarde Euro, eigentlich ein Spottpreis für ein AKW) in den niederösterreichischen Boden versenkt. Bis 1985 hielt man den Strommeiler noch „warm" in der kühnen Hoffnung, das renitente Volk würde doch noch zur Besinnung kommen. 1986 dann die Katastrophe von Tschernobyl – man gab die Hoffnung endgültig auf. Die AKW-Gesellschaft wurde aufgelöst, einer der beiden Geschäftsführer beging Selbstmord, der zweite baute fortan Windkraftwerke. Wer Lust auf eine Zeitreise in das nie begonne österreichische Atomzeitalter hat, kann das perfekt erhaltene, weil unbenutzte, Industriemuseum im Rahmen der angebotenen Führungen besuchen. Skurril: Die Facebookseite des AKWs geht außerordentlich humorvoll mit der Thematik um. Befreunden Sie sich doch mal mit einem AKW!
▶ *www.zwentendorf.com*

Klimawandel? Nicht mit uns!

Wenn der Winter aufhört, fängt die Saison bei den österreichischen Grasskiteams erst richtig an. Man ist in allen Disziplinen führend, auch wenn die Konkurrenz mit fortschreitendem Klimawandel immer größer werden dürfte. Ausgetragen werden die Disziplinen Riesenslalom, Super-G und Super-Kombination. Für Slamon rutscht es sich auf Gras zu schlecht, für Abfahrt sind Schlaglöcher einfach zu unkalkulierbar.

ÖSTERREICH

HERRNBAUMGARTEN
Das verruckte Dorf

Auf den ersten Blick sieht es nach einer ganz normalen Homepage eines ganz normalen 1.000-Einwohner-Kaffs aus. Aktuelle Wetterlage, Gemeinderatsinfos, Übernachtungsmöglichkeiten, Aufruf zur Einzelsockensammlung. Ein Aufruf zur Einzelsockensammlung? Klingt absurd, wird aber auf der Homepage des niederösterreichischen Ortes Herrnbaumgarten schlüssig begründet. Wer seine ärgerlicherweise vorhandenen Einzelsocken loswerden möchte, könne diese in die Einzelsockensammellade im „Nonseum" (dem örtlichen Museum) abgeben. Zum Nationalfeiertag am 26. Oktober werde dann ein generalstabsmäßig angelegter Wandertag stattfinden. Entlang der Strecke werden die Socken ausgestellt, damit man den vereinsamten Textilien die Chance geben könne, neue Partnerschaften einzugehen. Klingt verrückt? Nicht wirklich, eher verruckt (ohne Umlaute). Und so nennt sich das Dorf auch ganz offiziell „das verruckte Dorf" – nicht völlig durchgeknallt, aber immer ein bisschen neben der Spur, der Perspektive wegen. Das Engagement für das spezielle Dorf-Image wurde bereits mit dem Dorferneuerungspreis des Landes Niederösterreich ausgezeichnet, nicht zuletzt einer Reihe kreativer Aktionen wegen. Als zum Beispiel die österreichische Post das kleine Postamt schließen ließ, gründete man kurzerhand 26 Flaschenpostämter – in Kooperation mit den 26 Winzern des Dorfes.

Geistiges (und touristisches) Zentrum des leicht schrägen Ortes ist das „Nonseum". Betrieben wird es höchst erfolgreich vom „Verein zur Verwertung von Gedankenüberschüssen", der losgelöst von jeglichem Nützlichkeitsdenken rund 450 grenzgeniale Exponate ausstellt, die alle eines gemeinsam haben: Sie sind völlig überflüssig, wenn man sie hat, aber irgendwie unverzichtbar. Epochale Weltverbesserungsvorschläge wie der ausrollbare Zebrastreifen lösen sich ab mit halb automatischen Nasenbohrern, einer Tauchglocke für Suppenfliegen oder Sensationsfunden wie der historischen Knopflochsammlung. Im museumseigenen Kino läuft zu-

▶ *Das Motto des „Nonseums":*

„Irgendwie wollen wir irgendwann irgendwo irgendwem ein Lächeln entlocken – weiter nichts."

Eintritt 8,50 Euro
www.nonseum.at
www.herrnbaumgarten.at

dem ein bemerkenswerter Film, den der ORF über einen nicht minder bemerkenswerten Fund drehte. Der Inhalt des Films: Der Herrnbaumgartner Weinbauer Friedl Umschaid (zufälligerweise Gründer des Nonseums) war in seinem Keller auf das Skelett eines Doppeladlers gestoßen (der zweiköpfige Adler vom Wappen der Habsburger Monarchie). Renommierte Wissenschaftler erklären, dass man aus der gut erhaltenen DNA durchaus einen neuen Doppeladler klonen könne. Auch wie der Vogel in den Keller gelangte, wurde schlüssig erklärt. Niemand anderes als Kaiserin Sissi habe sich im Herrnbaumgärtner Dorfwirtshaus das Viech braten lassen und verzehrt. Und das mit viel Genuss, schließlich sei ihr Verhältnis zum verhassten Kaiserhaus ja durchaus angespannt gewesen. Die Geschichte wurde zum Triumph des Nonsens: Selbst CNN fiel darauf rein und berichtete eifrig. Als die Sache dann aufflog, machten die Medien das Museum erst recht zum Thema. Eine Hongkonger Tageszeitung schrieb einen dreiseitigen Artikel über die kuriosesten Museen der Welt und wählte das „Nonseum" auf Platz eins.

Trompete mit Fadenkreuz: Damit Sie besser die Töne treffen. Praktisch!

Hochstapel-Kappen: Auch kleinwüchsige Würdenträger können hier pro Mütze um satte 7,38 cm über sich hinauswachsen.

Schweiz

„Als Schweizer geboren zu werden ist
ein großes Glück. Es ist auch schön, als Schweizer zu
sterben. Aber was tut man dazwischen?"

ALEXANDER RODA RODA

ZIEMLICH ALLGEMEINE REISEINFORMATIONEN
Langsam gehts besser

Hinweis für alle männlichen Schweiz-Touristen: **Stehpinkler** haben in der Schweiz auch nach 22 Uhr nichts zu befürchten! Fallen Sie bitte nicht auf entsprechende Gerüchte rein. Leider behauptete **Boris Johnson** in seiner Zeit als Londoner Bürgermeister, dass seines Wissens nach in manchen Schweizer Kantonen das Stehpinkeln nach 22 Uhr verboten sei. Grund seiner schwerwiegenden Anschuldigung: Er wollte Londoner Aktienhändler davon abhalten, wegen etwaiger **Steuervorteile** in die Schweiz auszuwandern. Woraufhin Schweizer Parlamentarier eiligst dementierten: Man würde regelmäßig pinkeln, auch nach 22 Uhr, und das im Stehen. Offensichtlich war Boris Johnson einem **der vielen Irrglauben** aufgesessen, die über die Schweiz kursieren:

Zweiter Irrglaube: Das Verzehren von Katzenfleisch ist in der Schweiz erlaubt. Das ist so nicht ganz richtig. Er ist zum **nicht kommerziellen Eigenverzehr** erlaubt. Das Gleiche gilt im Übrigen für Hundefleisch. Grundsätzlich ist der Tierschutz den Schweizern aber sehr wichtig. So müssen beispielsweise **Lamas** laut Gesetz immer in Gesellschaft mit einem Artgenossen gehalten werden. (Esel als Gefährten sind ausdrücklich **nicht zulässig**. Für Aufsehen sorgte im Jahr 2010 ein Tierhalter im Zürcher Oberland, der sein Lama deswegen schlachten ließ.)

Dritter Irrglaube: **Albert Einstein** war Deutscher. Das stimmt zwar, er besaß aber auch die Schweizer Staatsangehörigkeit. **Albert Schweitzer** hingegen war nur Deutscher.

Vierter Irrglaube: In der Schweiz geht alles immer ein bisschen langsamer. Das stimmt nur bedingt. In einer Studie der University of Hertfordshire zur **Gehgeschwindigkeit** ermittelte man für Fußgänger der Schweizer Bundesstadt **Bern** Folgendes: Im Durchschnitt brauchte man dort 17,37 Sekunden für 20 Meter Fußweg. Die Einwohner **Berlins** brauchten dafür jedoch nur 11,16 Sekunden. In der malawischen Großstadt **Blantyre** schleppt man sich hingegen unglaubliche 31,60 Sekunden über diese Strecke – was aber auch an den afrikanischen Straßenverhältnissen liegen mag. Diese sind in der Schweiz durchweg hervorragend. Fahren Sie doch einfach mal hin!

SCHWEIZ

MUSÉE DES GRENOUILLES
Menschen, die auf Frösche starren

Wenn Sie als Schweiz-Urlauber bereits alle Zwei- und Dreitausender sowohl zu Fuß, mit dem Mountainbike als auch einbeinig hüpfend bestiegen, sämtliche Käsesorten und die Beipackzettel Ihrer Reiseapotheke auswendig gelernt haben und Ihnen beim besten Willen auch sonst nichts einfällt, womit Sie die Zeit während Ihres vierwöchigen Urlaubs mausetot schlagen könnten, DANN bleibt nur noch ein Reiseziel übrig, von dem Sie zu Hause denjenigen erzählen können, die nach Ihrem Vortrag über Schweizer Bergkäsesorten noch in Rufweite sind: das „Musée des Grenouilles"!

Dieses Museum in der Kleinstadt Estavayer-le-Lac kombiniert zwei absolut naheliegende Themenbereiche: Waffen und Frösche. An dieser Stelle soll ausschließlich von den Fröschen die Rede sein. Genau gesagt, handelt es sich um 108 mit Sand ausgestopfte Frösche, die, in alltäglichen Situationen arrangiert, das menschliche oder unmenschliche Miteinander parabel- und methapherhaft nachzeichnen. Zumindest werden die Froschexperten des Museums Ihnen das so oder so ähnlich erklären. Nüchtern betrachtet, sind es mit Sand vollgestopfte Frösche, deren größtes Geheimnis ist, wie ihr Schöpfer (und vorher wohl auch Henker) François Perrier es schaffte, den Sand in die Amphibien reinzustopfen, ohne sie vorher aufzuschneiden. Man munkelt etwas von einem ausgefuchsten Trocknungsprozess.

François Perrier verfiel allerdings erst im Ruhestand seiner bizarren Passion. Im Jahr 1813 wurde er in eine Offiziersfamilie hineingeboren und wuchs zusammen mit seinem Bruder (der auch als Frosch verewigt ist) in Estavayer-le-Lac auf. Später diente er als Hauptmann – manche behaupten als Oberst – in der Schweizer Garde bei Papst Pius IX. Als pensionierter Soldat kehrte er 1849 in seine alte Heimat zurück. Mit stattlicher Pension, allerdings unverheiratet, ohne Pläne für die Zukunft und scheinbar rastlos auf der Suche nach einer erfüllenden Tätigkeit. So diente ihm der See des Ortes als geeignetes Abklingbecken für seinen militärischen Dienst beim Stellvertreter Christi. Frösche gab es jede Menge, Sand auch, und so schuf er Stück für Stück sein Froschpanoptikum: Frösche beim Billardspielen, eine Froschkompanie beim Exerzieren, ein Froschsoldat mit Holzbein, ein Frosch beim Barbier, ein Frosch vor dem Froschgericht, ganze Froschfamilienfeiern. Nicht zu vergessen „Die drei Froschketiere", die vier von der Froschskatrunde, sogar eine ganze Froschschulklasse. Nicht einmal vor dem, was den Schweizern am heiligsten ist, machte er halt: Drei Frösche leisten den Rütli-Schwur. Nur ins Allerheiligste wollte er wohl partout keinen Sand stopfen: In seinen ehemaligen Dienstherren und Brötchengeber Papst Pius IX. Vielleicht hinderte ihn auch nur eine göttliche Fügung: François Perrier starb – völlig zu Unrecht – mit nur 47 Jahren als unverheirateter Mann im Hause seiner Mutter.

▶ *Einer der Frösche schaffte es als Ausstellungsstück bis auf die EXPO nach Lissabon im Jahre 1998. Das Geheimnis seiner Froschkonservierungstechnik nahm François Perrier mit ins Grab. Gott sei Dank – wie manche sagen. Trotzdem: Die Frösche in ihren allzu menschlichen Posen werden jedes Jahr von mehr als 10.000 Menschen besucht – die Waffensammlung interessiert dabei wohl nur am Rande.*

*www.museedesgrenouilles.ch
Das Museum ist täglich geöffnet außer montags.*

Ein Meisterwerk der Schweizer Froschkonservierungstechnik: Seit über 150 Jahren lauschen diese Frösche ihrem Lehrer.

SCHWEIZ

„Sollen sie sich doch die Zähne dran ausbeißen!" Gegnerische Panzer hoffte man mit den sogenannten Toblerone-Panzersperren aufzuhalten.

WANDERTIPP
Der Tobleroneweg

Erst im Jahr 2014 entfernte das Schweizer Militär die letzten Sprengladungen aus den Brücken, die nach Deutschland führten. Im Falle eines Angriffes – durch wen auch immer – hätte man innerhalb weniger Stunden sämtliche Verkehrsverbindungen einfach in die Luft gejagt. Dort, wo dann trotzdem noch eine Panzerarmee hätte durchschlüpfen können, verrammelte man das Land mit allerlei Sperren. Mit Beginn des Zweiten Weltkrieges musste sich die Schweiz erstmals in ihrer „bewaffneten Neutralität" beweisen. Um einer groß angelegten Bodenoffensive standhalten zu können, baute man in der Gegend um Genf die Promenthouse-Verteidigungslinie. Ihr prominentester Teil: der Tobleroneweg. In der Schlacht, die nie geführt wurde, gibt es trotzdem einen Sieger: die Natur. Frei mäandrierende Bäche, üppige Flora, unberührte Waldstücke. An den Tobleronesperren führt für den modernen Straßenbau auch heute der Weg nur mühsam oder eben gar nicht vorbei.

▶ *Der Wanderweg ist 17 km lang und leicht zu bewältigen. Tipp: Am Weg liegt auch die „Villa Rose", eine ehemalige Festung, die liebevoll als Villa getarnt war – unter anderem mit aufgemalten Vorhängen und Fenstern. Heute ist sie ein kleines Museum. www.tobleones.ch*

Verdammt schwerer Damm.

Erst 35 Jahre nach dem Bau des Luzzone-Staudamms kam man auf die Idee, das Wasser nicht nur runter-, sondern die Kletterer auch hochzulassen. Fragen Sie einfach im Restaurant „Luzzone" gleich neben dem Damm nach dem Schlüssel für die Eingangsleiter in die Wand – oder nach dem Rindercarpaccio. Das soll auch sehr gut sein.

ÜBERNACHTEN I

Das Null-Sterne-Hotel

Für 25 Euro pro Nacht bekamen Gäste abends eine Wärmflasche und morgens einen Kaffee ans Bett. Letzteres stand in einem ehemaligen Atombunker im Kanton St. Gallen und war Teil des ersten „Null-Sterne-Hotels" der Konzeptkünstler Frank und Patrik Riklin. Das Konzept kam an. 2009 konnten Gäste sich in einer zivilen Bunkeranlage im Kanton Appenzell Außerrhoden unwohl fühlen. Im Jahr 2016 stellte man im malerischen Safiental ein leidlich komfortables Doppelbett auf – mutterseelenallein auf einem Fels unter freiem Himmel. 2016 war das Bett ausgebucht, trotz stolzer Bettpreise von 250 Euro. Wo man aktuell schön schlecht übernachten kann, erfährt man unter www.null-stern-hotel.ch

„The only star is you." Schönes Motto für ein Null-Sterne-Hotel.

ÜBERNACHTEN II

Das Zwei-Länder-Hotel

Während der deutschen Besatzung Frankreichs nutzten deutsche Soldaten das Café des Hotels „Arbez Franco-Suisse" als Kantine. Der Zimmertrakt war für sie allerdings tabu – er lag (und liegt) in der neutralen Schweiz. Heutzutage muss sich der Hotelier nicht mehr mit Soldaten herumschlagen, dafür mit zwei unterschiedlichen Mehrwertsteuersätzen in seiner Steuererklärung – die Grenze läuft direkt durch den Gastraum des Restaurants. Gäste können in zwei der Zimmer in beiden Ländern gleichzeitig nächtigen, in einem läuft die Grenze mitten durchs Bett. Kein Witz: Als einmal ein neues Fenster eingebaut werden sollte, gab es dafür die Genehmigung aus der Schweiz, die Außenwand gehörte rein rechtlich jedoch zu Frankeich, und von dort versagte man die Genehmigung. An der Stelle hängt nun ein Spiegel.

Grenzerfahrung im Bett: Für Paare, die mal Abstand brauchen.

Der Dalai-Lama: Trinkt nicht, kümmert sich aber um seinen Weinberg.

Ambitioniert: Der Kanal sollte von der Nordsee bis ins Mittelmeer gehen.

WUNDERSAMER WEINBERG

Die Reben des Dalai-Lama

Die von zahlreichen Dreitausendern umgebene 2.000-Seelen-Gemeinde Saillon ist eines der besterhaltenen mittelalterlichen Dörfer der Schweiz. Dicke Stadtmauern umgeben den Dorfkern mit seinen verwinkelten Gassen und Häusern aus verwittertem Bruchstein oder sonnenbleichem Lärchenholz. Doch das Kurioseste von Saillon liegt knapp außerhalb des Dorfes inmitten der Rebstöcke: der Weinberg des Dalai-Lama – im Katasteramt ganz offiziell festgeschrieben, auch wenn es nur 1,68 x 1,68 Meter sind, auf denen drei Rebstöcke wachsen. Einmal kam er sogar zu einem kurzen Besuch zur Ernte – allzu lange hat sie ja nicht gedauert!

JAHRHUNDERTKANAL

Fehlplanung: der Canal d'Entreroches

Die fünf Kilometer lange „Wasserstraße" im Kanton Waadt ist das, was von einem großen Traum übrig blieb: ein Kanal von der Nordsee bis zum Mittelmeer. Irgendwie – dachten sich die Verkehrsplaner – müsse man doch zwischen Rhein und Rhone eine schiffbare Verbindung schaffen können. Die ersten Pläne stammten bereits aus der Zeit des Dreißigjährigen Krieges, scheiterten aber, als man feststellte, dass man für das letzte Teilstück rund 40 Schleusen brauchen würde, um das überraschend bergige Terrain zu durchqueren. Was blieb, ist ein bizarrer Wanderweg. Dauer: rund eine Stunde plus 30 Minuten für die netten Informationstafeln.

ZUM SCHLUSS
Frieden durch Sellerie, Mr. Kissinger!

Aus aktuellem Anlass: Wir lieben Europa! Und ja, wir lieben auch die EU! Diesen schwerfälligen, technokratischen, intransparenten, monströsen Staatenbund, der uns nichts weiter gebracht hat als die Möglichkeit überall in Europa zu arbeiten, zu studieren, zu leben, zu lieben, zu reisen oder einfach mal zu Hause zu bleiben. Ach ja, und den Frieden natürlich. Aber sonst hat die EU uns wirklich nichts gebracht, weshalb die Menschen auch permanent an der EU und Europa herumnörgeln – so wie Henry Kissinger. Der Ex-Außenminister der USA beschwerte sich einmal, er wisse gar nicht, welche Telefonnummer er eigentlich anrufen müsse, um mal mit „Europa" zu sprechen.

Herr Kissinger, rufen Sie einfach mal bei uns durch! Wir können Ihnen jetzt so einiges über Europa erzählen. Zum Beispiel, dass es immer wieder ein paar Hohlköpfe gibt, die Ihnen sagen werden, die EU sei ein schwerfälliger, technokratischer, intransparenter, monströser Staatenbund. Vermutlich haben die Hohlköpfe sogar recht und die europäische Gemeinschaft ist wirklich eine hundsmiserable Form, wie Staaten nebeneinander existieren können. Aber es ist verdammt noch mal die beste Form, die wir hier in den letzten 2.000 Jahren ausprobiert haben – und glauben Sie uns, wir haben eine Menge ausprobiert.

Und deshalb, lieber Henry Kissinger: Hören Sie nicht auf die Hohlköpfe! Die Europäische Union ist ein großartiges Freiheits- und Friedensprojekt. Ein Beispiel gefällig? Die EU hat in ihrer Richtlinie 1169/2011* unter anderem geregelt, dass auf einem handelsüblichen 190g Glas „Spreewälder Selleriesalat" der Warnhinweis aufgedruckt werden muss, dass dieser unter Umständen Sellerie enthalten könne. (Man will Sellerieallergiker anscheinend vor allzu bösen Überraschungen bewahren.)

*Verordnung (EU) Nr. 1169/2011 des Europäischen Parlamentes und des Rates vom 25. Oktober 2011 betreffend die Information der Verbraucher über Lebensmittel.

Schlauberger, Europa-Hasser und die Sellerielobby werden nun sagen: Was für ein Unfug! Wir aber schmettern Ihnen eine bedenkenswerte Wahrheit entgegen und die lautet so: Länder, in denen eine Kennzeichnungspflicht für Sellerie besteht, haben in der gesamten Menschheitsgeschichte NOCH NIEMALS einen Krieg gegeneinander begonnen. Die Gründe sind offensichtlich: Wer in den komplizierten Fragen der Finanzmarktregulierung, des Wissenschaftsaustausches, des Zollwesens oder der Selleriekennzeichnung auf das engste miteinander vernetzt ist, der wird doch auf den Schlachtfeldern dieses Kontinents nicht wieder alles kurz und klein schlagen. Mr. Kissinger, haben Sie überhaupt eine Ahnung, wie lange es gedauert hat, diese verdammte Sellerieverordnung durch die Parlamente aller 27 EU-Mitgliedsländer zu peitschen? In einzelnen Ländern war dieses wunderbare Gemüse gänzlich unbekannt! Aber es hat sich gelohnt. Genauso wie es sich jetzt noch lohnt, an den Koreakrieg, den Vietnamkrieg oder das furchtbare Schlamassel im Irak zu erinnern! In wie vielen dieser kriegsbeteiligten Länder existierte denn bitte schön eine Selleriekennzeichnungspflicht? Man ahnt es.

Lieber Henry Kissinger! Wahrscheinlich werden Sie die Einführung der Selleriekennzeichnungspflicht in den USA nicht mehr erleben. Trotzdem rufen wir Ihnen zu: Greifen Sie nicht immer gleich zur Waffe, sondern einfach mal zum Sellerie! Wir hier in Europa machen das sehr gerne. Und deshalb lieben wir es auch so!

Vom besten Kontinent der Welt grüßen Sie ganz herzlich

Christian Koch & Axel Krohn

Bildnachweise und Quellen

Alamy Stock Foto: gardenpic S. 15, Adrian Sherratt S. 29, Alberto Paredes S. 268, Alberto Paredes, Hackenberg-Photo-Cologne S. 288, Eastern photography S. 151, Goran Heckler S. 79, Hercules Milas S. 295, Jam World Images S. 270, Jeff Gilbert S. 26, Joris Roulleau S. 14, jose antunes S. 278, Mark Eveleigh S. 268, Rick Strange S. 28, Roman Robroek S. 171, Ronald Thain S. 20, Scottish Viewpoint S. 14, Stephen Barnes S. 291, superclic S. 127; agence france press: S. 248; Alexandre Cotovio S. 282; Andeas Große S 113; Annette Hermsen S. 84; Archäologisches Museum der WWU Münster S. 296, Associates Press / Nikolas Giakoumidis S. 292; Atelier für Sonderaufgaben S. 314; Axel Krohn 69 (2), 88, 97, 109, 110, 167, 172, 176, 177, 250, 257; Bachmeier / Landmarker / VISUM S. 167; bruisedpassports.com S. 159; Christian Koch 16, 27, 29, 35, 38, 69, 73, 73, 148, 205, 205, 224, 237, 240, 251, 255, 255, 258, 277, 278, 315; Christopher Michel /flickr S. 315; Claudia Sauerzapf S. 241; creative commons: Lukas Plewnia S. 139, FritzDaCat S. 252, Bertramz S. 199, Boštjan Burger S. 197, David Frances Barry S. 141, Deathinfernal S. 135, Derbrauni S. 138, DeviantArt.com S. 249, Edal Anton Lefterov S. 190, Elian Stefa, Gyler Mydyti S. 192, Enrique Íñiguez Rodríguez S. 193, Fileri S. 87, G1MFG S. 39, Getty Villa - Collection S. 294, Irish Defence Forces S. 37, Jeroenvrp S. 195, Julian Nitzsche S. 203, Karl Brodowsky S. 77, Klugschnacker S. 67, Kulib S. 81, Lsimon S. 201, Marc Wathieu S. 238, Martin Sauter S. 252, Mr N S. 238, Muratsahan S. 211, Myrabella S. 233, optikorakel S. 252, Paebi S. 312, Pudelek (Marcin Szala) S. 194, Rina Sergeeva S. 242, Samuele Manfrin S. 252, Tiia Monto S. 92, Tomisti S. 85, Toubletap S. 112, Tuuraan78 S. 33, unax S. 111; xian S. 21, Yelkrokoyade S. 168, Zentsik S. 124; creative commons wikipedia: S. 17, 66, 149, 183, 187, 198, 229, 252; ddp images S. 225; Camilla Julner / designbloggarna.se S. 70; dieweltenbummler.de / Michael Moll S. 18; dpa/picture-alliance: S. 25, 49 (2), 53, 76, 80, 95, 122, 150, 173, 203 (2), 204, 221, 225, 226, 227, 228 (2), 247, 271 (3), 304; dreamstime: 17, 41 (2), 54, 56 (2), 57, 64, 114, 132, 134, 135, 138, 141, 150, 156, 160 (2), 162, 163 (3), 170, 184, 185 (2), 188, 189, 190, 200 (2), 212, 215, 236 (2), 264, 286, 287; Feliciano Guimarães / flickr S. 283; fotolia: S. 51, 232, 252; Frank Malawski / flickr S. 220; Gerhard Heiland, / piccobello S. 142; Gert Mewes / flickr S. 220; Gery Wolf / weltmaschine.at S. 302, 303; Getty Images: Handout S. 40, Olivier Morin S. 47, 48, Matej Divizna S. 157, Pascal Guyot S. 249, Pablo Blazquez Dominguez S. 265, Gerard Julien S. 271, Alexander Klein S.

305, Lollo Riva S. 313; Global Media Group S. 281; Hotel Arbez S. 341; hurra-blog.de S. 95; icelandmag.visir.is S. 103; ifalconieridelleorobie.it S. 258 (2); intertopics / Christopher Pledger S. 34; iStock: 52, 91, 140, 142, 220, 231; Jason deCaires Taylor S. 272; Kakslauttanen Resort S. 90; kaljakellunta.org S. 94; M.Werner / Strandperle S. 117; Maria Feck / laif S. 126; Maurits Verbiest / flickr S. 242, 243; Michael Coté S. 88; Musee de Grenouilles S. 311; Nonseum S. 307 (2); Paul Hahn / laif S. 175; photocase S. 89; Radio Prag S. 158; Red Bull Content Pool S. 273; Reinhard Kemmether S. 290; Rex Features LTD S. 35; Rolf Totter S. 6; Sanna Nyman S. 97; shutterstock: seawhisper S. 146, Grisha Bruev S. 155; Melanie Lemahieu S. 58, 60, 61; Viacheslav Nikolaenko S. 74; Skippy Pictures S. 115; traveller.ee S. 128; Ulla Lohmann / Lookphotos S. 222; unsplash: asa roger S. 104, Claire Nolan S. 101, S. Campouris S. 102; Viktor Wallström / Rockfoto S. 59; www.geograph.org.uk S. 17 (2); www.postojnska-jama.eu S. 197; www.suhtesepp.com S. 123; www.unstbusshelter.shetland.co.uk S. 19 (6); zandhotel.nl S. 240.

Trotz intensiver Bemühungen konnten wir nicht bei allen Bildern die Quelle zweifelsfrei klären und eventuelle Rechteinhaber ausfindig machen. Im Zweifel bitten wir die entsprechenden Personen, sich beim Verlag zu melden.

Danke!

Ronny, Kaschi, Nik, Eszter, Viki, Pjotr, Mirco, Sanna, Claudia, Nanni, Nina, Babo, Massimo und natürlich dem großartigen Archäologischen Museum der WWU Münster, dem Doktor, Kolja, Andrew & Lucy, Giulia, Chez Mimi und Jussi für die Avocados.